人口減少時代の

地域づくり読本

―共著―

大森　彌／武藤　博己／後藤　春彦／

大杉　覚／沼尾　波子／図司　直也

―編集協力―

一般財団法人 地域活性化センター

公職研

はじめに

わが国は、これまで経験したことのない本格的な人口減少時代に突入しています。地方においては高齢化・過疎化の進行が顕著であり、集落機能の維持・存続が危ぶまれる地域も少なくありません。自治体の厳しい財政状況や産業構造の変化等も背景に、地方を取り巻く状況は大変厳しくなっています。こうした状況の下、国は「地方創生」を最重要課題と位置付け、「まち・ひと・しごと創生法」に沿って長期ビジョンや総合戦略を策定し、全国各地の地方自治体においても地方創生に向けた取組が強化されています。地方の創意・工夫を生かした地方創生を進め、地域を総合的かつ効率的に経営していくためには、既存の枠にとらわれない斬新かつ大胆な発想のできる地域リーダーの存在が必要不可欠です。人口減少に伴う地域の変化に、柔軟に対応できる地域リーダーは、地域に活力を生み出す原動力として大きな役割を担うこととなります。

地域活性化センターでは、地域のリーダーを養成するため、平成元年に全国地域リーダー養成塾を創設いたしました。以来八九七名の感性豊かな実行力のある地域リーダーが育っており、その成果は各界から高く評価されております。

このたび、塾長である大森彌東京大学名誉教授をはじめ、主任講師の先生方にそれぞれの専門分野を踏まえ、地域づくりの理論と実践について、わかりやすく解説いただいた「人口減少時代の地域づくり読本」を発刊することになりました。業務ご多端にもかかわらず、快くご執筆賜りました諸先生方のご熱意とご努力に深く敬意を表し、心から感謝申し上げたいと存じます。また、本書発刊についてご協力賜りました関係各位に、この場をお借りして厚く御礼申し上げます。

本書が民間、行政を問わず、地域づくりに関心を持たれる幅広い皆様方にご愛読・ご活用いただけることを切に願う次第です。

平成二十七年四月

一般財団法人地域活性化センター理事長　椎川　忍

著者略歴

大森《おおもり》 彌《わたる》

東京大学名誉教授。昭和15年生。東京大学大学院法学政治学研究科博士課程修了。法学博士。東京大学教授、東京大学教養学部長、千葉大学教授、放送大学大学院客員教授を歴任。自治大学校・市町村アカデミー講師。専門は行政学・地方自治論。地方分権推進委員会専門委員・くらしづくり部会長、自治体学会代表運営委員、日本行政学会理事長、都道府県議会制度研究会座長、内閣府独立行政法人評価委員会委員長、社会保障審議会会長・同介護給付費分科会会長などを歴任。現在、全国町村会「道州制と町村に関する研究会」座長、「NPO地域ケア政策ネットワーク」代表理事、長野県参与など。近著に『変化に挑戦する自治体』（平成20年、第一法規）、『政権交代と自治の潮流』（平成23年、第一法規）、『実践まちづくり読本』（平成20年、共著、公職研）、『官のシステム』（平成18年、東京大学出版会）など。平成13年度から全国地域リーダー養成塾塾長。

武藤《むとう》 博己《ひろみ》

法政大学大学院教授。昭和25年生。法政大学法学部卒業。国際基督教大学大学院行政学研究科博士後期課程修了。学術博士。国際基督教大学社会科学科助手、（財）行政管理研究センター研究員、法政大学法学部政治学科助教授を経て、平成元年教授。専門分野は行政学、地方自治、政策研究。著書に『公共サービス改革の本質』（平成26年、敬文堂）、『道路行政』（平成20年、東京大学出版会）、『入札改革』（平成15年、岩波新書）、『東アジアの公務員制度』（平成25年、法政大学出版局）、『自治体職員制度の設計』（平成19年、公人社）、『自治体経営改革』（平成16年、ぎょうせい）、『イギリス道路行政史』（平成7年、東京大学出版会）ほか多数。千代田区特別職報酬審議会会長、新潟県政策会議委員、日本行政学会顧問、日本地方自治学会理事、日本協働政策学会理事、地方自治総合研究所研究理事等を歴任。平成25年度より全国地域リーダー養成塾主任講師。

後藤《ごとう》 春彦《はるひこ》

早稲田大学大学院教授。昭和32年生。早稲田大学理工学部建築学科卒業。同大学院博士課程修了。工学博士。早稲田大学理工学部助手、三重大学工学部助教授、早稲田大学理工学部助教授を経て、平成10年教授。専門分野は都市計画、地域計画、景観設計。著書に『景観まちづくり論』（平成19年、学芸出版社）、『まちづくりオーラル・ヒストリー』（平成17年、水曜社）、『図説　都市デザインの進め方』（平成18年、丸善）、『実践まちづくり読本』（平成20年、共著、公職研）ほか多数。訳書に『場所の力』（平成14年、学芸出版社）。平成17年日本建築学会賞（論文）、平成22年グッドデザイン賞、平成22年土地活用モデル大賞・国土交通大臣賞、平成23年日本都市計画学会賞（計画設計賞）ほか受賞。総務省新ふるさとづくり懇談会委員、地域の元気有識者会議委員等を歴任。現在、内閣府地方分権改革有識者会議議員。平成19年度から全国地域リーダー養成塾主任講師。

大杉《おおすぎ》 覚《さとる》

首都大学東京大学院教授。昭和39年生。東京大学大学院総合文化研究科より博士（学術）取得。成城大学法学部専任講師、東京都立大学法学部助教授を経て、平成17年から現職。その間、平成13～14年ジョージタウン大学客員研究員。平成17年から政策研究大学院大学客員教授。専門分野は行政学・都市行政論。著書に『地方自治』（平成16年、共著、日本放送協会学園）、『自治体組織と人事制度の改革』（平成12年、編著、東京法令出版）、『実践まちづくり読本』（平成20年、共著、公職研）ほか。総務省人材育成等専門家派遣事業アドバイザー、自治体各種審議会等委員を歴任。平成19年度より全国地域リーダー養成塾主任講師。

沼尾《ぬまお》 波子《なみこ》

日本大学教授。昭和42年生。慶應義塾大学大学院経済学研究科後期博士課程修了。慶應義塾大学経済学部研究助手、（財）東京市政調査会研究員等を経て平成20年より現職。専門分野は財政学・地方財政論。著書に『公私分担と公共政策』（平成20年、共著、日本経済評論社）、『テキストブック地方自治』（平成22年、共著、東洋経済新報社）、『ケアを支えるしくみ』（平成20年、共著、岩波書店）ほか。政府税制調査会委員、総務省過疎問題懇談会委員、地方財政審議会特別委員などを歴任。平成21年度より全国地域リーダー養成塾主任講師。

図司《ずし》 直也《なおや》

法政大学准教授。昭和50年生。東京大学大学院農学生命科学研究科博士課程修了。農学博士。（財）日本農業研究所研究員、法政大学現代福祉学部専任講師を経て、平成21年より現職。専門分野は農山村政策論、地域資源管理論。著書に、『地域サポート人材による農山村再生』（平成26年、筑波書房）、『農山村再生に挑む』（平成25年、共著、岩波書店）、『若者と地域をつくる』（平成22年、共著、原書房）、『現代のむら』（平成21年、共著、農山漁村文化協会）ほか。地域振興・人材育成に関するアドバイザー等を歴任。平成23年度より全国地域リーダー養成塾主任講師。

第❶章 人口減少時代に立ち向かう

大森 彌

第1節 「まち・ひと・しごと創生法」の成立 2
第2節 「増田レポート」 4
第3節 要注意の「地方消滅」論 6
第4節 人口減少の波動 12
第5節 国籍法・結婚・人口減少 15
第6節 人口減少時代と「向村離都」 19
第7節 「地方創生」の推進 33

第❷章 社会経済構造の変容と地域づくりの課題 ～安心・安全な暮らしの構築に向けて

沼尾 波子

第1節 はじめに 48

第2節　社会を取り結ぶ3つのシステム　49
第3節　日本経済の展望と地域の経済戦略　52
第4節　地域経済の「成長」　56
第5節　地域の社会統合を支える経済システム　63
第6節　家族・世帯構造の変化と地域社会の課題　69
第7節　日本の財政と社会保障の将来　75
第8節　安心・安全な暮らしを支えるシステムの構築　84
第9節　持続可能な地域づくりに向けて　93

第3章　自治体政策マネジメントと地域発自治創造

大杉　覚

第1節　なぜ自治体政策マネジメントか　100
第2節　自治体政策と政策形成　112
第3節　政策イノベーションと創造的模倣　123
第4節　根拠本位の政策形成とサービス提供戦略　131
第5節　現場実践と政策開発のインセンティブ　138
第6節　現場主義に基づく政策形成と住民参加　147
第7節　結びにかえて　160

第4章　共感が生み出す農山漁村再生の道筋

図司　直也

はじめに　なぜ、農山漁村地域に着目するのか
―フロンティアとしての農山漁村地域　164

第1節　農山漁村のコミュニティの原型をみつめる―地域資源と結びついた集落　168

第2節　変容する農山漁村のコミュニティ―見えなくなる地域の人材と資源　171

第3節　農山漁村再生のプロセス―現状への気づきから自治の取り戻しへ　183

第4節　農山漁村再生の担い手―都市住民や若者たちとつながる農山漁村　191

第5節　農山漁村の価値を創り出す―「守り」から「攻め」に転じるために　201

第6節　おわりに―農山漁村における地域再生は何を目指すのか　207

第5章　景観と自治

後藤　春彦

第1節　景観とは何か　212

第2節　場所の力、場所の再生産　219

第3節　「生活景」の発見　235

第4節　共発的まちづくり　249
第5節　スペーシャル・プランニングとシティ・リージョン　263
第6節　景観と自治　275

第6章　公共サービスの管理と評価——質と量のコントロール

武藤 博己

はじめに　282
第1節　〈公共サービス〉とは何か　284
第2節　〈市民社会サービス〉の提供システム　289
第3節　公共サービスの量の管理　295
第4節　公共サービスの質の管理　299
第5節　公共サービスの管理のための行政評価　304
第6節　おわりに　325

索　引　巻末

第1章

人口減少時代に立ち向う

大森　彌

第1節

「まち・ひと・しごと創生法」の成立

2012年の総選挙で自民党が圧勝し、公明党との連立で第2次安倍政権が発足した。2013年の参院選でも自民党が勝利し、いわゆる「ねじれ国会」が解消された。安倍総理は、2014年（平成26年）9月3日に内閣を改造し、この第2次安倍改造内閣では、「元気で豊かな地方の創生」を掲げ、成長戦略の柱に据える女性の活躍推進も打ち出した。

自民党幹事長であった石破茂氏が、改造内閣の地方創生・内閣府特命担当大臣（国家戦略特別区域担当）に就任した。その下で「まち・ひと・しごと創生本部」が設置され、人口減少抑制と地域活性化を目指す「まち・ひと・しごと創生法案」と地域支援策の申請窓口を一本化する「地域再生法改正案」が国会に提出され、2014年11月21日の午前、参院本会議で可決、成立した。同日の午後、衆議院が解散された。12月14日に投開票された総選挙の結果、自公が合わせて326議席の圧倒的多数を獲得し、12月24日、防衛大臣以外の閣僚全員が再任され第3次安倍内閣が成立した。地方創生は、引き続き、石破大臣の下で推進されることとなった。

１ まち・ひと・しごと創生法の特色

この法律は、人口の減少に歯止めをかけるとともに、東京圏への人口の過度の集中を是正し、「国民一人一人が夢や希望を持ち、潤いのある豊かな生活を安心して営める地域社会の形成」（まち）、「地域社会を担う個性豊かで多様な人材の確保」（ひと）、「地域における魅力ある多様な就業の機会の創出」（しごと）を目的にして、「結婚・出産は個人の決定に基づくものであることを基本としつつ、結婚・出産・育児について希望を持てる社会が形成されるよう環境を整備」や「地域の特性を生かした創業の促進・事業活動の活性化により、魅力ある就業の機会を創出」などを基本理念に掲げた。

法律で「人口減少に歯止めをかける」ことを明言したのは初めてである。* 東京一極集中の是正は、これまで幾度も言われてきたが、それは、主として政治、行政、企業、情報、団体・業界などの諸活動の中枢管理機能の集中の是正であった。この法律では、「人口の過度の集中を是正する」というように人口に焦点を当てている。この点も新しい。

この基本理念に沿って、国は、まち・ひと・しごと創生総合戦略（目標や施策に関する基本的方向等）を策定し、これを勘案して、都道府県と市町村は、地方の人口ビジョンと地域の実情に応じた目標と施策を入れた地方総合戦略を策定するよう努めることとなった。

これと同時に改正地域再生法も成立した。地域再生法は、自治体が雇用創出やまちづくりなどに関する取り組みを「地域再生計画」にまとめて国に申

＊人口問題審議会は、１９７４年、地球規模の食糧問題への危惧や石油危機などの時代背景と、わが国の人口が20世紀末までに相当程度増加するとの予想とを踏まえて、人口再生産力が損なわれる事態が危惧されており、「静止人口」（純再生率が1となり、人口が増加も減少もしない状態）になるのが望ましいとした（「日本人口の動向─静止人口をめざして」）。

請すると財政支援や税制優遇などが受けられる仕組みである。改正の柱は地方の創意工夫を生かすため、内閣総理大臣は、「政令で定めるところにより、定期的に、地域再生の推進のために政府が講ずべき新たな措置に関する提案を募集するものとする」とした点で、人口減少の克服に向け、「地方創生」と連動させた。

まち・ひと・しごと創生法は、通常の事業法とは異なって枠組み法であり、具体的な施策は書き込まれていない。自治体は、国に向かって、地方創生の推進のために財源や権限の壁を乗り越えるための新提案もすることができる。そこから停滞気味の地方分権改革に新たな芽が生まれるかもしれない。

第2節 「増田レポート」

人口減少の問題に対する政府の政策転回を促し、広く自治体関係者の関心を喚起したのは、元総務大臣の増田寛也氏が中心となってまとめた、いわゆる「増田レポート」であった。最初は『中央公論』２０１３年12月号の論考「２０４０年、地方消滅。『極点社会』が到来する」が、次いで、「日本創生会議・人口減少問題検討分科会」（分科会長・増田寛也）の「成長を続ける21世紀のために『ストップ少子化・地方元気戦略』」（平成26年5月8日）が公表された（増田寛也編著『地方消滅—東京一極集中が招く人口急減』２０１４

年、中公新書として単行本化）。

『中央公論』の論考では「地方が消滅する時代がやってくる。人口減少の大波は、まず地方の小規模自治体を襲い、その後、地方全体に急速に広がり、最後は凄まじい勢いで都市部をも飲み込んでいく」と人口減少の末路を描いた。地方から若者たちが大都市に流出していったが、その若者たちは子供を産み育てる余裕がない。このままでは、本来、田舎で子育てすべき人たちを吸い寄せて地方を消滅させるだけでなく、集まった人たちに子どもを産ませず、結果的に国全体の人口をひたすら減少させていくことになる。これを「人口のブラックホール現象」と名づけた。

将来の人口減少動向は３つのプロセスを経て高齢者すら多くの地域で減少していくとした。第一段階は老年人口増加＋生産年齢・年少人口減少、第二段階は老年人口維持・微減＋生産年齢・年少人口減少、第三段階は老年人口減少＋生産年齢・年少人口減少が起き、恒常的に老年人口でさえ減少する本格的な人口減少時代を迎える。大都市や中核市は第一段階にあるのに対して、地方では既に第二段階、さらには第三段階に差しかかっている地域もある。地方での高齢者人口が減少するため、医療・介護サービスが過剰気味となり、雇用吸収力が減少することで、人材が大量に後期高齢者の絶対数が急増する東京圏へ流出する可能性が高い。２０４０年までには、いくら出生率を引き上げても、若年女性減少によるマイナス効果がそれを上回るため、人口減少が止まらず、自治体の消滅可能性が高まると言わざるを得ないと。

大都市への人口移動が収束しない場合、２０１０年と比べ２０４０年に若年女性（20～39歳）＊が50％以上減少する８９６自治体を「消滅可能性都市」

＊なぜ20～39歳かといえば、２０１２年の合計特殊出生率は１・41だが、生まれてきた子どもの95％を、この若年女性が産んでいるからである。

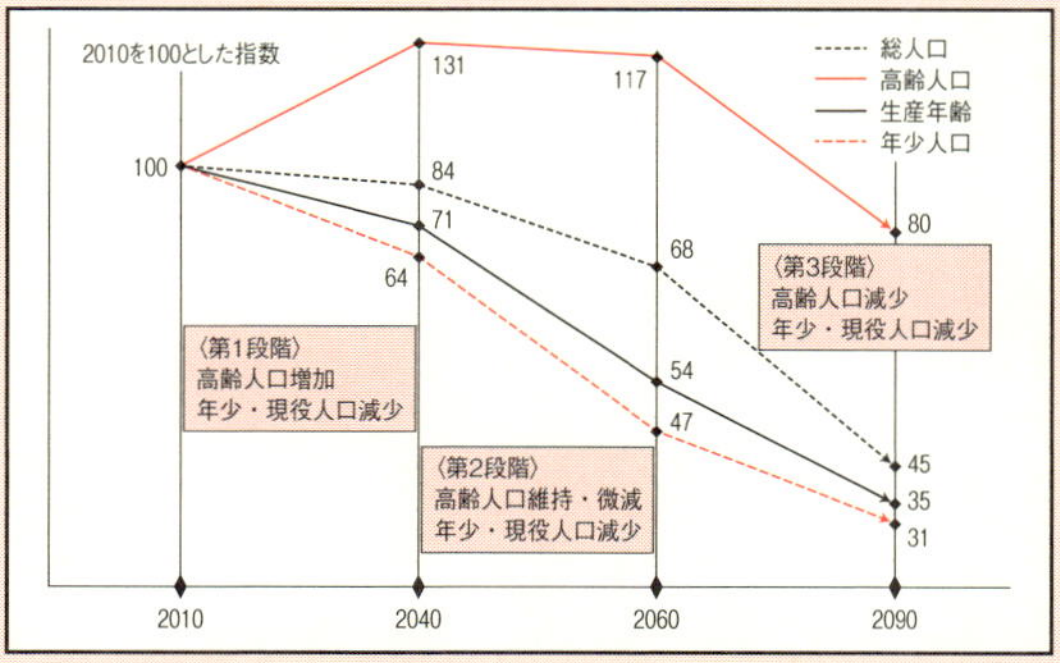

（備考）国立社会保障・人口問題研究所「日本の将来推計人口（平成24年１月推計）」。地方創生本部事務局資料

とし、そのうち2040年に人口が1万人を切る523の自治体は「消滅可能性が高い」とし、それらの自治体名がわかる一覧表を示した。「消滅可能性が高い」と名指しにされた市町村に衝撃が走った。

第3節

要注意の「地方消滅」論

1 「自己実現的予言」

「増田レポート」は、市町村合併による自治体消滅には言及していない。急激な人口減少（社会減と自然減の同時進行）によって市町村の存立基盤が危機に瀕することに警鐘を鳴らしたといえる。地方消滅とか消滅可能性が高まるといわれると、人口減少で自治体が消滅すると思われやすい。こうした予測に関しては次の2点に留意する必要がある。

一つは予測の思わぬ影響についてである。単に未来のことを記述しているように思われる言説（予想・予測）が、現在の人びとの行動に影響を与え、その結果、その言説が現実化してしまうことを、米国の社会学者ロバート・K・マートンは「自己実現的予言」（self-fulfilling prophecy）と呼んだ。たとえ根拠のない噂や思い込み（予言）であっても、人々がそれを信じて行動してでしまうと、結果として予言通りの現実がつくられるという現象のことで、マートンは、「銀行資産が比較的健全な場合であっても、一度支払不能の噂がたち、相当数の預金者がそれをまことだと信ずるようになると、たちまち支払不能の結果に陥る」という例をあげている。日本のことわざでは「嘘から出たまこと」である。

もちろん「増田レポート」は根拠のない推計ではないが、問題は、その推計が描く未来の姿が人びとの気持ちを萎えさせてしまうことにある。市町村の最小人口規模など決まっていないにもかかわらず、若年女性の半減で自治体消滅の可能性が高まるといわれると、「ああ、やっぱり、だめか」と人びとが諦めてしまい、市町村を消滅させようとする動きが出てきてしまうことである。そうなれば自治体消滅という予言が自己実現してしまうのである。もちろん「増田レポート」は、自治体消滅を意図したわけではないだろうが、その人口推計の思わぬ影響に留意する必要がある。

2　法人としての自治体の消滅

もう一つは、「自治体消滅」の意味についてである。論理的には、ある自治体の人口が限りなくゼロに近づいていけば、自治体は存立しえなくなるかもしれない。しかし、自治体は法人であるから、自然に消滅することはない。この点の理解が重要である。

１９４７（昭和22）年以前の旧制度において東京都制、道府県制、市制、町村制で定められていた法人格の規定は地方自治法に引き継がれた。地方自治法は「地方公共団体は、法人とする」（第二条）と規定している。

法人としての地方公共団体は、「住民の福祉の増進を図ることを基本として、地域における行政を自主的かつ総合的に実施する役割を広く担うものとする」とされている。この基本任務の遂行責任を法人の機関、議事機関（議会）と執行機関（首長等）に負わせている。自治体が消滅するとは、法人格を有する地方公共団体がなくなることである。消滅というと自然に無くなるというイメージがなくはないが、ある地方公共団体を法人として消滅させるには人為的な手続きが必要なのである。

(1) 合併による市町村の消滅

事実、わが国では、明治以来、市町村合併が進められ、おびただしい数の市町村が法人格を失い、消滅している。「平成の大合併」でも、1999年4月から2010年3月末では、市町村数は3232から1742へ減少し、特に人口1万人未満の町村は1537から465へ激減している。

2004年の「市町村の合併の特例等に関する法律」では、市町村の合併とは、「二以上の市町村の区域の全部若しくは一部をもって市町村を置き、又は市町村の区域の全部若しくは一部を他の市町村に編入することで市町村の数の減少を伴うものをいう」（2条1項）とされていた。合併とは市町村の合体及び編入の総称であるといえる。

合体の場合は、合併しようとする市町村をすべて廃止して、新たに法人としての市町村を設置することになる（新設合併）。合併に関わるすべての市町村は法人格を失うため、法人の機関である首長・議員はすべて失職する。

編入の場合は、合併しようとする複数の市町村のうち、一個を存続法人として、それ以外の市町村を廃止して存続法人に組み入れることになる。編入される市町村は法人格を失うから、その首長と議員はすべて失職する。

合併によって法人格が失われれば、合併前の市町村の名称も消滅する。しかし、合併前の市町村の区域に存した地域と住民は合併後の自治体の区域に編入されて存在し続ける。法人の機関の「補助機関」である職員は、合併に伴に旧市町村の職員としての身分は失うが、特別措置によって一日も日を置かずに新たな市町村の職員になるから、それまでの自治体が消滅しても失業することとない。

(2)「大阪都」構想と「道州制」構想における自治体の消滅

以上は、現に起こった合併に伴う自治体の消滅である。いまだ構想の段階であるが、自治体の消滅を進めようとする２つの動きに触れておきたい。

一つは、「大阪維新の会」の「大阪都構想」である。これは法人としての大阪市を廃止し、これまで大阪市域内で24に分かれていた行政区を、大くくりに再編し、それぞれに法人格を有する「特別区」を設置するというものである。根拠法は２０１２年９月制定の「大都市地域における特別区の設置に関する法律」である。一個の法人である大阪市を消滅させ、法人格を有する５つの「特別区」を創設するとしている。大阪市の住民はいなくなり、新たな「特別区」の住民になる。この構想が実現するかどうかは定かではない。*

もう一つは「道州制」構想における都道府県の廃止である。自民党道州制

＊大阪市議会は２０１５年３月13日、市を廃止して特別区を設置する「大阪都」構想の協定書（設計図）議案を大阪維新の会、公明党の賛成多数で可決した。大阪府議会での協定書議案の可決を経て、その是非を問う住民投票が５月17日に実施される予定。

推進本部は、２０１３年以降、「道州制推進基本法案（骨子案）」を国会に上程したいとしていたが、町村の反対、自民党内の合意不調などで見送られた。

自治法の６条１項は「都道府県の廃置分合又は境界変更をしようとするときは、法律でこれを定める。」としている。この本則は、都道府県がいかに反対しようとも、国会は、全国一斉に都道府県を廃止し、これに代わる新たな広域の単位（例えば道州）を設置する法律を制定できることを含むと解せられる。もちろん、そのような法律制定が政治的に可能かどうかは別であるが、地方自治法上の扱いとしては都道府県廃止と道州新設への途は開かれているといえる。１都１道２府43県の計47の法人を一斉に消滅させ、全国を例えば10程度の区域にくくり直し、それぞれに「道又は州」を新設するとなると、それこそ「一大事」である。自治体として消滅させると言われ、47都道府県の法人の機関（知事と議会）はどう考えているのであろうか。

２０１４年の第２次安倍改造内閣では、自民党道州制推進本部の本部長は今村雅弘氏から佐田玄一郎氏へ代わった。佐田氏は、本部長就任当初、「道州制推進基本法案」を棚上げにし、国の地方支分部局を存置させ、それと複数都道府県が連携する「強い広域連合」を構築するなど、従来の方針を修正する考えを表明した。しかし、本部役員会では異論も出て、「道州制の旗は降ろさない」「それに至る様々な方法を今後考えていく」ということで意見集約を見たという。どのような展開をみせるか不透明である。なお、２０１４年暮れの総選挙用の公約である自民党の「重点政策集２０１４」の中では、「道州制の導入に向けて、国民的合意を得ながら進めてまいります。導入までの間は、地方創生の視点に立ち、国、都道府県、市町村の役割分担を整理し、住

＊第１８９通常国会（２０１５年1月26日～６月24日）への法案提出も見送られた。

民に一番身近な基礎自治体（市町村）の機能強化を図ります。」としている。*

(3) 自治体消滅とは自治体の自治の放棄

自治法7条1項は「市町村の廃置分合又は市町村の境界変更は、関係市町村の申請に基き、都道府県知事が当該都道府県の議会の議決を経てこれを定め、」としている。市町村合併は、あくまでも「関係市町村の申請」に基づくという意味で自主的合併しかない。国は「強力に推進」することはできるが強制することはできない。自治法7条の規定を前提にする限り、市町村が消滅するとは、関係市町村が自ら法人であることを放棄する場合である。それは、法人としての任務の遂行を法人の機関と住民が断念するときである。

自然条件や社会・経済的条件が厳しい地域であればこそ、自主・自律の気概で、人口減少を乗り越えようとする首長・議会・地域住民の強い意思があれば、市町村が消滅することはない。大規模な市町村合併が進んだということは、国や県から実際に強要された面があったにしても、市町村自身が、自ら自治体としての自治を放棄したことになる。*

自治体の自治を放棄しても、今までの区域と住民が新たな自治体の一部になれば、地域としては存続する。合併で無くなる市町村の区域にはコミュニティ充実策を講じようという考え方はある。しかし、失われた自治体の自治を「地域コミュニティ」で代替できるわけがない。自治体は、その代表機関である議会の議員と首長とを住民が直接選挙することができ、課税権をもち、一定の行政水準を維持するために地方交付税交付金の配分を受けている法人である。どのように「地域コミュニティ」を整備しても、それは「基礎自治

＊夕張市は、北海道の中央部に位置し、かつては石狩炭田の中心都市として栄え、「夕張メロン」の産地として知られている。人口は、1960（昭和35）年に最多の116,908人（住民基本台帳人口）だったが、その後、減少の一途をたどり、財政再建団体に指定された2007（平成19）年には13,045人と約10分の1になっている。2013（平成25）年にはついに人口は1万人を切り9,968人である。「増田レポート」では、2010年の人口10,922人は2040年には3,104人にまで減じ、その間の若年女性（20～39歳の女性）は653人から100人になる（減少率は84.6%）と推計されている。これを見ると、夕張市が消滅可能性の高い都市であるといっても肯けるかも知れない。しかし、夕張市が消滅するのは、周辺自治体との間で編入合併が整い、夕張市が法人であること（自治体の自治）を放棄するときである。いまのところ、市役所も住民も歯を食いしばって「借金」を返済している。

体」内の住民団体であり、参加と協働の単位にとどまるのである。

第4節

人口減少の波動

1 2008年をピークに人口急減

日本の人口は、100年単位で見ると、1900（明治33）年には4、385万人であったが、その100年後の2000（平成12）年には1億2、693万人まで増加した。* 2008（平成18）年に1億2、808万人となっている。もしこのペースで単純に人口が増加するとすれば（趨勢型推計）、2100年には、なんと約3億7、500万人になるが、それだけの膨大な数の日本人が資源の少ない狭い国土で平和に豊かに暮らすことができるとは思えない。

ところが、2008年をピークに総人口は減少し始めた。国立社会保障・人口問題研究所の2012年1月の推計では、2030年（中位推計）に11、662万人、2050年に9、708万人、2060年に8、674万人、2100年に4、959万人になるという。総人口が明治末期頃の規模に戻っていく。しかも、1900年当時の高齢化率は5％程度であっ

＊1908年以降の約100年間で13万人の日本人がブラジルに移住し、1931年の満州事変以降、1945年の太平洋戦争敗戦までの期間に満蒙開拓移民として、14年間で約27万人が移住したといわれるが、資源の乏しい山国の日本は、人口増加の圧力をほぼ国内で吸収できた。それは、外国から食料と資材とエネルギーを比較的安く輸入できたからであった。
なお、1941年1月、政府は「産めよ増やせよ」をスローガンとした人口増強政策を閣議決定した。

たが、２１００年には40％程度まで上昇すると見られる。人口が急減していく中での超高齢社会の姿である。

当然ながら、人口１億２、７００万人を支えてきた経済・社会・政治・文化システムが今後も持続可能であるかどうか、大きな疑問と不安が募り始める。今度は、急減していくことが危機だと捉えられ、人口減少に歯止めをかける政策が強調されることになった。

2 戦後の人口動態

(1) 出生数の減少

戦後の人口動態を見ると（表参照）、１９４７年から49年に第１次ベビーブームが起こった。49年には最高の出生数、２、６９６、６３８人を記録した。出生数は、その後、１９５７まで減少し続けたが、58年から増加に転じた。１９６６（昭和41）年の「丙午（ひのえうま）」の年に出生数は１、３６０、９７４人まで落ち込んだ。「丙午生まれの女は縁起が悪い」という迷信が効いたのであろうか。翌年から増加に転じ、１９７１年から74年まで第２次ベビーブームを迎え、73年には２、０９１、９８３人が生まれている。これ以降、ほぼ一貫して減り続け、２０１３（平成25）年の出生数は最低の１、０２９、８００人を記録した。合計特殊出生率は、２００５年の１・26から２０１３年の１・43までやや回復したが、出生数は１９７０年代半ば以降減少傾向にあり、

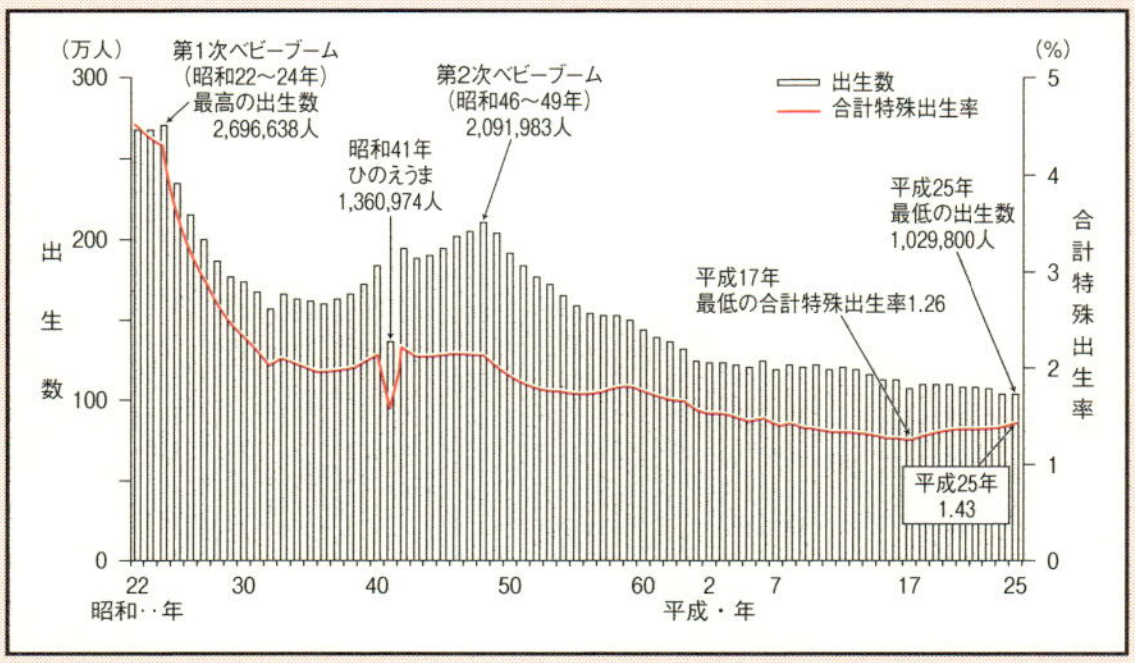

出生数及び合計特殊出生率の年次推移（昭和22年～平成25年）
（出典）厚生労働省「人口動態統計」。地方創生本部事務局資料

日本の人口減少には歯止めがかかっていない。第3次ベビーブームは起きず、第2次ベビーブーム世代は40歳代となり、このまま推移すれば、今後、子どもをもつ可能性のある若い世代の人口が傾向的に減少していくことが確実であると見られている。

(2) 地方からの人口流出―「向都離村」

人口動態にはもう一つの側面がある。それは「向都離村」である。明治以降の日本では、戦争中に学童疎開が行われ、戦後の引揚者の大半が田舎に住み着いた以外には、「向都離村」の動きが止まらなかった。移転と職業選択の自由の下で、人びとは「村」を離れ「都」に向かった。一家をあげての「挙家離村」も珍しくなかった。この人口移動の中心は若者で、就学と就職の場を求めて、農山漁村から地域の中核都市へ、地方中枢都市へ、さらに大都市圏へ転出していった。その間、農山漁村の消費生活の内容は、家電製品の普及、電話にテレビ、交通網の整備など都市の生活とあまり違いがなくなった。それでも人口流出は続いた。

戦後、わが国では3期にわたり大きな人口移動が見られた。1960年から1973年（オイルショック）までと、1980年から1990年（バブル崩壊）までと、2000年以降である。いずれも地方圏から3大都市圏（東京圏、関西圏、名古屋圏）へと流出した。大都市への転入者の多くは県内移動が多くを占めるが、東京においては関東圏のみならず全国から転入が見られた。*

若年世代が進学や就職を契機に、大都市に吸い寄せられ、しかも、出生数

*なお、東京圏の転入超過数が縮小した時期（人口移動均衡期）が三度あった。1973年~1980年、1993~1995年、2008~2011年で、それらは、物価高騰や東京の地価上昇、リーマンショック後の不況など、東京での経済環境や居住環境の悪化が見られた時期であった。

が減っていけば、地方圏の人口減少に歯止めがかからない状況が続く。地方圏の自治体では若者の流出をできるだけ少なくし、Uターン、Iターンを増やす政策を打ち出す努力を行っている。若者たちが生まれ育った故郷から教育や就職の機会を求めて他の地域へ出ていくことを無理にとどめることはできない。外へ出ていって大きく羽ばたきたいという若者の志は是とすべきである。しかし、生まれ育った地域で生き抜きたいと思う若者の願いもかなえられてしかるべきであるし、故郷へ戻ってくる若者・中高年を受け容れる条件も整えなければならない。そのために地域における就業や起業の機会を確保・創出する必要がある。

第5節

国籍法・結婚・人口減少

1 日本の国籍法―血統主義

人口には住民基本台帳法の基づく総人口がある。これは日本人住民と外国人住民の合計である。２０１２年7月9日、住民基本台帳法などの改正により、在日外国人の外国人登録が廃止され住民登録に移行した。改正法では3か月を超えて合法的に日本に滞在する外国人に対して外国人登録証に代わる身分証を発行するとともに日本人と同様に住民票を作成することとなった。自治体の運営にとっては、特別永住者はもちろん、3か月を超える適法な在留資格を有する外国人住民の存在は重要である。しかし、人口減少で大きな比重を持つのは日本人人口である。それは日本の国籍法と関係している。

出生による国籍の取得については、自国民から生まれた子に自国の国籍の取得を認める血統主義と、自国で生まれた子に自国の国籍の取得を認める出生地主義とがある。父母の国籍を問わず、子が生まれた場所の国籍を与えるという出生地主義を採用している国には、アメリカ合衆国、カナダ、ブラジル等がある。日本の場合は、「血統主義」を採用しており、日本に在住の外国籍の両親から生まれた子供は、日本で生まれ育っていても、日本国籍を取得することができず、国籍を取得するためには、現在の国籍を放棄し、日本に帰化しなければならない。

日本の国籍法は、出生による国籍の取得に関して、子は、①出生の時に父又は母が日本国民であるとき、②出生前に死亡した父が死亡の時に日本国民であったとき、③日本で生まれた場合において、父母がともに知れないとき、又は国籍を有しないとき、「日本国民とする」と規定している。日本国民でない者（外国人）は帰化によって日本国籍を取得することができるが、法務大臣による許可を得なければならない。その許可には、居住、能力、素行など相当に厳しい条件が課せられている。

国籍取得における血統主義を維持している限り、日本社会は、基本的に、日本人である親から生まれた子どもが次世代を成していく社会であるということができる。その意味では、日本はアメリカ合衆国やカナダのような多民族社会にはならないといってよい。それは、日本人による日本人の再生産という考え方の帰結である。

出生による国籍取得に関する「血統主義」を、アメリカ合衆国やカナダのように、その領土内で出生した子どもは、その両親が外国人であっても国籍取得を認める「出生地主義」へ変更できるだろうか。それは本格的な多民族社会への転換になる可能性がある。今のところ、政府も国民も、そのような決心はしてはいない。人口減少への対策は、これを前提としている。＊

２　人口減少と結婚の成否

日本では出産は結婚と強く結びついている。同棲関係や婚外で産まれた子どもを社会が育てるという発想は極めて弱い。結婚すれば、平均して子どもを２人は産んでいる。決め手は結婚の成否である。若い男女が結婚しなくなり、晩婚化すれば、出生児数が減り、人口の縮小は必至となる。

国籍取得の血統主義をとるわが国の人口減少問題の核心は、なるべく早めの結婚の成否である。結婚して子どもを産んだ夫婦を支援・激励する手立ては様々に打てる。根本問題は、若い男女が結婚に至るかどうかである。すでに離婚歴は職業や社会生活上の不利条件ではなくなっているといえよう。一度結婚したら離婚しにくいという窮屈な時代は去った。

一般的には経済的には豊かになり、家事・育児の環境も改善された。かつての「貧乏の子沢山」はなくなった。むしろ、豊かさと並行して未婚・晩婚と

＊人口減少に歯止めをかけるためには海外からの移民受け入れが必要であるとする意見もある。政府の経済財政諮問会議の「選択する未来委員会」の議論の過程では移民を年間20万人受け入れる前提で人口１億人を維持するとの内閣府試算がいったん示され（２０１４年５月）、議論を呼んだ。創生法は移民政策と分離した形で制定されている。

少子化が起こったのである。結婚というのは、社会制度のひとつである。制度は使わなければ、そのメリットを享受できない。結婚によって、男女は夫婦としての社会的承認を得て、安定した家計・日常生活を維持し、子どもを産み育てることができる。結婚や妊娠、出産など個人の考え方や価値観に関わっており、個人の自由な選択が最優先されるからこそ、結婚は良きもの、望ましきものであることをいくら強調しても、しすぎることはないだろう。

国立社会保障・人口問題研究所の「出生動向基本調査」によれば、1987年以降で見ると、未婚者の結婚意思は、男女とも「いずれ結婚するつもり」と答えた者の割合は9割程度で推移し、また、1982年以降で見ると、未婚者の希望子ども数は2・1人前後で推移しているし、夫婦の理想子ども数は2・5人前後で、夫婦の予定子ども数は2・1人前後で推移している。問題は、こうした意向が現実にかなえられていないことである。若い世代が安心して結婚・妊娠・出産・育児ができる経済的社会的な環境をいかに整えるかが大きな政策課題となっている。*

＊結婚を希望する若者に「出会い」の機会を提供するため試みは各地でなされている。茨城県と県労働者福祉協議会が共同で設立した「いばらき出会いサポートセンター」は、会員制によるお見合い相手探しのサポート・マリッジサポーター制度・ふれあいパーティの開催を通じて、平成18年6月～27年1月末までに1330組余の成婚組数を達成したという。平成26年度は、月平均17組の成婚組数という。マリッジサポーターは、無報酬のいわゆる仲人さんで、839人が活躍し、平成27年1月までに成婚したカップルは138組という。

第6節

人口減少時代と「向村離都」

地理学者・西川治氏（東京大学名誉教授）は、『町村週報』（２３０８号・平成12年3月27日）に「離都向村への支援を」と題する一文を寄せ、そこで「リストラの嵐おさまらず、春なお寒き世紀末。「帰りなんいざ、田園まさに蕪《あ》れなんとす。なんぞ帰らざる」。陶淵明の有名な詩句は、はるかな時空間をこえて今なおわれわれの共感を誘う。」と述べた。この詩句は「既に自ら心を以《もっ》て形《からだ》の役《しもべ》となす。奚《なん》ぞ惆悵《ゆうちょう》として独《ひと》り悲しむや」と続く。そこには「向都離村」のあげく不遇な官途に見切りをつけて「離都向村」に至った陶淵明の心情が滲み出ていた。

農山漁村からの人口流出が続き、「限界集落」が話題に上り、農山村は瀕死の状態であり、山村に至ってはもう死にかかっているではないかという声が出るほどである。しかし、人口減少社会の到来が強調される中で、衰亡のイメージの強い農山漁村へ移り住もうとする動きが出てきたのである。依然として都市の吸引力は強いが、少なからざる人びとが積極的に「村」へ向い始めた。「村」は、「志を果たして　いつの日にか帰らん」とする望郷の地ではなく、自分のやりたいことに挑みうる希望の地として価値づけられ始めた。森里海の水の循環系を基本とする生き方が魅力的であるからであろう。これを「向都離村」から「向村離都」への転回と呼ぶことができる。*

＊平成26（２０１４）年9月、全国町村会は、農業・農村政策のあり方についての提言「都市・農村共生社会の創造～田園回帰の時代を迎えて～」を打ち出し、農村地域では、過疎高齢化の進展、就業人口や農業所得の減少等により混迷が続いているが、近年、農村の潜在的な価値を再評価し、活用しようとする動きが高まっているとし、こうした農村志向の動きを「田園回帰」と捉えている。小田切徳美・石橋良治・土屋紀子・藤山浩『はじまった田園回帰：現場からの報告』（農文協ブックレット、２０１５年）も参照。

1 「向村離都」の意向

内閣府の「東京在住者の今後の移住に関する意向調査」結果によれば、*次の点が判明している。

① 東京在住者の4割(うち関東圏以外出身者は5割)が地方への移住を「検討している」または「今後検討したい」と考えている。特に30代以下の若年層及び50代男性の移住に対する意識が高い。これは、若者や中高年層が希望する生き方を実現することにより、東京への一方的な人口流入の流れを変えることができる可能性を表している。なお、内閣府の「農山漁村に関する世論調査」においても、都市地域住民の農山漁村地域への定住願望は、2005(平成17)年の20・6%から2014(平成26)年の31・6%へと増加している。

② 移住検討のきっかけや移住したい理由は、年代・性別によって大きく異なる。10~30代女性は、「結婚・子育て」をきっかけ、「出身地や家族・知人等がいる」を理由にして地元へのUターンを考える人が比較的多い。60代男女は、「退職」などをきっかけとして二地域居住を考える人が比較的多い。30代男性は、「転職」「退職」などをきっかけに「スローライフ」を理由として地方移住を考える人が多い。これらは、地方への移住を進めるには、世代に応じた施策展開が必要であることを示唆している。

③ 移住する上での不安・懸念としては、働き口が見つからないこと、日常生活や公共交通の利便性が低いこと等が挙げられている。このことから、

*調査手法:インターネット調査、調査対象:東京都在住18~69歳男女1、200人、調査時期:平成26年(2014年)8月21日(木)~8月23日(土)。地方創生本部事務局資料

「地方への新しいひとの流れをつくる」には、その前提として「地方にしごとをつくり、安心して働けるようにする」ことと、「時代に合った地域をつくり、安心なくらしを守る」ことが必要であることが分かる。

④ 移住を検討するに当たって重視する点として、生活コスト、日常生活や公共交通の利便性、仕事、医療・福祉施設の充実を挙げる人が多い。一方、出身地以外の地方への移住（Ｉターン、Ｊターン）を考えている人の４割は、移住に関する情報が十分でないと感じている。移住を検討する人に対して、これらの情報を総合的に収集・提供し、個々の具体的な相談にのれる体制が重要である。

移住したい理由は表の通りである。出身地が農山漁村であるとは限らないが、「スローライフを実現したいから」「食べ物や水、空気が美味しいから」「家族・親戚・知人など親しい人がいるから」といった理由が上位に並んでいることから「向村離都」の傾向がうかがえる。

移住したい理由（複数回答）

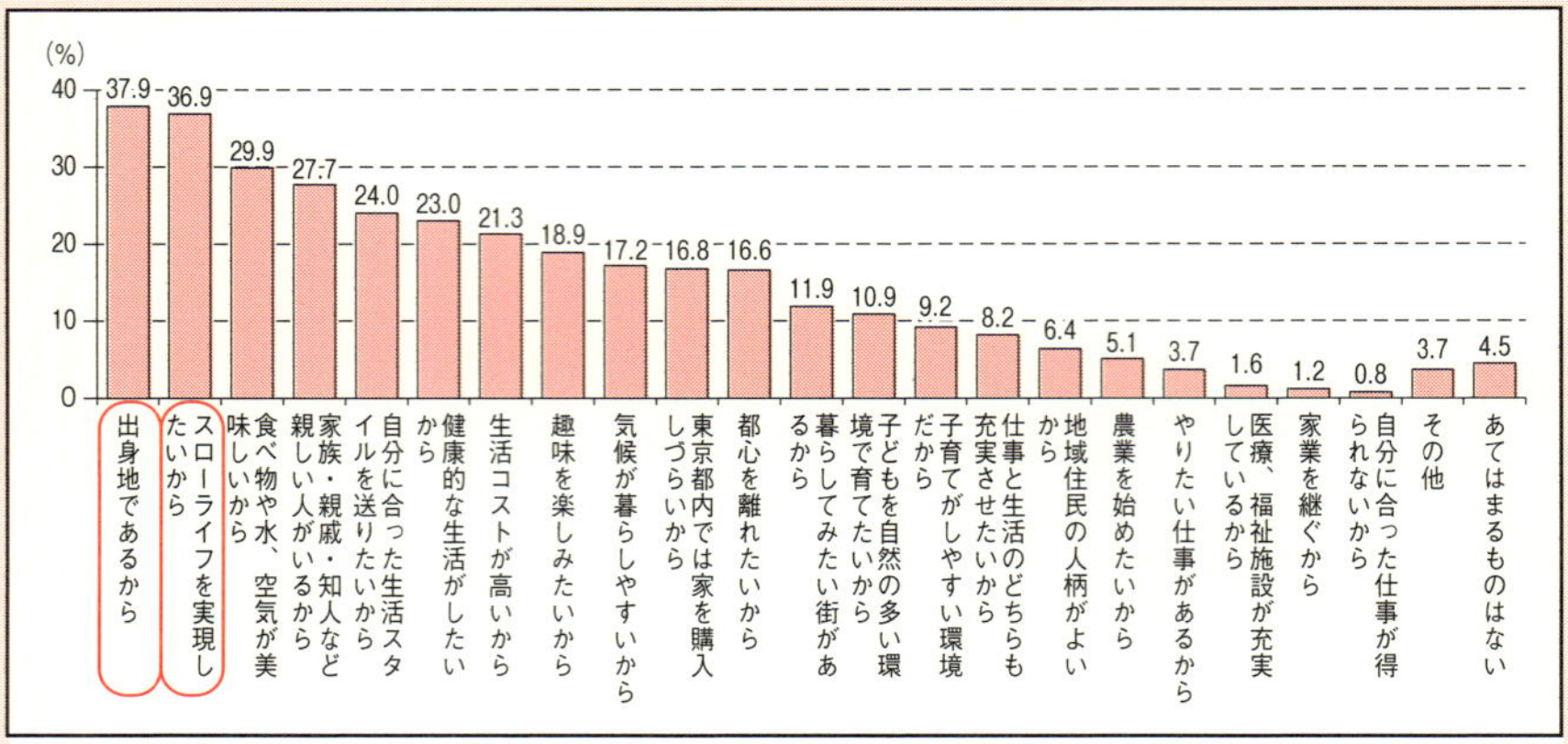

年齢層	男　性	女　性
10・20代	①出身地だから（42.9） ②スローライフを実現したいから（26.8） ②家族・知人など親しい人がいるから（26.8）	①出身地だから（53.6） ②家族・知人など親しい人がいるから（41.1）
30代	①スローライフを実現したいから（47.9） ②出身地だから（35.4）	①出身地だから（51.1） ②家族・知人など親しい人がいるから（36.2） ②スローライフを実現したいから（36.2）
40代	①スローライフを実現したいから（40.4） ②出身地だから（36.8）	①食べ物や水、空気が美味しいから（40.9） ②気候が暮らしやすいから（34.1）
50代	①スローライフを実現したいから（39.3） ②出身地だから（34.4）	①出身地だから（46.3） ②家族・知人など親しい人がいるから（46.3）
60代	①食べ物や水、空気が美味しいから（52.3） ②スローライフを実現したいから（45.5）	①スローライフを実現したいから（38.2） ②食べ物や水、空気が美味しいから（35.3）

2 「向村離都」と森里海の水の循環系

(1) 「都市文明」と「農村文明」

日本は海に囲まれた島国であり、国土の約67％が森林である。急峻な山々に水源がある。環境考古学者・安田喜憲氏（立命館大学教授・環太平洋文明研究センター長）は、1980年初めには「里山の文化」に眼を向け、里山を造り森の資源を農耕活動に利用する「稲作漁撈文明」という独自の文明史観を唱道した（『稲作漁撈文明』雄山閣、2009年）。

安田氏の「稲作漁撈文明」の考え方を村政の基礎に据えようとする自治体が現われた。長野県木島平村である。長野県の北端部に位置する木島平村は、長野市から北東へ約40キロの千曲川右岸にあり、東にブナの原生林を有する奥山を擁し、中心部は流れ出る2本の清流に寄り添うようになだらかな扇状地が広がる村である。そこには日本の農山村の原風景を見ることができる。

1955（昭和30）年2月に、3つの村（旧穂高村、旧往郷村、旧上木島村）が合併して誕生した木島平村は、合併当時に約8、400人であった人口も現在では約5、000人に減少し、高齢化率も30％を超えている。農業と観光が基幹産業の木島平村の中でも、農業施策として全国に先駆けて取り組んだ「有機の里・木島平」は、2004（平成16）年に農林大臣水産賞を受賞している。「平成の大合併」においては、住民の総意によっては合併せず「自立の村づくり」を宣言した。その思想的表明が「農村文明の創生」であった。

「農村文明」とは「日本の農山村が有する食糧生産、水源涵養、癒しの場といった多面的な機能に加え、稲作を中心に森と水の循環系を守りつつ、自然と共生して農耕生活を行う中で営々と築いてきた歴史的、文化的、教育的な価値、さらには地域で支え合う地域自治機能といった価値や機能を時代に則してさらに磨きをかけ、質の高いものに昇華させた自然と共存可能な持続型の文明」と定義されている（木島平農村交流型産業推進協議会『「農村文明」創生プログラム』平成22年3月）。これは次のような考え方に基づいている。

そもそも日本の文化は稲作を中心とした文化である。森を大切にし、奥山と里山を使い分け、そして同じ場所での水循環の中で自然と共存を遂げてきた文化である。欧米文化のように、畑作牧畜のために森を切り開き、牧草地にして家畜を増やし、増えた家畜は草を根まで食い尽くして緑を奪い、露出した土砂が崩壊して、最後には砂漠化が進むという自然破壊を招いてきた文化とは根底から異なっている。そうした意味から日本の文化は世界に誇れる文化である。

平成21年10月に開催された「農山村交流全国フォーラムin木島平」における基調講演の中で、安田喜憲氏は、農村文明と都市文明の違いについて次のように述べている「都市の場合は消費の社会システムが重要であったことに対して、農村の場合は生産が重視されていることである。都市文明には交易と物流のシステムがあるが、農村文明には命と水のネットワークのシステムがある。都市は搾取の社会システムであるのに対し、農村の文明は共生と循環のシステムである。都市文明は人間中心のシステムであったのに対し、農村文明は自然と共存するシステムを持っている。」（表参照）

表・「農村文明」と「都市文明」

「農村文明」のシステム	「都市文明」のシステム
① 生産《命あるもの》の社会システム	① 消費の社会システム
② 生命と水のネットワークシステム	② 交易・物流システム
③ 共生と循環システム	③ 搾取の社会システム
④ 相互扶助システム《結・共同体》	④ 破壊と暴力のシステム
⑤ 欲望のコントロールシステム	⑤ 欲望の刺激システム
⑥ 自然との共存システム	⑥ 人間中心システム

古くから文明が発達した国では、過去に極端な森林伐採が行われた形跡が多く認められ、森を失った文明は多くの場合に衰滅している。日本で国土の約70％もの森林が残されているのは、森林が急峻な傾斜地にあることにもよるが、日本人が過去から現在に至るまで営々と森を守るための努力を続けてきたからである。里山は奥山と人間の間の「バッファゾーン」（緩衝地帯）として、生物多様性を維持するだけでなく、命の水の循環を維持する上で大きな役割を果たしている。森の栄養分を含んだ水は田畑を潤し、地表流れる川だけでなく地下水となって海底から湧き上がり、プランクトンを育て、海藻・珊瑚・魚を育てている。この森里海の水の循環系を維持することを基本にした自然との共生、人と人との信頼こそが日本人の生き方である。圧倒的に優位した都市文明に対して森里海の水の循環系を守り通そうとする暮らし方である。人口減少社会の到来によって、軽視され続けてきた農山漁村の価値に人びとがようやく気付き始めた。木島平村は全国に向けて「農村文明」という言葉・価値観を発信した。これは、農山村の機能と価値を改めて見つめ直し、都市住民と共にその多面的な機能と価値を、今の時代に即した質の高いものにしていくための取り組みを進めようというものである。

文明とは人間が創り出した高度な文化あるいは社会を包括的に指す概念だといえるが、英語のcivilizationを「文明」と訳したのは福沢諭吉であるという。語源は、ラテン語で「都市」を意味するcivitasに由来する。文明といえば、普通は「都市文明」のことである。だから明治以来の都市化・近代化の中で「農村文明」という言い方はほとんど聞かれない。時代錯誤だと言われかねない。

わが国で「農村文明」という言葉が使われなかったわけではない。東京には東京農業大学という大学がある。そこの学生たちが創刊した『農大新聞』（1926（大正15）年9月28日付）の「創刊の辞」では、「偏重都会文明より農村文明へ、中央集権より地方分権へ」と、「農村文明」という言葉を使っていた。当時の東京農業大学の学生たちは、明らかに都市文明が進みすぎて農村文明が危機に瀕している、その背景には中央集権があることを見抜いていた。大正デモクラシーのかけ声とは裏腹に、政党政治の腐敗、慢性的な経済不況、社会不安が広がっていた。「農村文明へ」とは「都会文明」偏重への悲痛な批判であった（秋岡信彦「東京農大ものがたり（66）」『新・実学ジャーナル』2009・10）。それから80余年後、社会生活に歪みや閉そく感が広がり、「地域主権改革」が喧伝される中で、木島平村（村長・芳川修二）が「農村文明の創生」を唱導したが、大都市への人口集中と都市型生活様式の一般化のなかで、「農村文明」とは、なかなかの思い入れである。*

(2) 里山の価値

わが国の地域は、歴史的には農地と市街地がモザイク状に入り込む形で発展してきた。したがって、都市と農山漁村を分かつのは絶対的な人口数ではなく、相対的な人口密度であるといってよい。市と町村の違いといっても、市において人口の高密度地域（市街地）が大半を占め、町村で低密度の地域がほとんどを占めるという違いにすぎない。日本中に、いわば都市的な地域と農村的な地域が混合して並存しているといえる。

その上で、大自然の恵みを直接享受できる農山漁村地域には大都市とは一

*木島平村の「木島平村農文明塾」設立と運営による「農村文明の創生」の試みは、平成26年度ふるさとづくり大賞（旧地域づくり総務大臣表彰）・優秀賞を受賞した。しかし、2015年2月8日投開票された村長選挙では現職の芳川修二氏が新人候補に敗れた。果たして、「農村文明」に基づく村政はこれで終焉するのか、それとも取り組みの修正を受けながらも継続されるのかどうか注目される。

味も二味も違う暮らし方があるといえる。藻谷浩介／ＮＨＫ広島取材班は、『里山資本主義―日本経済は「安心の原理」で動く』（角川書店、２０１３年）を著し、里山資本主義を「お金の循環がすべてを解決するという前提で構築された『マネー資本主義』の経済システムの横に、こっそりと、お金に依存しないサブシステムを再構築しておこうという考え方だ。お金が乏しくなっても水と食料と燃料が手に入り続ける仕組み、いわば安心安全のネットワークを、予め用意しておこうという実践だ。」と定義している。そして、「マネー資本主義の下では条件不利と見なされてきた過疎地域にこそ、つまり人口当たりの自然エネルギー量が大きく、前近代からの資産が不稼働のまま残されている地域にこそ、大きな可能性がある。」という。休眠資産を再利用することで原価０円から経済再生、コミュニティ復活を果たすことができ、これによって「安全保障と地域経済の自立をもたらし、不安・不満・不信のスパイラルを超えることができる。」というのである。

おそらく里山なんか経済的に価値がないから住む人がいなくなると思っている人が多いだろうが、実はそうではないのではないか。里山にはいまでも、人間が生きていくのに必要な資本があり、それはお金に換算できない大切な生活の価値なのである。人材・資源・情報・カネを地域で循環させる独自の生き方がある。都市と農山漁村の人間の流れを交流から対流へ転回させるためには、人工物で固められた大都市に暮らす人たちに向かって、田舎で暮らす人びとが、田舎暮らしの中に真の豊さと幸せがあることを発信できなければならない。そのために都会の人びとと共に里山・里地・里川・里海の再生と活用に乗り出す必要がある。

全国町村会は、すでに平成13（2001）年7月、「21世紀の日本にとって、農山村が、なぜ大切なのか―揺るぎない国民的合意にむけて―」を提言した。そこでは、農山村のかけがえのない価値として、「生存を支える」「国土を支える」「文化の基層を支える」「自然を活かす」「新しい産業を創る」の5つをあげ、先の提言「都市・農村共生社会の創造～田園回帰の時代を迎えて～」では、農村の新たな価値を、「少子化に抗する砦」、「再生可能エネルギーの蓄積」、「災害時のバックアップ」、「新たなライフスタイル・ビジネスモデルの提案の場」に求めている。

3 小さいことの価値

自治体としての町村の多くは地域としての農山漁村に所在している。その町村の数は激減の一途をたどってきた。国は、明治、昭和、平成と、市町村の大合併を推進してきた。地方分権改革時の1995年4月に市は663、町村は2571（計3、234）を数えたが、2006年3月には、市が777、町村が1044（計1、821）になった。2014年4月現在で、市は790、町村は928（計1、718）である。町村に住む人口は全人口のほぼ1割である。

この間、合併によって多くの町村が消滅した。規模拡大主義と昇格主義（町村より市の方が格上とみる）の帰結である。大きくなることは、いいことだとし、小さなものは頼りのないもの、迷惑なものとみなす考え方が支配的であった。人口のみを基準として「小規模」と称するのは、暮らし場所の広がりを無視した考え方であるし、「小規模」だから行財政能力が低いと決めつけてしまうのは、町村の実態を無視することになる。* 農業や林業など土地面積の収益力が高くない産業が立地している農山村において、役場が小さな単位で分散的に存在し、地域のことを知り尽くした人材が、地域の資源を活用して、工夫を凝らして地域振興を行うという体制は、決して非効率なシステムではない。小規模であるがゆえに、地域全体を見渡し、住民のニーズをきめ細かく捉え、施策間の調整を図りやすい。

『スモール イズ ビューティフル』（1973年）で日本でも評判となったイギリスの経済学者E・F・シューマッハは、1977年に『スモール イズ ビューティフル再論』（酒井懋訳／講談社学術新書、2000年）を著し、その冒頭で、「小さいことの素晴らしさ」について強調し、エネルギー消費の「適正」基準の第一は「小規模」だと主張している。「『大きければ大きいほどよい』という考えを意図的に捨て去り、物事には適正な限度というものがあり、それを上下に越えると誤りに陥ることを理解しなくてはならない。小さいことの素晴らしさは、人間のスケールの素晴らしさと定義できよう。」と述べている。

もちろん、常に小さいことがいいわけではない。「大は小を兼ねる」とも「大は小を叶える」ともいう。しかし、「大木の下に小木育たず」ともいう。合併で大きくなった自治体で住民自治が充実・強化されたであろうか。

人びとの営みが小さいこと、小規模であることの思想的、実践的な根拠を否定することはできない。いまこそ、ひたすら大きくすることに邁進してき

＊全国町村会・道州制と町村に関する研究会「町村の現状とその事務執行の確保方策に関するアンケート補充調査結果」（平成23年8月）を参照。

たことを正面から問い直すべきではないか。* 市町村は、地理的位置、自然条件、歴史・文化、人口、面積、財政力、自治行政の意欲と力量などで違っている。だから、大中小の多様な自治体が、自立・連携して共存し合っていることが理に適っている。

4 3・11の教訓——問い直される自然観

2011年3月11日、日本は未曽有の東日本大震災を体験した。天変地異は忘れたころにやって来るというが、わが国では地震は忘れる暇がない。再び巨大な地震が避けがたくやってくるに違いないと思われている。大地震を想定せずに生きられない、それが日本列島の「自然」である。この日本列島では自然災害が避けがたくやってくることを前提にしてしか生きられないならば、決して災害体験を忘れることなく、そこから多くのことを学び備えなければならないはずである。

時に自然は牙をむいて人間に襲いかかることがあっても、人間は、その自然の恵みなしには生きられない。人間が自然を征服し統制しようとしても、自然を人間の指令・統制下に置き切ることはできない。それでも、人間は、できるだけ自然の影響を直接に受けず便利で快適な生活を可能にする「モノ」を創り出してきた。その基礎は物質・エネルギー・情報にかかわる技術革新であった。中でも、電気は、大量に制御可能になった最初の「準人工エネルギー」であるが、今日では電気抜きの生活など考えられないほど不可欠なも

*米国の弁護士・経済学者・マイケル・シューマンは、『スモールマート革命―持続可能な地域経済活性化への挑戦』(毛受敏浩監訳、明石書店、2013年)の中で、最も経済的に貢献度の高い企業は、地域に根差した小規模ビジネスを展開する会社であり、「大きければ大きいほど、激しく倒れる」という。笠松和市氏(徳島県上勝町長)は佐藤由美氏と共著で『持続可能なまちは、小さく、美しい』(学芸出版社、2008年)を刊行し、構想力・人間力・環境力・自然力・再生力を持つ地域は小さくとも持続可能であることを解き明かした。

のになっている。

ついに人間は電気の生産に原子力発電を持ち込んだ。原子力発電は燃料のウランを連続的に核分裂させ、そのとき発生する熱で蒸気をつくり、タービンを回して発電する装置である。太陽で起こっている核反応と同じ本質の核分裂の過程を直接エネルギー源に据えているから、原子炉は「小さな太陽」であるといえる。これをわが国も安全に制御・管理できると思い導入した。この過程で発生する放射性物質を安全に管理できることが前提になっている。頑丈な炉と人間の感覚に頼らない情報処理技術で守られていることになっている。日本の原子力発電所も、そう言われてきた。東京電力福島第一原子力発電所の事故で、その安全神話が消し飛び、多くの住民が故郷を追われ「帰還困難」が続いている。放射性廃棄物の処理の見通しも立っていない。

太陽はまぶしい。地球から太陽までの平均距離は約1億5千万㎞といわれるが、放射されてくるその光があまりにも強く肉眼で直視できない。しかし、地球上の生物は、太陽から放射されてくる光と熱の恩恵を受け生命を紡ぎ続けている。植物の葉の葉緑体の中では光のエネルギーを受けて二酸化炭素と水からデンプンなどの有機物と酸素を合成している。この光合成のおかげで地球上の多くの生物が生存してきた。学ぶべきは光合成の技である。太陽は遥か遠くにあることによってのみ恵みをもたらしてくれる。だからこそ「ありがたい」存在なのである。「太陽」を生命圏に引き寄せてはならないのである。原発事故と放射性物質の飛散は、ある意味で、「人間は自然を征服し統制する力をもっている」という考え方を基礎にした産業文明のほころびが明白になったことを意味しているように思える。

海で囲まれている日本列島では津波への備えは必須である。被災地の海岸線を再び巨費を投じてコンクリート防潮堤で張り巡らそうとする復興施策が始まっているが、選択肢はそれだけでであろうか。植物生態学者の宮脇昭・横浜国立大学名誉教授は、被災がれきを活用した盛り土に多様な樹木を植えて「森の防潮堤」を築く構想を提唱し、被災地の自治体、NPO、住民、支援企業などと一緒に「いのちを守る森の防潮堤プロジェクト」を推進している。*この施策は、危険物を取り除いた被災がれきを土と混ぜて埋める、その上に、ほっこらと盛り土をしてマウンド（植樹地）を築き、土地本来の潜在自然植生を構成する主木を中心に深根性、直根性の常緑広葉樹（高木、亜高木、低木も）ポット苗を多種多様に混植、密植する。15～20年の短期間で多層群落の自然林に近い樹林に生長し、最終的には樹冠の高さ20～25m以上の豊かで堅牢な森の防潮林が完成するという。地中深く根を張った森が緑の壁となり、波砕効果によって津波の力を減殺し、また、引き潮による被害も軽減できるという。こうしたほうが、海と共に生きる人びととの命の尊さと絆の大切さを語り継いでいくことができるのではないか。

＊宮脇昭『「森の長城」が日本を救う列島の海岸線を「いのちの森」でつなごう』（河出書房新社、２０１２）

第7節

「地方創生」の推進

1 「ふるさと創生」と「地方創生」

「創生」とは、広辞苑（第6版）には「新たに作り出すこと」とあるが、あまり使われない漢字である。１９８８（昭和63）年に、竹下登総理が内政の最重要課題として掲げた「ふるさと創生」が「創生」の字を使っていた。１９８８年度と１９８９年度に、「ふるさと創生1億円事業」（正式には「自ら考え自ら行う地域づくり事業」）が行われた。竹下総理は島根県掛合村（現・雲南市）生まれで、総理としては初の地方議員出身者であった。竹下内閣は１９８７年11月6日に発足したが、「ふるさと創生」のアイデア源は総理自身であったといわれる。総理は、１９８８年の全国町村長大会で「地方の皆さんがメニューを作って、それを中央がいかにサポートするかというように発想を転換しなければなりません」と述べている。当時は、バブル絶頂期にあって東京一極集中が問題になり、全国画一的な地域開発政策が行き詰まりを見せる中で個性を活かした地域づくりが必要であると考えられた。

「ふるさと創生1億円事業」の財源措置は市町村に対する一律1億円の地方交付税の追加交付であった。それは自然増収分の追加であったが、目新しかったのは、人口や面積といった測定単位が適用されず、同額一律配分で基準財政需要額をふくらませ、その具体的な使途ついては国は関与しないという点であった。これが可能であったのは、バブル経済によって大幅な国税の増収があったからであり、1億円の配分と言っても、地方交付税はそもそも地方の財源であって、配り方を変えただけだともいえる。それでも、全国の市町村は、子どもがふるさとに残れるようにするには何をすべきかなど1億円の使い道をそれなりに考えた。交付の対象は全市町村であったが、それを「ふるさと」と呼称したのが竹下流であった。竹下総理は、1988年12月27日に改造内閣を発足させたが、政局混迷の責任をとって1989年6月3日に退陣し、分権の匂いのした「ふるさと創生」事業は2年度の短命で終わった。もっとも、この後も、形を変えて地域づくり事業は継続された。

それから四半世紀を経て再び「創生」と銘打つ国の施策が打ち出された。2008年の1億2808万人をピークに総人口は減少し始めた。周産期の死亡率の著しい低下を背景とし、未婚率の上昇、晩婚化の進行、出生児数減少傾向により、相当程度の人口減少は必至である。人口急減していくことが危機だと捉えられ、人口減少に歯止めをかける「地方創生」政策が強調されることになった。しかし、このたびは、地方交付税の自然増収分の追加の話はないし、なにより人口減少への対応が強く意識されている。しかも「ふるさと」ではなく「地方」となっている。焦点は「ふるさと回帰」に絞られてはいない。

法律名は「まち・ひと・しごと創生法」である。普通は、「まち」は都市を、「むら」は農山村を意味しているから、「むら」は除外されているのではないかと疑問が湧く。しかし、「創生法」では「潤いのある豊かな生活を安心して営むことができる地域社会の形成」とか、「地域社会を担う個性豊かで多様な人材の確保」とか「地域における魅力ある多様な就業の機会の創出」と言っているから、ここでの「地域」から「むら」が除外されているとは考えられない。「まち」とは、全国津々浦々の地域を指していると理解できる。それを総称して「地方」であるといってよい。

地域とは、単なる「区域」ではなく、人びとが暮らす「場所」である。場所としての地域は、人と自然、人と物産、人と人との独自の関係によって成り立っている。市町村は、地域の政策課題を解決していく責務を負っている。人口減少時代において、この関係を見抜き、この責務をどうすれば果たさせるのかが問われている。既に超高齢社会が到来し、若者の流出が止まらない市町村では、必死になって若者の定住、移住者の受け入れ、6次産業化、空き家対策、都市・農山村交流・対流、育児支援などの手を打ってきている。それでも苦闘が続いている。あらゆる方策を講じて人口の急減を緩和させることとは自治体にとっても待ったなしの政策課題である。しかし、すでに始まった人口減少を止め反転させることは並大抵のことではない。「地方創生」に一種の悲壮感が付きまとっているのは「むべなるかな」といえる。

2 国の「人口ビジョン」と「戦略計画」

平成26年9月12日、まち・ひと・しごと創生本部第1回会合が開催され、「基本方針」が決定された。基本方針では、①若い世代の就労・結婚・子育ての希望の実現、②「東京一極集中」の歯止め、③地域の特性に即した地域課題の解決の3点を基本的視点とした。その上で、5つの検討項目、①地方への新しいことの流れをつくる、②地方にしごとをつくり、安心して働けるようにする、③若い世代の結婚・出産・子育ての希望をかなえる、④時代に合った地域をつくり、安心なくらしを守る、⑤地域と地域を連携する、が示された。

2014年12月27日に、「まち・ひと・しごと創生法」に基づいて「長期ビジョン」と「総合戦略」が閣議決定された。その全体像（概要）は、次のようなものである。

長期ビジョンは中長期展望（2060年を視野）を示すものであり、表のように、大きく2つの政策目標を設定している。一つは「人口減少問題の克服」であり、2060年に1億人程度の人口を確保することを目指し、そのために、人口減少の歯止めとして国民の希望が実現した場合の出生率（国民希望出生率）を1・8に設定し、「東京一極集中」是正を図るとしている。もう一つは「成長力の確保」で、2050年代に実質GNP成長率1・5〜2％程度（人口安定化、生産性向上が実現した場合）を維持することを目指すとしている。

人口減少への対応には、出生率の向上により人口減少に歯止めをかけ将来的に人口構造自体を変えていこうという「積極戦略」と、仮に出生率の向上を図っても今後数十年間の人口減少は避けられないことから、今後の人口減少に対応し、効率的かつ効果的な社会システムを再構築していく「調整戦略」が考えられるとし、この2つを同時並行的に進めていくための基本的な視点

＊2012年の合計特殊出生率を2060年に置換水準の2・07まで引き上げれば、2060年推計人口8、674万人を10、545万人にできるという見通し。

まち・ひと・しごと創生『長期ビジョン』が目指す将来の方向

◎人口問題に対する基本認識　—「人口減少時代」の到来

・2008 年に始まった人口減少は、今後加速度的に進む。人口減少は地方から始まり、都市部へ広がっていく。
・人口減少は、経済社会に対して大きな重荷となる。
・東京圏には過度に人口が集中しており、今後も人口流入が続く可能性が高い。東京圏への人口の集中が日本全体の人口減少に結び付いている。

◎今後の基本的視点

○3つの基本的視点
①「東京一極集中」の是正
②若い世代の就労・結婚・子育ての希望の実現
③地域の特性に即した地域課題の解決
○国民の希望の実現に全力を注ぐことが重要。

◎目指すべき将来の方向　—将来にわたって「活力ある日本社会」を維持する

○若い世代の希望が実現すると、出生率は 1.8 程度に向上する。
・国民希望出生率 1.8 は、OECD 諸国の半数近くが実現。我が国においてまず目指すべきは、若い世代の希望の実現に取り組み、出生率の向上を図ること。
○人口減少に歯止めがかかると 50 年後1億人程度の人口が確保される。
・2030～2040 年頃に出生率が 2.07 まで回復した場合、2060 年には１億人程度の人口を確保すると見込まれる。
○さらに、人口構造が「若返る時期」を迎える。
・人口減少に歯止めがかかると、高齢化率は 35.3%でピークに達した後は低下し始め、将来は27%程度にまで低下する。さらに高齢者が健康寿命を延ばすと、事態はより改善する。
○「人口の安定化」とともに「生産性の向上」が図られると、50 年後も実質 GDP 成長率は、1.5～2%程度が維持される。

◎地方創生がもたらす日本社会の姿

＜地方創生が目指す方向＞
○自らの地域資源を活用した、多様な地域社会の形成を目指す。
・全国一律でなく、地方自らが地域資源を掘り起し活用することにより、多様な地域社会を形成。
○外部との積極的なつながりにより、新たな視点から活性化を図る。
・外部人材の取り込みや国内外の市場との積極的なつながりによって、新たな発想で取り組む。
○地方創生が実現すれば、地方が先行して若返る。
○東京圏は、世界に開かれた「国際都市」への発展を目指す。

—地方創生は、日本の創生であり、地方と東京圏がそれぞれの強みを活かし、日本全体を引っ張っていく

が①「東京一極集中」の是正、②若い世代の就労・結婚・子育ての希望の実現、③地域の特性に即した地域課題の解決とされている。

この中長期の目標を実現するため、表のように、2015〜2019年度の5か年の総合戦略を決定した。「主な施策」の実施によって「主な重要業績評価指標」を実現し、それによって「基本目標」を達成していくという構図になっている。

このうち、「地方への新しいひとの流れをつくる」ために、東京圏年間10万人入超の現状を2020年に地方・東京圏の転出入均衡を達成するとしている。そのために地方から東京圏への転入を約6万人減らし、東京圏から地方への転出を約4万人増やす方策が考えられている。これによって東京圏の力が弱体化するとは思えない。東京圏は世界に開かれた「国際都市」への発展を目指すことはできるからである。

東京圏への人口の過度の集中を是正するには、一方で地方に住み、働き、豊かな生活を実現した人びとの希望をかなえ、他方で東京圏の活力の維持・向上を図りつつ、過密化・人口集中を軽減し快適で安全・安心な環境を実現していくのである。なによりも、合計特殊出生率が全国で最も低い東京都(1・13)の「都市構造」の改革が不可欠である。地方から若者を吸収し続けながら、どうして、その若者たちが安心して結婚・妊娠・出産・子育てができないでいるのか。人口減少の歯止めには、この東京問題を解決していかなければならない。

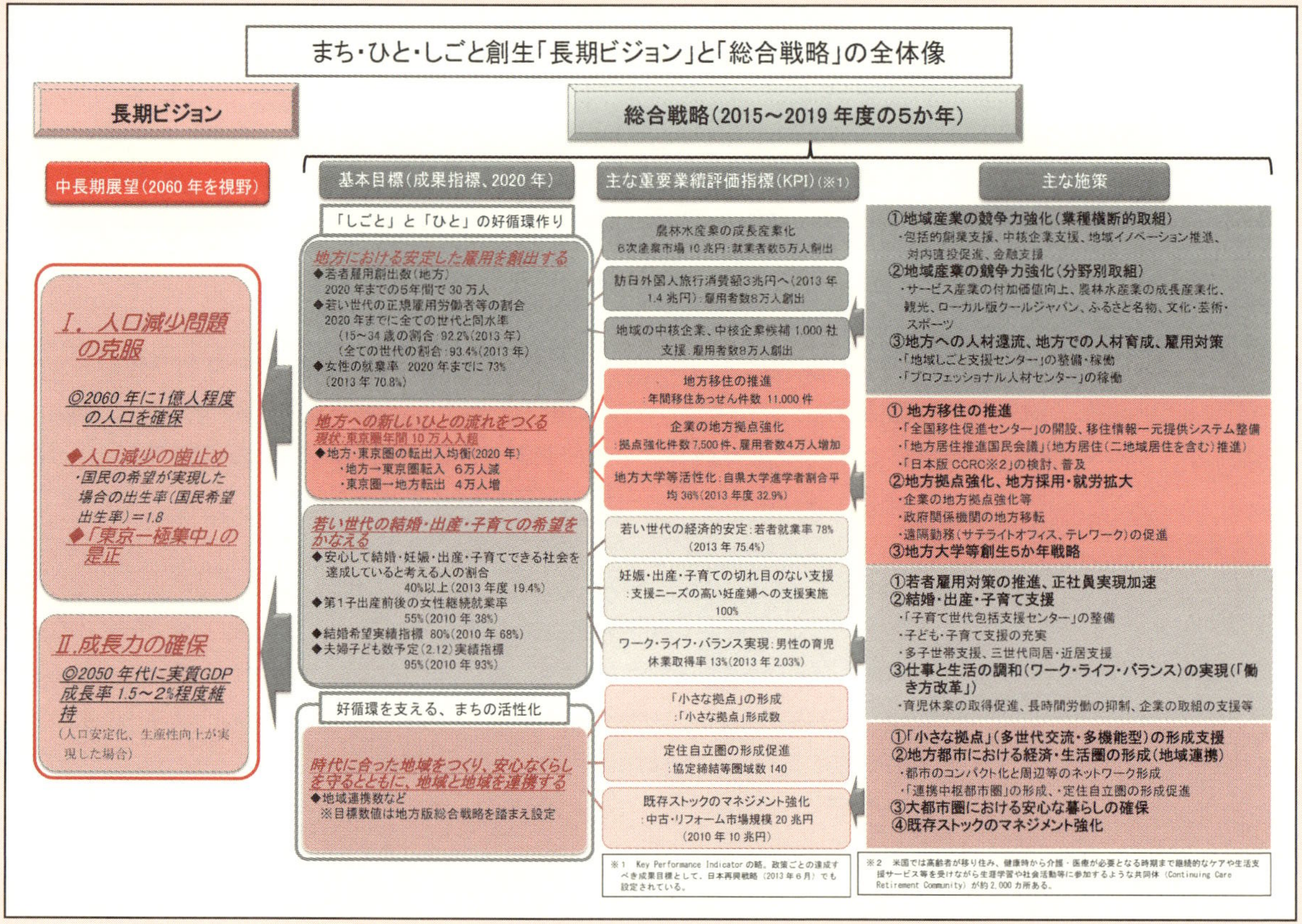
まち・ひと・しごと創生「長期ビジョン」と「総合戦略」の全体像
長期ビジョン
中長期展望（2060年を視野）
Ⅰ．人口減少問題の克服
◎2060年に1億人程度の人口を確保
◆人口減少の歯止め
・国民の希望が実現した場合の出生率（国民希望出生率）＝1.8
◆「東京一極集中」の是正
Ⅱ.成長力の確保
◎2050年代に実質GDP成長率1.5～2%程度維持
（人口安定化、生産性向上が実現した場合）
総合戦略（2015～2019年度の5か年）
基本目標（成果指標、2020年）
「しごと」と「ひと」の好循環作り
地方における安定した雇用を創出する
◆若者雇用創出数（地方）
2020年までの5年間で30万人
◆若い世代の正規雇用労働者等の割合
2020年までに全ての世代と同水準
（15～34歳の割合：92.2%（2013年））
（全ての世代の割合：93.4%（2013年））
◆女性の就業率 2020年までに73%
（2013年70.8%）
地方への新しいひとの流れをつくる
現状：東京圏年間10万人入超
◆地方・東京圏の転出入均衡（2020年）
・地方→東京圏転入 6万人減
・東京圏→地方転出 4万人増
若い世代の結婚・出産・子育ての希望をかなえる
◆安心して結婚・妊娠・出産・子育てできる社会を達成していると考える人の割合
40%以上（2013年度19.4%）
◆第1子出産前後の女性継続就業率
55%（2010年38%）
◆結婚希望実績指標 80%（2010年68%）
◆夫婦子ども数予定（2.12）実績指標
95%（2010年93%）
好循環を支える、まちの活性化
時代に合った地域をつくり、安心なくらしを守るとともに、地域と地域を連携する
◆地域連携数など
※目標数値は地方版総合戦略を踏まえ設定
主な重要業績評価指標（KPI）（※1）
農林水産業の成長産業化
6次産業市場10兆円：就業者数5万人創出
訪日外国人旅行消費額3兆円へ（2013年1.4兆円）：雇用者数8万人創出
地域の中核企業、中核企業候補1,000社支援：雇用者数8万人創出
地方移住の推進
：年間移住あっせん件数11,000件
企業の地方拠点強化
：拠点強化件数7,500件、雇用者数4万人増加
地方大学等活性化：自県大学進学者割合平均36%（2013年度32.9%）
若い世代の経済的安定：若者就業率78%（2013年75.4%）
妊娠・出産・子育ての切れ目のない支援：支援ニーズの高い妊産婦への支援実施100%
ワーク・ライフ・バランス実現：男性の育児休業取得率13%（2013年2.03%）
「小さな拠点」の形成
：「小さな拠点」形成数
定住自立圏の形成促進
：協定締結等圏域数140
既存ストックのマネジメント強化
：中古・リフォーム市場規模20兆円
（2010年10兆円）
主な施策
①地域産業の競争力強化（業種横断的取組）
・包括的創業支援、中核企業支援、地域イノベーション推進、対内直接投資促進、金融支援
②地域産業の競争力強化（分野別取組）
・サービス産業の付加価値向上、農林水産業の成長産業化、観光、ローカル版クールジャパン、ふるさと名物、文化・芸術・スポーツ
③地方への人材還流、地方での人材育成、雇用対策
・「地域しごと支援センター」の整備・稼働
・「プロフェッショナル人材センター」の稼働
① 地方移住の推進
・「全国移住促進センター」の開設、移住情報一元提供システム整備
・「地方居住推進国民会議」「地方居住（二地域居住を含む）推進」
・「日本版CCRC※2」の検討、普及
②地方拠点強化、地方採用・就労拡大
・企業の地方拠点強化等
・政府関係機関の地方移転
・遠隔勤務（サテライトオフィス、テレワーク）の促進
③地方大学等創生5か年戦略
①若者雇用対策の推進、正社員実現加速
②結婚・出産・子育て支援
・「子育て世代包括支援センター」の整備
・子ども・子育て支援の充実
・多子世帯支援、三世代同居・近居支援
③仕事と生活の調和（ワーク・ライフ・バランス）の実現（「働き方改革」）
・育児休業の取得促進、長時間労働の抑制、企業の取組の支援等
①「小さな拠点」（多世代交流・多機能型）の形成支援
②地方都市における経済・生活圏の形成（地域連携）
・都市のコンパクト化と周辺等のネットワーク形成
・「連携中枢都市圏」の形成、・定住自立圏の形成促進
③大都市圏における安心な暮らしの確保
④既存ストックのマネジメント強化
※1 Key Performance Indicator の略。政策ごとの達成すべき成果目標として、日本再興戦略（2013年6月）でも設定されている。
※2 米国では高齢者が移り住み、健康時から介護・医療が必要となる時期まで継続的なケアや生活支援サービス等を受けながら生涯学習や社会活動等に参加するような共同体（Continuing Care Retirement Community）が約2,000カ所ある。

3 地方人口ビジョン及び地方版総合戦略の策定と国の支援

国の「長期ビジョン」と「総合戦略」を勘案して、都道府県と市区町村が、それぞれ、地方人口ビジョン（各地域の人口動向や将来人口推計の分析や中長期の将来展望の提示）と地方版総合戦略（各地域の人口動向や産業実態等を踏まえ、２０１５～２０１９年（５か年）の政策目標・施策の策定）を行うことになるが、地方が自立につながるよう自らが考え、責任をもって戦略を推進し、国は、情報支援、人的支援、財政支援を切れ目なく展開するとしている。

情報支援としては、各地域が、産業・人口・社会インフラなどに関し必要なデータ分析を行い、各地域に即した地域課題を抽出し対処できるよう、「地域経済分析システム」を整備する。人的支援としては、「地方創生人材支援制度」（小規模市町村に国家公務員等を首長の補佐役として派遣）と「地方創生コンシェルジュ制度」（市町村等の要望に応じ、当該地域に愛着・関心を持つ、意欲ある府省庁の職員を相談窓口として選任）を用意する。

財政支援としては、緊急的取組として地方創生先行型を２０１４年度から15年度に走らせる。地方の積極的な取組を支援する自由度の高い交付金を平成26年度補正予算で先行的に創設する。これは、地方版総合戦略の早期かつ有効な策定・実施には国が手厚く支援するもので、対象事業は、①地方版総合戦略の策定、②地方版総合戦略における「しごとづくりなど」の事業（メニュー例：ＵＩＪターン助成、創業支援、販路開拓など）としている。

平成27年度からは、国は27年度を初年度とする「総合戦略」を推進し、地方は、国の総合戦略等を勘案し、「地方人口ビジョン」及び「地方版総合戦略」を策定し、施策を推進する。税制・地方財政措置としては、企業の地方拠点強化に関する取組を促進するための税制措置や地方創生の取組みに要する経費について地方財政計画に計上し、地方交付税を含む地方の一般財源確保等を行うとしている。

平成28年度以降は、総合戦略の更なる進展のため、地方版総合戦略に基づく事業・施策を自由に行い、客観的な指標を設定し、ＰＤＣＡによる効果検証を行うために、新型交付金を本格実施するとしている。

4 地方創生―自治体の課題

国の「長期ビジョン」では、「２０６０年に人口1億人」を実現するシナリオとしては、現在1・43の出生率が２０２０に1・6、30年に1・8、40年に人口置換水準の2・07が達成されるという想定を示した。しかし、出生率を向上させる方策には「『これさえすれば』というような『決定打』もなければ、これまで誰も気づかなかったような『奇策』もない」とし、人口減少に歯止めをかけるには長期的・継続的な取り組みが必要であるとしている。原案では、出生率1・8を「まず目指すべき水準」としていたが、「我が国においてまず目指すべきは、若い世代の結婚・子育ての希望の実現に取り組み、出生率の向上を図ることである」と修正された。「結婚や出産はあくまでも個人の自由な決定に基づくものであり、個々人の決定にプレシャーをあたえることがあってはならない。」からである。

2020年までの施策や工程をまとめた「総合戦略」では、都市部に比べて人口減少が激しい地方を「創生」する具体策を示した。地方の人口減少を食い止めなければ、日本全体の底上げも難しいからである。

地方では、合計特殊出生率は東京などの都市部に比べ総じて高い水準を維持しながらも、若い世代の流出に悩んできた。こうした地方の自治体は、人口減少の問題に、どこよりも早く気づき、子育て支援、若者の雇用や居住環境の整備、6次産業化、IUJターンの促進、グリーンツーリズムなどの施策を実施している。さらに、市町村自ら、地域の再生と発展を図っていかなければならない。地方には、地域の資源やワザを組み合わせて、新しい産業を興すというような仕事であれば、若者が挑戦すべきフロンティアとしての可能性が十分にある。さらに、こうして自らが主体的に開拓する仕事と、農山村の豊かな自然を活かした暮らし方を組み合わせて、自分の生活をデザインすることまで考えれば、農山漁村は、大都市に勝るとも劣らない若者たちの新たな活躍の場になりうる。

(1) 地方人口ビジョン—自然増減・社会増減の影響度を見極める

自治体は、地方人口ビジョン（2060年までを基本とする中長期展望）としてⅠ人口の現状分析（人口動向や将来人口推計の分析）とⅡ人口の将来展望（目指すべき将来の方向性や施策の方向性を踏まえた人口の将来展望）を設定する。

「地方人口ビジョン」の策定のためには、将来の人口を見通すための基礎作業として、一定の推計方式によって将来人口を推計する必要がある。社人研の「日本の地域別将来推計人口（平成25年3月推計）等、国から提供するデータとワークシートの活用等により、将来人口推計を行い、将来の人口に及ぼす出生や移動の影響等について分析を行うことになる。

人口の変動は、死亡を別にすると、出生と移動によって規定されるが、その影響度は自治体によって異なる。例えば、すでに高齢化が著しい自治体では、出生率が上昇しても出生数に大きな影響は想定されず、また、若年者が多く出生率が低い自治体では、出生率の上昇は大きな影響をもたらすことが想定される。将来人口に及ぼす自然増減（出生、死亡）・社会増減（人口移動）の影響度の分析が重要になる。

(2) 地方版総合戦略―データ分析による政策対話

こうした人口ビジョンを前提に、自治体は、２０１９年度までの地方版総合戦略として、基本目標（実現すべき成果（アウトカム）に係る数値目標を設定（定性目標の場合は客観的な指標を設定）と基本的方向（目標達成のために講ずべき施策の方向を記載）を策定する。基本目標は国と同じ4つである。そして、これを達成するための具体的な施策については施策ごとに重要業績指標（ＫＰＩ）を設定する。

地方創生は、人口政策ということもあって、数値目標・客観的な指標の設定とその達成状況の検証が「総合戦略」の戦略的手法になっている。基本目標の設定では、実現すべき成果（アウトカム）に係る数値目標を設定する。数値目標とは「行政活動そのものの結果に係る数値目標（例：行政が実施する企業立地説明会の開催回数、移住に関するパンフレットの配布数）ではなく、その結果として国民にもたらされた便益に係る数値目標（例：雇用創出数○○人、転入者数○○人増加）をいう」とされている。かりに、アウトカムについて定性的な目標を定める場合には、客観的な指標を設定し、後年度、基本目標の実施状況を検証するとしている。例えば、「地方への新しいひとの流れをつくる」については、数値目標を設定する場合は「転入者数、5年間で○○人」とする。定性的な目標を設定する場合は「転入者数について、毎年度増加を目指す」とし、客観的な指標として「転入者数」を設定の上、毎年度、その数値を確認し、平成26年度の○○人よりも増加したかどうか検証することになる。

地方自治法から市町村が基本構想を策定する義務規定は削除されたが、いずれの市町村でも、いわゆる総合計画（基本構想・基本政策・実施計画）を策定・実施している。「地方版総合戦略」の策定は、単にもう一つの行政計画が加わるといったことを超え、自治体の将来の行方を左右する政策目標となる。当然、総合計画との整合性を図りながら、あるいは近い将来に総合計画の見直しを考えながら、必ず首長・議会・住民が自ら策定すべきものである。いま、市町村は、少ない職員で増加する日常業務に追われ、こうした作業を行う人材やノウハウが十分とは言えない実情にある。しかし、万が一にも、新たな「総合戦略」を安易に外注することがあってはならないだろう。自分たちで、知恵をしぼり、人口動態を含む地域の分析を行い、取り組むべき、取り組みたい施策とその実施手立てを企画・立案し切る必要がある。

国と地方の役割について、国は、「地方自らが考え、責任を持って総合戦略を推進し、国は伴走的に支援することが必要だ」とし、自治体に対し、遅くとも2015年度中に中長期の「地方人口ビジョン」と5ヵ年の「地方版総合戦略」をつくるよう求め、それに応じた自治体を優先的に支援する考えを打ち出した。支援策の一つは、自治体の裁量で使える自由度の高い交付金の創設である。その対象を率先して戦略づくりに取り組む自治体に絞るとしている。これは何を意味しているのか。自治体は、それぞれの「地方版総合戦略」の実現を期して、国と折衝する場合、これまでの経験や勘に基づく「実情」を訴えるだけでは不十分であり、データ等に基づく客観的な分析と目標設定を「共通言語」として「政策対話」ができるようになることを期待されている。

人口ビジョンと総合戦略の策定と実施に果敢に乗り出す自治体は、「地方消滅」論に対して挑戦する堅固な意思を有していると見られよう。人口減少に立ち向かう姿勢と実行力が自治体の新たな課題となった。人口急減に歯止めをかけるには、長い年月をかけた、粘り強い、着実な努力の積み重ねが必要である。どうせうまくいくはずはないといった冷淡な見方もある中で、全国の市町村は、人口急減に立ち向かう方途を自ら選び取り、地域の暮らしと自治を守り通していくことができるかどうか、その意志と覚悟を問われている。市町村は、人口減少の中で地域の将来に何が必要なのかを自ら分析する、その分析結果に基づく積極的な取り組みを国が支援する、それが「地方創生」の本筋である。

国は、2008年をピークに減少し始めた日本の人口を2060年に1億人程度を確保するという。それでも約3千万人近い人口減少を想定することになる。当然、人材不足が起きる。したがって、当面は、人材開発を促進し個々人の生産性を高め、省力化に役立つ機器の技術開発と活用を図りつつ将来に希望をつなぐことになる。国も自治体も、そして国民は、中長期にわたって、政権や首長の交代をこえ、人口減少に立ち向かう意志と政策を持続させていくことができるだろうか。日本の将来を左右する一大挑戦である。

第2章

社会経済構造の変容と地域づくりの課題
～安心・安全な暮らしの構築に向けて

沼尾　波子

第1節

はじめに

世界地図を広げると、日本の国は、豆粒ほどの島々が連なった小さな国土にみえる。だが、その中の一つ一つの地域にじっくり目を向ければ、北海道稚内市から沖縄県竹富町まで、それぞれの場所で、自然や風土に根差した独自の文化・風習があり、その土地に根差した暮らしの営みが脈々と受け継がれている。自然との調和を大切にしながら、地域の暮らしを育む、多様で豊かな島国として、この国は栄えてきた。

ところが昨今、人口減少・少子高齢化、地域経済の低迷など、地域を取り巻く様々な課題が取り沙汰されるようになった。最近では、日本創生会議の将来人口推計に基づき、「地方消滅」という言葉とともに、各地で、暮らしの維持・存続が課題として指摘されるようにもなっている。（増田（２０１４））

暮らしの営みとは、それほど簡単に解体するような類のものではない。だが人口減少や少子高齢化により、地域に様々な課題が生じるようになっていることも確かである。地域の暮らしを次世代に繋ぐにはどうすればよいのか。

本章では、それぞれの地域で、その土地の暮らしが維持・持続し、豊かな景観や文化とともに次世代に継承されていくことを「地域づくり」と捉え、現代社会における地域づくりの課題について考えてみることとしたい。

第2節 社会を取り結ぶ3つのシステム

「地域づくり」について考えるに当たり、まず先人の議論を紐解くことから始めよう。

カール・ポランニーは著書『人間の経済』のなかで「人間は自分自身と自然環境とのあいだの制度化された相互作用のおかげで生き永らえる。この過程が経済である」と述べている。また、経済は社会の中に「埋め込まれている（embedded）」ものであって、経済活動が社会を規定するとは言えないと指摘している。

ポランニーはまた、人間の暮らしのなかにみられる社会関係として、互酬・交換・再分配の3つを挙げる。互酬とは、相互扶助や義務としての贈与などを指し、交換とは市場における取引を指す。また再分配は、政治プロセスの介入により、いったん集められたモノや所有権が一定の価値判断のもとで、社会を構成するメンバーに再び分配されることをいう。

以上を今日的な用語に直せば、地域や職域等の「社会」における相互扶助、「市場」における経済取引、そして「政府」による租税徴収と行政サービスの提供という3つの側面から捉えることもできる。互酬・交換・再分配の関係が複雑に交錯しながら、人々は結びついているのである。

一方、神野（1998）では、この3つを、社会システム、経済システム、政治システムと捉えなおし、それぞれを次のように説明している。

経済システムとは、貨幣を媒介とした取引が行われる世界であり、生産・分配・支出が行なわれ、市場メカニズムに基づき、価格をシグナルとして取引が営まれる世界である。社会システムとは、人間の暮らしの場そのものであり、家族や地域コミュニティなどの共同体原理に基づいて営まれる世界である。家事や育児などは、貨幣を媒介とせず、共同体原理に基づいて無償で生産・分配される。そして政治システムとは、支配・被支配の関係を意味し、強制力によって社会を統合していく世界である。だが、民主主義社会においては、「国民主権」という概念に象徴されるように、被支配者が支配者にもなり、一方的に統治する側とされる側に分かれるものではないことに留意が必要である。（神野・小西（2014））

今日の我々の暮らしをみても、この3つの関係が併存していることに気づかされる。例えば、介護や見守りなどのケアは、家族や近隣による無償の助け合いによって提供される場合もあれば、必要な財・サービスを費用負担して民間事業者から調達する場合もある。無論、ケアサービスは、行政が提供する福祉サービスとして、我々が負担した租税等を通じて無償で提供される場合もある。

一方、主食としての米を例に上げれば、米を自ら生産する、あるいは家族や知人が生産した米を無償で譲り受ける人もいれば、市場取引を通じて、店で購入する人もいる。また戦時の統制経済下では、米穀は国家からの配給制を取っていた。また戦後から1990年代前半まで、米は公定価格のもとで取引されていたという経緯もある。このように身近な米をとっても、経済システム、社会システム、政治システムのもとで、われわれは生産活動を行い、社会システムを通じて配分を受けているのである。日々の暮らしの中で、必要な財・サービスは、様々な形で我々の手元に届いていることがわかる。

安心・安全な暮らしの営みが持続するには、必要なサービスが必要な時に必要な人のところに届くことが必要である。市場・政府・社会の仕組みが適切に組み合わさることで、暮らしの安心・安全を確保する方法が模索されてきた。

ところが、現代の日本社会をみると、この３つのシステムの間でほころびが生じている。まず、所得格差・地域格差の拡大により、市場を通じて必要な財・サービスの購入ができない人や、地域の中で市場が成立せず、生活困難となるところが見られるようになっている。無論、こうしたいわゆる「市場の失敗」は従前から指摘されており、それを補完する機能として、地域社会や政府の役割が求められてきた。ところが今日では、こうした市場の失敗を補完するうえで重要とされてきた地域社会の繋がりは希薄化し、さらに政府もまた、財政難と職員減により、厳しい対応を迫られているのである。神野（１９９８）では「トータルとしての社会を構成するサブシステム間のバランスが、経済システムが突出したことによって崩れた」ことを指摘し、それによって社会全体が危機的な状況にあること、また「サブシステム側のインバランスを解消して克服すること」が必要であると指摘する。経済成長こそが豊かさの源とされ、成長に向けて互いに競い合いながらたゆまぬ努力を重ねることが効率化につながるとする競争原理が世の中の至るところに持ち込まれている。その結果、私たちは、暮らしを支える社会・経済のあり方の根幹に目を向けることができなくなっているのかもしれない。

第3節

日本経済の展望と地域の経済戦略

(1) 経済成長とGDP(国内総生産)

経済至上主義が蔓延する日本社会において、地域経済の活性化が政策目標として掲げられることが多い。だが、そこで目指すべき地域の姿とは一体どのようなものなのだろうか。経済が活性化するとはどういうことか。ここで、経済学の基本に立ち返って、経済成長という概念について確認しておく。

一国の「経済成長」とは、一定期間におけるGDP（国内総生産）の伸びを表した概念である。例えば、ある年の日本のGDPが500兆円で、その翌年のGDPが505兆円であれば、5兆円の伸びを達成したことになる。これは500兆円の1％に相当することから、1％の経済成長率を達成したといえる。

では、成長の源泉であるGDP（国内総生産）とは何だろうか。それについて述べるには、経済学における「生産」の概念について明らかにする必要がある。

生産とは、土地・資本・労働力という3つの生産要素を活用して、あるものに価値を付加する行為のことをいう。具体的に製鉄会社の事例を取り上げて考えてみることにしよう。（図1）

A社は、海外から鉄鉱石を輸入し、鉄板を製造する企業である。鉄板の製造を行なうために、ある場所に、「土地」を借り（所有し）、そこに工場を整備（＝「資本」を投下）し、技能を持った社員を「労働力」として確保する。（ここで「資本」とは、生産活動に必要な機械や設備、あるいはそれらを整備するための資金としておく。）A社は、鉄鉱石を購入し、この工場の設備を稼働して、ここから鉄板を製造・販売している。仮に500円相当の材料から鉄板が1枚作られ、これが2万円で取引されるとしよう。その時、A社は、この活動を通じて、500円の材料を2万円の財にしたこととなり、鉄板1枚を作りだすことで、1万9500円の価値を産み出したこととなる。「生産」とは、このように土地・資本・労働力を用いて、あるものに価値を付加する行為のことをいう。さらに言えば、土地・資本・労働力に加えて、今日では、技術や情報なども生産活動の重要な要素となっている。

⑵ 付加価値の源泉

いつの時代も、多くの人々が、金持ちになりたい、いったいどうすれば付加価値を生みだせるのかと、頭を使ってきた。錬金術が研究されたのも、ある物質から金が生産できれば、巨額の富を得ることができると多くの人々が夢を追ったことの表われといえよう。重商主義の時代には、ある地域で有り余っているものを、その商品が稀少な別の土地に移出（輸出）し、移出先で取引することによって、付加価値を産み出してきた。例えば、香辛料が有り

図1　A社の生産活動例

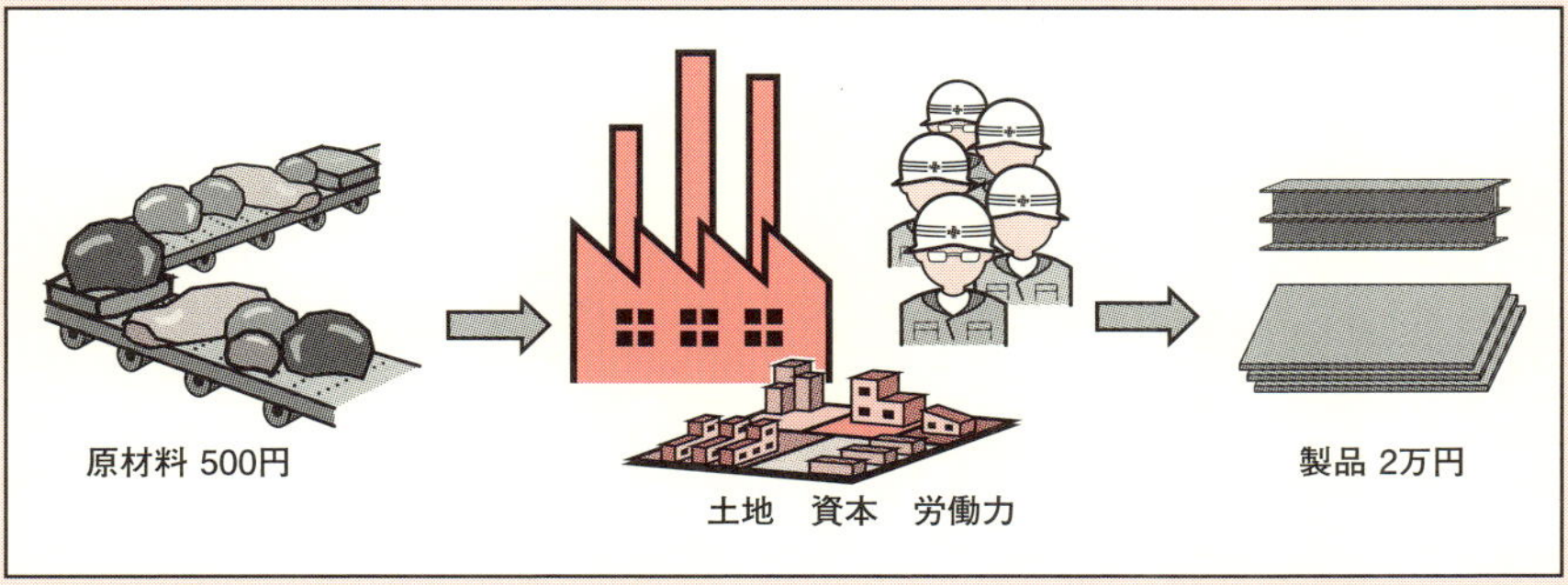

余る産地（植民地など）から、それが全く生産されていない地域（本国）へと輸送することで、香辛料を安値で手に入れ、高価で取引してきたのである。

付加価値の源泉をどこに求めるかという問いは、財の価格がどのように決定されるのかという問いと相まって、経済学における古典的な関心として、数多くの研究が行われてきた。投下労働価値説（投下した労働力によってその価格が決まる）という説や、稀少性（珍しさ）によって価格が決まるという説などがある。

経済成長を遂げ、財・サービスが飽和した状況にある現代社会において、新たな商品を販売しようとすれば、広告宣伝等を通じて、その商品に他とは異なるイメージを付与することで、高付加価値化が図られる。岩井（1992）では、こうした「差異性という価値」に着目し、生産や消費がこうした「差異性の発見と模倣による差異性の喪失」の反復に支配されていると指摘する。ある商品に固有のイメージを付与し、類似商品との「差異」を作り出すことで、その「差異」が付加価値を生む。しかし、それはいずれ他の生産者に模倣され、特別なものでなくなるということである。その土地の「物語」を商品に添えることや、パッケージ・デザインに人気の「ゆるキャラ」をプリントするなど、他の製品との間に「差異」を産み出し、そこに付加価値を産み出そうとする販売の工夫は、様々な商品に見られる。しかし、それが模倣可能なものであれば、やがて付加価値は期待できなくなる。もちろん、その差異が地域固有の価値に裏打ちされた独自のものであれば、簡単に模倣はできない。

GDP（国内総生産）に話を戻そう。GDP（国内総生産）とは、「一国内

図２　日本の名目GDP、１人当り実質GDP（右目盛）の推移

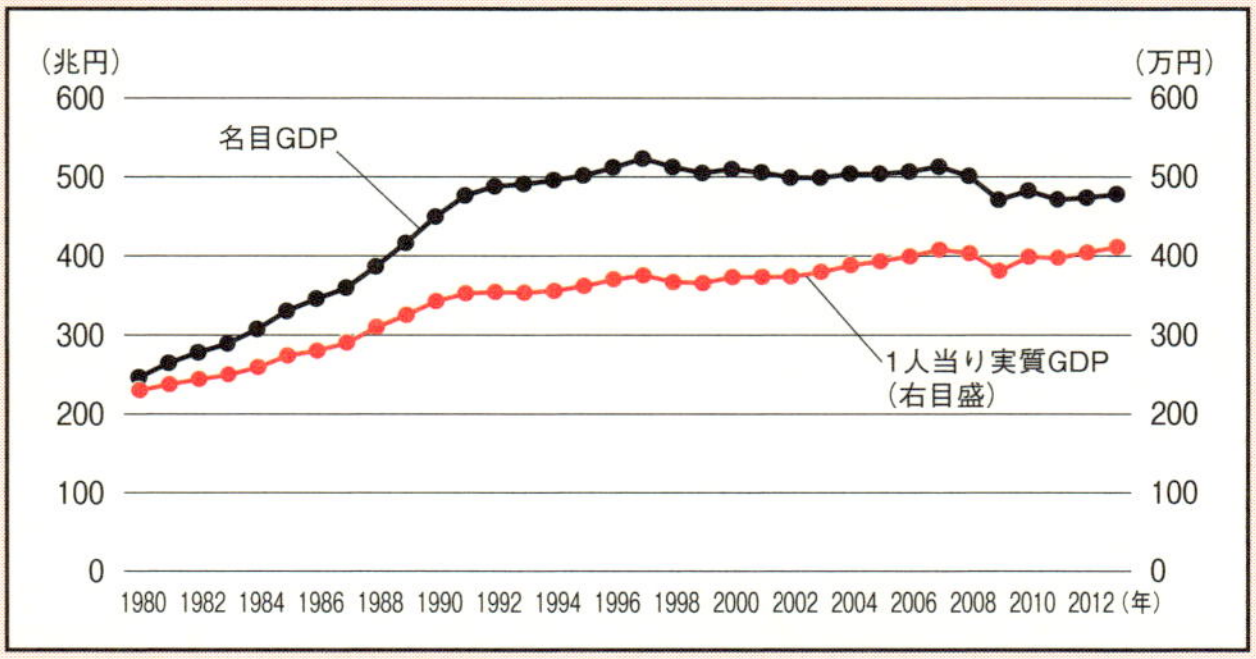

資料：内閣府「国民経済計算」

で一定期間（例えば1年間）に産み出された付加価値の合計」と定義される。国内の生産者が原材料を仕入れ、そこにどの程度の付加価値を産み出したのかをすべて合計した数値がＧＤＰである。同様に県内総生産とは、県内で一定期間に産み出された付加価値の合計である。

では日本では1年間にどの程度の付加価値が生み出されているのだろうか。図2は、日本の「名目ＧＤＰ」、ならびに「一人当たり実質ＧＤＰ」の推移を示したものである。日本の名目ＧＤＰは５００兆円程度の規模で推移しているが、その水準は１９９０年代以降、ほぼ横ばいである。かつて右肩上がりで成長が続いた日本経済だが、この四半世紀でみると、ほぼ横ばいの水準となっている。また、物価変動の影響を除去したうえで算出した人口１人当たり実質ＧＤＰをみても、１９９０年代以降、その伸びは緩やかになっている。

第4節

地域経済の「成長」

(1) 経済成長と地域間格差

戦後の日本は、世界に先駆けた先端技術の開発と製造を通じて、他にはない製品を生産し、経済力を高めてきた。経済の国際化が謳われた１９８０年代には、自動車や半導体、家電製品などの日本製品は、世界の市場を席巻し、売り上げを伸ばしてきた。

ところが1990年代以降、IT技術の進展とともに、貿易・金融・直接投資は国境を越えて拡大し、経済のグローバル化が進展するなかで、日本の産業構造も大きな転換を遂げていく。

まず、韓国や中国、東南アジアなどの製造技術の高まりと手ごろな価格による生産体制が構築されるに伴い、日本製品は家電製品等の分野で市場シェアを次第に失っていった。日本企業はその後も、他にはない高付加価値型の製品開発を行なうが、日本国内では需要が飽和状態である上に、諸外国、とりわけ需要が増大する途上国では、超高性能の製品よりも、廉価で基本的な性能を持つ製品に対する需要が大きい。その結果、日本企業は韓国や中国の企業との競争に勝つことが難しく、次第に市場での競争力を失いつつある。

また、国際化・グローバル化により、製造業においては、土地代、人件費などが安い海外へと生産拠点を移す動きが加速した。その結果、地方の生産拠点から多くの企業が撤退し、産業の空洞化と呼ばれる現象が生じた。製品の企画や開発、管理などを行なう本社中枢部門は拠点となる東京圏に立地しても、製造拠点は低コストの海外へと移転する。その結果、人・モノ・カネの東京一極集中と呼ばれる現象が起こっている。

今後、日本の経済成長と地域格差是正をどのように考えればよいのか。

まず経済のマクロ的な「成長」を、求めようとすれば、2つのことが考えられる。第1に、需要の拡大である。日本国内で生産される財・サービスの需要が増大し、高価格で購入されるようになれば、それに見合う生産を増やし、経済成長を遂げることが可能となる。もちろん、日本国内で人口減少と高齢化が進めば、総需要は減少することも考えられるが、高齢者や単身者を対象とした商品やサービス開発するなど、時代や状況を見据えた生産が考えられるだろう。また、世界の人口が増大する一方であることを踏まえるなら、海外での需要があり、かつ日本からの輸出が有利な財・サービスの生産を考えることも戦略の一つと捉えられる。

そして第2に、人々が求める稀少性のある財・サービスを生産するための環境整備である。生産要素には土地・資本・労働力、そして技術や情報が重要であることを指摘した。人口減少は、生産活動に必要な労働力の減少を意味することにもなる。限られた土地の効果的な利用、適切な資本投下、そして技術や知識を持った労働力（＝人材）を確保し、地域の特性を生かした財・サービスの生産のあり方を考えることが大切である。政府は、医療技術、ICT、環境性能の高い自動車、アニメ文化など、他にはないオンリーワンの技術やサービスを生む環境を整備することで、高付加価値の生産を行うことを期待する戦略を掲げている。

では、生産を管理する本社中枢機能が東京圏に集中するなかで、具体的に、わが町、わが地域において、これからの時代、成長を期待するための戦略をどのように考えればよいだろうか。

それぞれの地域が、その特性に応じた財・サービスの生産環境を持っている。また、地域に立地する複数の企業が情報共有と連携をはかり、その地域でしか作ることのできない財・サービスを生産することが考えられよう。大切なのは、地域特性は何かを見極めることであり、戦略的に生産基盤を整えることが重要である。

(2) 地域の「成長」戦略の捉え方

地域の経済構造、経済循環を考える上で重要なことは、地域にある土地・資本・労働力、そして地域の中で蓄積されてきた様々な分野における技術・技能や情報を駆使し、どのような生産構造を構築するのかについて、戦略を持つことである。地域の風土に合った産業立地を考えるとともに、地元の人材(労働力)を把握し、できることを考える。そして、資本を投下する際には、地域固有の価値に目を向け、その持続可能性に配慮した開発が行われるように目配りすることも必要となる。地域固有の価値こそが「差異」を生み、付加価値を生むことにつながるからである。

高度成長期以降、日本各地で工業化、サービス経済化が推進され、工場等の誘致が積極的に行われた。その理由の一つは、所得の農工格差にあった。

表1に示すように、日本のGDPの水準約500兆円のうち、農林水産業が生み出す付加価値は6兆円、すなわち全体の1・2%程度に過ぎない。一方、製造業や建設業などの第二次産業は24・3%、サービス産業などの第三次産業は74・5%を占めている。第一次産業は、私たちの生命・身体を作る基本である食の基本を生む産業であり、この国の風土・文化を築き上げてきた農村社会の暮らしを支える営みとして価値をもつものであるが、経済成長という視点から数値だけで評価するなら、金額的には1・2%程度の貢献と評価されて

しまう。

だが、今日の社会経済情勢を踏まえると、20世紀のモノづくりを通じた付加価値創出による成長を目指す時代と現代とでは、状況が大きく異なっている。

第1に、経済のグローバル化により、世界を相手とした取引が行なわれるようになっていること、そして第2に、世界的な人口爆発と同時に、森林や農地の縮小が進む中で、食料や水資源などの安定的な確保が世界的な課題として浮かび上がってくること、第3に、物質的な欲望の充足とともに、サービス経済化が進展したことで、単にモノを作るだけでなく、その商品に対する「物語」に対する価値が市場で評価されるようになっていることである。

今日では6次産業化に象徴されるように、農産物や魚貝類などを製造部門で加工し、商店や飲食店、宿泊施設で提供するといった連鎖を生む取組みも各地で見受けられる。その土地にしかない農産品を作るとともに、それを製造や飲食・宿泊業などでも活用することで、地域内に多くの付加価値をもたらす取組みが起こっている。さらに、商品開発の工夫をする中で、地元で眠っていた加工技術に目が向けられ、小さくても光り輝く地域の「技」を磨こうという取組みも起こっている。

他方で、東京一極集中にともない、多くの消費者が集まる三大都市圏で、消費者情報に裏打ちされた大規模な流通・販売網をもつ業者が、農山漁村の生産者から廉価で生産物を仕入れ、そこに高付加価値をつけて、高値で販売することもある。流通や販売のネットワークを持たない地方圏では、ノウハウを持つ大手企業に、販売を委ねることも少なくない。だが、それぞれの地域

表1　経済活動別（産業別）GDPの構成比

（%）

	平成6暦年	7暦年	8暦年	9暦年	10暦年	11暦年	12暦年	13暦年	14暦年	15暦年	16暦年	17暦年	18暦年	19暦年	20暦年	21暦年	22暦年	23暦年	24暦年
	1994	1995	1996	1997	1998	1999	2000	2001	2002	2003	2004	2005	2006	2007	2008	2009	2010	2011	2012
1．産業	89.9	89.7	89.6	89.6	89.2	89.1	89.2	89.0	88.8	88.9	89.0	89.0	88.9	89.0	88.8	88.3	88.7	88.3	88.4
(1) 農林水産業	2.0	1.8	1.8	1.6	1.7	1.7	1.6	1.5	1.5	1.4	1.3	1.2	1.2	1.1	1.1	1.2	1.2	1.2	1.2
(2) 鉱業	0.2	0.2	0.2	0.1	0.1	0.1	0.1	0.1	0.1	0.1	0.1	0.1	0.1	0.1	0.1	0.1	0.1	0.1	0.1
(3) 製造業	22.1	22.2	22.2	22.0	21.4	21.1	21.2	19.9	19.4	19.5	19.7	19.9	19.9	20.3	19.9	17.8	19.7	18.6	18.2
(4) 建設業	8.8	8.1	7.9	7.8	7.5	7.4	7.2	6.8	6.5	6.4	6.2	5.8	5.9	5.8	5.7	5.8	5.5	5.6	5.7
(5) 電気・ガス・水道業	2.6	2.6	2.6	2.7	2.7	2.7	2.6	2.7	2.7	2.6	2.5	2.3	2.2	2.0	1.9	2.4	2.3	1.8	1.7
(6) 卸売・小売業	14.4	14.9	14.5	14.6	14.3	14.3	13.6	13.9	13.9	14.0	14.6	14.9	14.3	13.7	14.1	13.7	13.8	14.3	14.5
(7) 金融・保険業	5.2	4.8	5.1	5.0	4.7	4.8	5.0	5.7	6.0	6.2	6.1	6.2	6.0	6.0	5.0	5.1	5.0	4.8	4.6
(8) 不動産業	10.2	10.3	10.1	10.2	10.4	10.6	10.7	10.8	10.8	10.8	10.8	10.8	11.0	10.9	11.3	12.2	11.9	12.1	12.1
住宅賃貸業	8.2	8.5	8.4	8.6	8.9	9.2	9.3	9.3	9.4	9.5	9.5	9.6	9.7	9.6	9.9	10.7	10.4	10.6	10.6
その他の不動産業	2.0	1.8	1.7	1.6	1.5	1.4	1.4	1.4	1.4	1.4	1.3	1.2	1.3	1.3	1.3	1.5	1.5	1.5	1.5
(9) 運輸業	5.1	5.2	4.9	4.8	4.7	4.7	4.6	4.7	4.8	4.8	4.9	4.9	5.1	5.2	5.1	4.9	4.9	4.9	5.0
(10) 情報通信業	3.5	3.7	4.1	4.3	4.7	4.8	5.0	5.3	5.4	5.4	5.4	5.2	5.3	5.3	5.5	5.6	5.4	5.5	5.6
(11) サービス業	15.9	16.0	16.3	16.4	16.8	16.9	17.6	17.7	17.7	17.6	17.3	17.7	18.0	18.4	19.0	19.6	19.1	19.4	19.9
2．政府サービス生産者	8.4	8.5	8.6	8.7	8.9	9.1	9.1	9.2	9.4	9.3	9.2	9.1	9.1	9.0	9.2	9.6	9.2	9.4	9.2
3．対家計民間非営利サービス生産者	1.7	1.8	1.8	1.8	1.9	1.9	1.8	1.8	1.8	1.8	1.8	1.9	2.0	2.0	2.0	2.1	2.1	2.3	2.4
合　計	100.0	100.0	100.0	100.0	100.0	100.0	100.0	100.0	100.0	100.0	100.0	100.0	100.0	100.0	100.0	100.0	100.0	100.0	100.0
第1次産業（農林水産業）	2.0	1.8	1.8	1.6	1.7	1.7	1.6	1.5	1.5	1.4	1.3	1.2	1.2	1.1	1.1	1.2	1.2	1.2	1.2
第2次産業（鉱業、製造業、建設業）	31.0	30.4	30.3	30.0	29.1	28.6	28.4	26.8	26.0	26.0	26.1	25.8	25.9	26.2	25.6	23.7	25.2	24.3	23.9
第3次産業（その他）	67.0	67.8	68.0	68.3	69.2	69.7	70.0	71.8	72.5	72.6	72.0	73.0	72.9	72.7	73.3	75.2	73.6	74.5	74.9

（注1）住宅賃貸業の生産額には、持ち家の帰属家賃（持ち家を賃貸と同様のサービス生産と考えること）を含む
（注2）上記は、産業別付加価値の合計（国内総生産（GDP）とは異なる）に対する構成比
出典：内閣府「国民経済計算」

で生産活動を存続させるには、流通・小売業者と地元生産者とが対等に協議し、農産物や魚貝類の高付加価値化を図りながら、その付加価値を農山漁村に帰着させることが必要である。

　地域の特性を知り、そこで暮らしを営みながら、生産活動に関わることのできる若い世代を地域の中で育み、地域で高付加価値型の産業ミックスを創出することが求められる。

(3) 人口構造の変容から見た地域経済

　日本経済、そして地域経済の将来を考える上で、もう一つ重要な視点として人口がある。先述の通り、労働力は生産を支える重要な柱の一つである。また人口の維持は、消費水準の維持にもつながる。

　しかしながら、周知のとおり、国立社会保障・人口問題研究所の人口推計によれば、日本の人口は減少局面に入り、今後も減少することが見込まれている。合計特殊出生率は、若干回復したものの1・43（２０１３年）という低い水準が続いており、少子高齢化に伴い、人口減少は、長期的趨勢と指摘されている。

　人口構造と経済との関係は以下のように整理される。第1に、人口減少は域内労働力の減少を意味することから、生産活動における担い手の確保が課題となる。第2に、人口減少は消費の減少を意味する。したがって、地元の商店や流通においては、まとまった消費が期待できなくなる可能性があり、採算性の確保が課題となる。

戦後、人口増と経済成長を背景に、多くの事業主体が規模拡大を通じた「規模の経済性」を追求してきたが、それを維持するには、商圏人口の維持を通じた経済の効率化が目指される。大型ショッピング・モールに象徴されるように、多種多様な商品やサービスを一か所に集約し、そこに大勢の人を呼び込むスタイルの店舗経営は、規模の経済性を追求した効率化の典型である。

しかしながら、人口が減少していけば、拡大型でコスト削減を図るビジネスでは、商いが成り立たなくなる。人口減少時代に対応した生産・流通を考えるためには、資本や設備の規模を縮小することまで視野に入れた対応を考える必要がある。その際には、これまでバラバラに行っていた複数の業務を組み合わせて、複合事業により採算ラインに乗せるという「範囲の経済性」を考え、コンパクト化した生業を構築する方法が考えられる。例をあげると、バス1台を走らせる場合、採算の取れる都市部の路線を維持し、残りを廃止するという方式で経営を維持する方法もあるだろう。だが、バスに乗客輸送だけでなく、商品輸送や、農産物等の出荷品集荷などの機能を組み合わせることで、効率化を図る方法が考えられる。無論、そのためには各種の規制緩和が求められることは言うまでもない。（小田切ほか（2015）の藤山論文を参照。）

第5節

地域の社会統合を支える経済システム

(1) 地域経済の「活性化」

あらためて、地域にとって経済「成長」は必要なのだろうか。ここでは中村（2008）を手がかりに考えてみよう。中村は、地域経済を2つの視点で捉える。その第1は、（地域の範囲を超えて形成される場合もある）生産・分配・支出に関わる地域の経済システムが、どのように機能しているのかを考察する視点である。そして第2は「人間が生まれ、遊び、学び、働き、休息し、楽しみ、交流し、発達をして、やがて死んでいく、人生を送る生活の場」として地域を捉え、人々の暮らしに必要な資源が、社会のなかでの人々の繋がりや、政治プロセスを含めて、どのように配分されているのかを考察することである。前者は、生産活動に軸足を置き、特定の地域のなかで、どのような生産活動が営まれ、どのような所得や消費が生まれているのかといった視点から地域を考察するものであるのに対し、後者は、地域における多様な営みのなかに、経済活動を位置付けるものである。先に紹介したポランニーが、「経済的」という概念を「形式的」な定義と「実在的」な定義として論じ、社会のなかに経済活動が「埋めこまれ」ているとする「実在的な」経済について議論を展開するが、その主張にも通じるものである。

先述のとおり、われわれの暮らしは、経済システム、社会システム、政治システムのなかで、構築されている。経済成長を通じて、人々の所得が向上すれば、より多くの財・サービスを手に入れることができる。だが、社会全体での経済成長を追求することが最優先された結果、所得格差の拡大、出生率の低下、自然環境破壊などがもたらされれば、暮らしの存続という点で、きわめて不安定な状況に置かれているのかもしれない。人々が物質的にも精神的にも豊かに、日々の営みを送るためには、どのような地域づくりが必要なのか。こうした視点から、国や地域のあり方が問われなくてはならない。しかしながら、日本における地域振興策や地域経済の活性化戦略の歴史を紐解くと、企業誘致や産業立地のための開発が目指されており、風土・文化の継承・存続や景観保全といった地域のアイデンティティと暮らしを守るという視点は、後回しにされてきた側面がある。

地域での暮らしの存続に必要な財・サービスを供給するという意味での暮らしを守る経済と、その地域にしかない固有の資源を活用したオンリーワンの商品開発、そしてその商品やそれを活かしたサービスの提供を通じた付加価値創出という外貨獲得型経済の両方が考えられなくてはならない。言いかえれば、地域で豊かに暮らすための環境を整える上で、経済成長を模索することは必要だが、経済成長至上主義で、所得の向上だけを目指そうとする取組みだけでは、安定した生活の基盤を確保することが難しい。社会システムや政治システムと経済システムとが組み合わさることで、安心・安全な暮らしを支える基盤の構築に結びつけることができるのである。

⑵所得格差の拡大と地域の暮らし

現実には、少子化や所得格差の拡大を見ても、私たちの暮らしは、市場競争を前提とした経済システムのなかで、孤立化に向かっているのかもしれない。

すでに、人間が子どもを産み育てるという、生物として「当たり前」の行為が、当たり前のことでなくなりつつある。

日本は欧米に比べて、婚外子（非嫡出子）の割合が低く、２％程度となっている。したがって子どもを産む前提に結婚がある。ところが国立社会保障・人口問題研究所の調査によれば、50歳の未婚率の値は上昇しており、１９８０年に男性２・６％、女性４・45％だったものが、２０１０年には男性20・14％、女性10・61％に達している。また、内閣府が２０１３年に20歳～79歳を対象に実施した調査結果では、結婚しない理由として男性は「経済的な余裕がない」、女性は「自由や独り身の気楽さを失いたくない」とする回答が最も多く、いずれも５割を超えている。他者との繋がりの根幹ともいえる家庭を持つことを、経済的、社会的理由からやめておく人が増えている。

さらに結婚した後も、妊娠・出産を機に離職を迫られる状況や、相談相手がいないまま孤立感を味わう経験などを通じて、妊娠や出産をあきらめる人もいる（内閣府（２００８））。

多くの若年世代が経済的理由などから、子どもを持つことや、複数の子どもを育てることをあきらめる傾向もみられる。元来、所得や資産の格差は、政

図３－１　正規・非正規労働者数

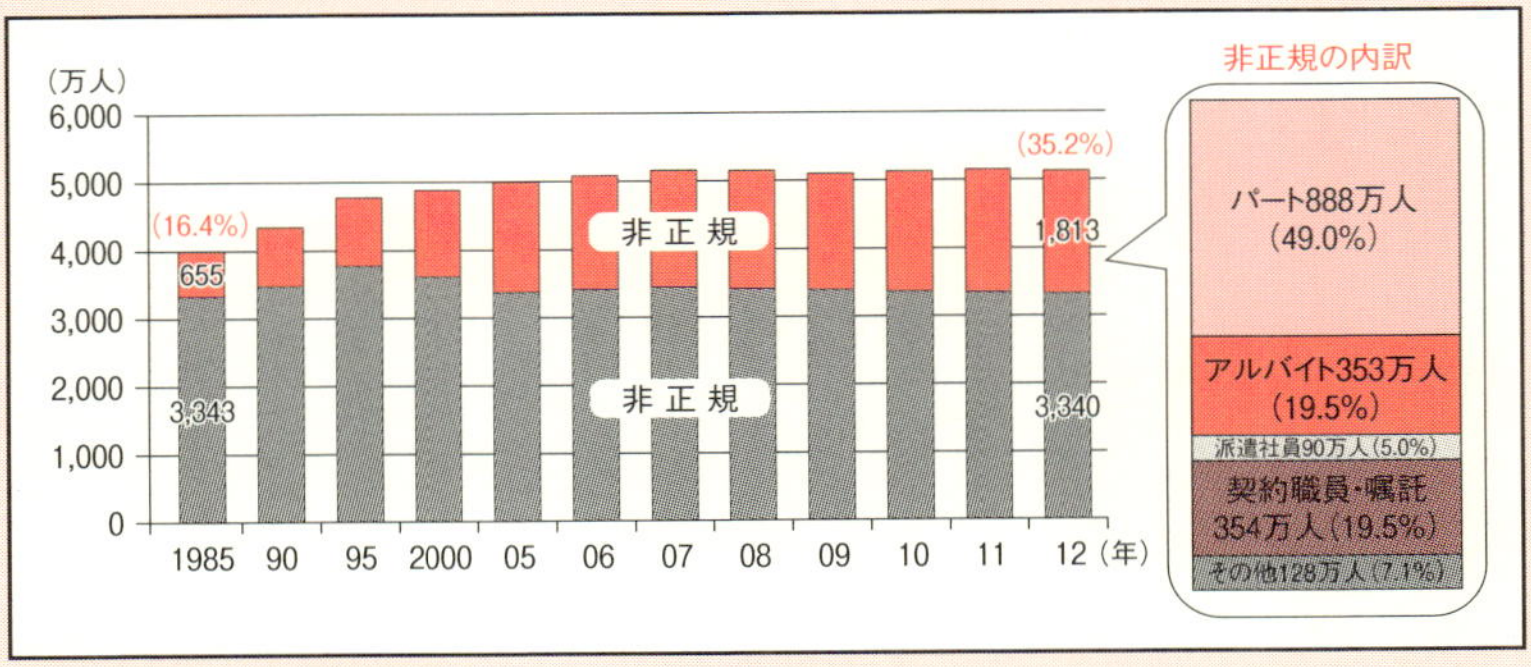

資料：総務省「労働力調査」

治システムや社会システムにおけるある種の再分配機能を通じて、是正されてきた。例えば、累進課税制度や社会保障給付により、所得格差の是正が図られている。また戦前には地域の名望家が、地元の優秀な若者に、高等教育を学ぶための学費等を支援することもあった。だが、後述するように、こうした各種の再分配機能にほころびが生じている。

具体的に、所得格差の拡大についてみていくこととする。図3－1・2は、労働者に占める非正規雇用の割合を示したものである。1999年に労働者派遣法が改正されて以来、労働者に占める非正規雇用の割合は次第に増加し、2012年には35・2％へと増大している。特に、30～40歳代男性の数が増加しており、家庭を持ち、子育てするための十分な所得を得ることができない人が増えている。

今日、生産活動の多様な局面で情報通信技術が用いられており、財・サービスの生産がシステム管理下でコントロールされるようになっている。システム設計に関わる業務と、システムを動かす「歯車」としての単純労働とでは、雇用形態や賃金に大きな格差が生じている。加えて、日本の雇用制度のもとでは、職能別賃金体系を採っているところは少ない。採用時の雇用形態によって、賃金が異なるにすぎない。そのため、同一労働を行なっていても、雇用契約の形態により、賃金水準は大きく異なっている。正規雇用と非正規雇用の生涯賃金は大きく異なり、連合の賃金レポートによれば、生涯賃金では2倍近くもの差が生じるとされている。情報通信技術の進展と生産環境の変化により、勤続年数と仕事の習熟度合いの関連性が薄れたこともあり、年功序列型賃金の正当化が失われつつある。

図3－2　非正規労働者の雇用形態別状況

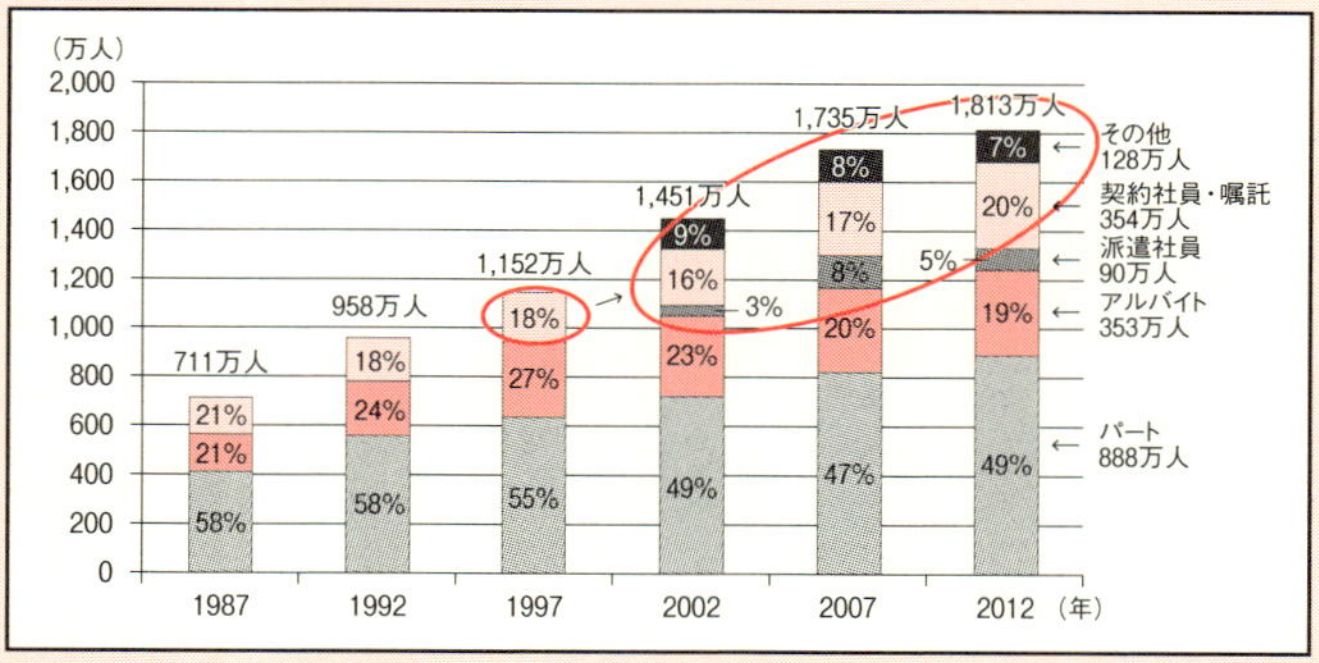

資料：総務省「労働力調査」

さらに、企業は、コストカットのために扶養手当、配偶者手当等の削減も行っている。その結果、勤労世帯の中間層にとって、仕事の現場でやる気が見出しづらくなっているとの指摘もある。加えて社会保障制度は正規雇用を前提に設計されているため、本来なら手厚い支援が必要とされる非正規雇用の人々に十分な保障がいきわたらないという構造的課題を抱えている。

こうした状況の下で、所得格差は拡大する傾向にある。年収２００万円未満の給与所得者は２０１３年に１１００万人を突破し、給与所得者全体の25％を占めるまでになっている（国税庁「民間給与実態統計調査」平成26年）。若年世代の婚姻率、出生率の低下が言われるが、限られた所得で結婚や子育てを行なうことは難しい。

実際に日本の所得格差は拡大する傾向にある。図4－1・2は、日本の所得格差について示したものである。ジニ係数とは不平等度を表す指標であり、0の時に完全平等な分配を差し、1の時には一人がすべての富を完全独占した状態を指す。したがって、その値がゼロに近いほど、所得格差が小さいことを意味する。厚生労働省「所得分配調査報告書」によれば、ジニ係数の値は年々上昇している。労働者派遣法改正による非正規雇用の増大や、高齢化率の上昇に伴う年金生活者の増大などが、格差拡大の背景にある。暮らしの安心を保障するしくみの創出が求められる。

図4－2から、再分配政策を通じた所得格差の改善度は高まっているが、そのほとんどは社会保障（年金・生活保護・児童手当等）によるもので、租税による所得再分配機能はほとんど働いていないことが見てとれる。逆進性をもつとされる消費税の税率引上げは、低所得者に対して相対的に重い負担と

図４－１　ジニ係数でみた日本の所得格差

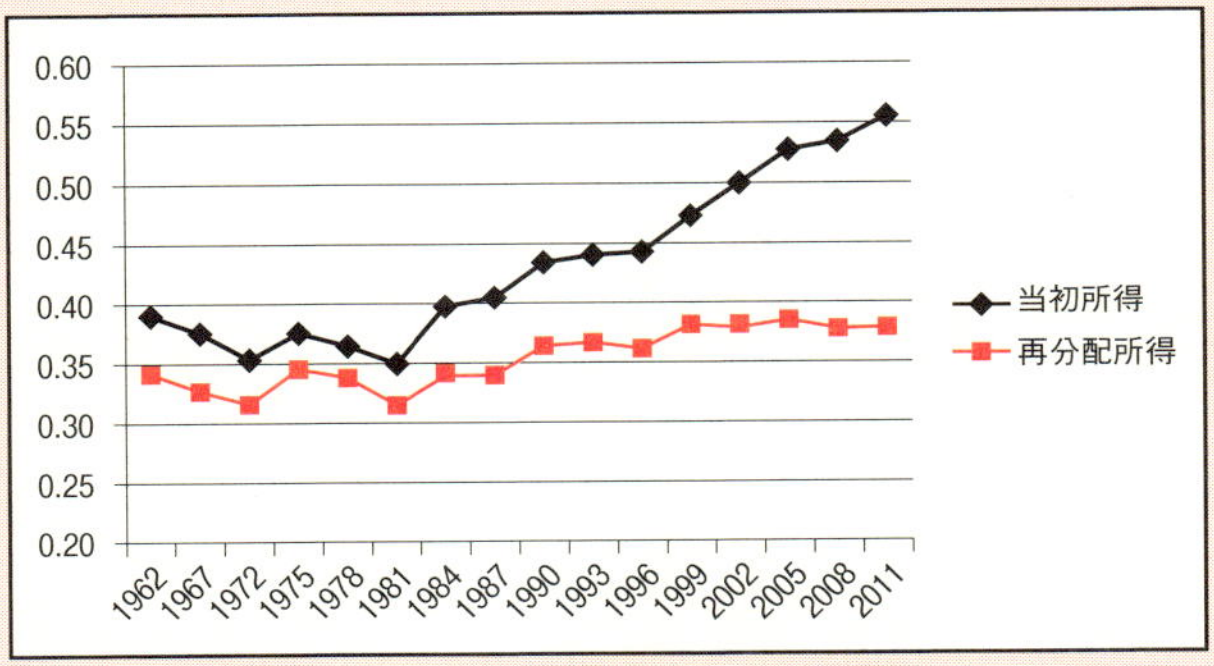

資料：厚生労働省「所得再分配調査報告書」（各年度）

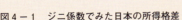

なる。こうした点を含めて、租税や社会保険料制度のあり方について考えられなくてはならない。

(3) 仕事と暮らしを支える環境の構築

所得格差の拡大に対し、自治体の中には、独自の支援策を取り入れることで、人々の生活を成り立たせる地域の社会経済システムを構築する動きがみられる。総務省の全国消費生活実態調査から、地域によって生活費の支出は異なることが分かっている。例えば大都市圏では、住宅費をはじめとする衣食住にかかる経費は少なくない。そのため、非正規雇用で家族を養うことは難しく、生活困窮状態に陥る人も出てくる。これに対し、地方の農山村で暮らす場合、住居費が格安で、食費なども少なくて済む。行政からの医療や教育に対する支援があれば、燃料代の負担を除くとかなりの支出を抑えながら、衣食住の確保を図ることが可能となる場合もある。シングルマザーなどを受け入れる農山村で、移住者らが仕事と暮らしの再構築を図る動きも生じており、経済システム、社会システム、政治システムを上手く組み合わせた地域づくりにより、誰もが安心して暮らしつづけることのできる環境の構築が模索されているのである。

図４－２　再分配政策を通じた格差の改善度

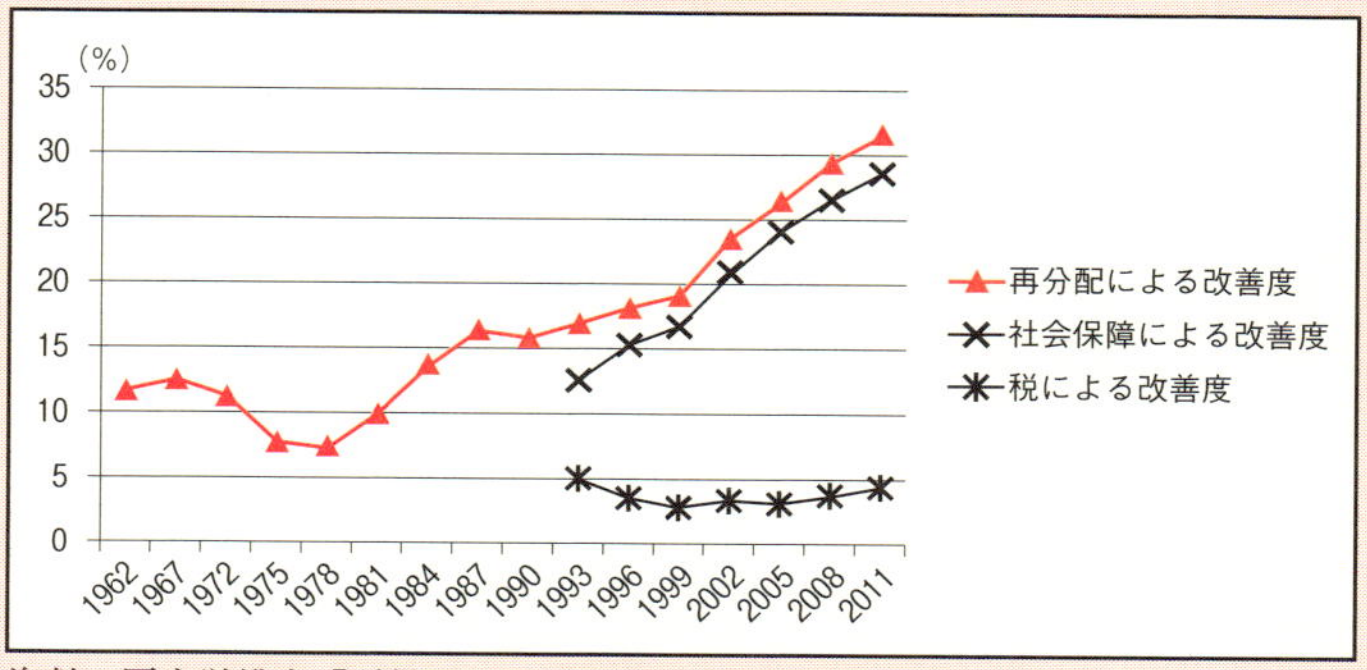

資料：厚生労働省「所得再分配調査報告書」(各年度)

第6節

家族・世帯構造の変化と地域社会の課題

前段では、経済至上主義からの脱出と、持続可能な地域の暮らしを模索する必要性について述べた。ここからは、地域社会を取り巻く課題についてみていく。高度成長期に多くの人々が農山村から都市へと移動したことで、人口の過疎・過密問題が生じている。東京圏では、今日では、農山村では超高齢化の下での人口減少が進むのに対し、急激な高齢化が進展することが見込まれている。同時に、家族や地域コミュニティの機能も、この数十年間で大きく変化している。それぞれの地域で、暮らしを成り立たせるにはどうすればよいのだろうか。

(1) 高齢単身世帯の増大とケアの課題

はじめに人口高齢化を取り上げる。65歳以上の高齢者数は2025年に3,657万人、高齢化率30・3%、後期高齢者数2,179万人(18・1%)となることが見込まれている(図5)。国の推計では、認知症の人々の数はすでに400万人を超えており、2025年には700万人に近づくとされる。

農山村では早い時期から高齢者への対応が課題とされてきたが、今後は、若年世代の減少に伴う高齢化率上昇は続いても、高齢者数そのものは増大するわけではない。したがって、高齢者数の増に対応した介護施設等の整備の必要性は薄い。むしろ、ケアの担い手となる若年世代の確保とともに、地域の暮らしを支えるコミュニティの維持存続そのものが深刻な課題となっている。

これに対し、今後深刻な高齢化が進行するのが大都市圏である。２０１４年８月に東京都と都内区市町村による「東京の自治のあり方研究会」が東京の将来人口の推計を公表した。この調査では、５００ｍメッシュ単位で将来人口を推計しているが、その結果から、２０３０年には23区内の大半の地域で、５００ｍ四方（おおよそ徒歩５分）圏内に１，０００人以上の高齢者が居住するという結果が示された。認知症有病率推定値を高齢者の15～20％程度とする国の調査結果をそのまま用いれば、やがて徒歩５分圏内に１５０～２００人以上もの認知症高齢者が暮らす東京23区の将来が描かれる。大都市圏においても、今後増大する高齢者の暮らしを支える仕組みを構築することを早急に考えなくてはならない。

高齢者の暮らしを支える家族や地域もまた変化している。２０１０年の国勢調査によれば、全世帯のうち、42・6％が「高齢者のいる世帯」である。これらの「高齢者がいる世帯」のうち、「高齢者夫婦のみ世帯」の割合は29・9％、「高齢者単独世帯」の割合は24・2％であり、高齢者だけで暮らす世帯が増加している。単身高齢者の増加により、各地で消費者被害や、緊急時の対応の遅れ、孤独死といった事態が発生しており、こうした課題への社会的な対応も求められている。

高齢世代は、所得格差や資産格差が若年世代に比べて大きい。そして低所得高齢者の中には、医療や介護サービスの利用を抑制する動きも見られる。さ

図５　日本の人口の推移

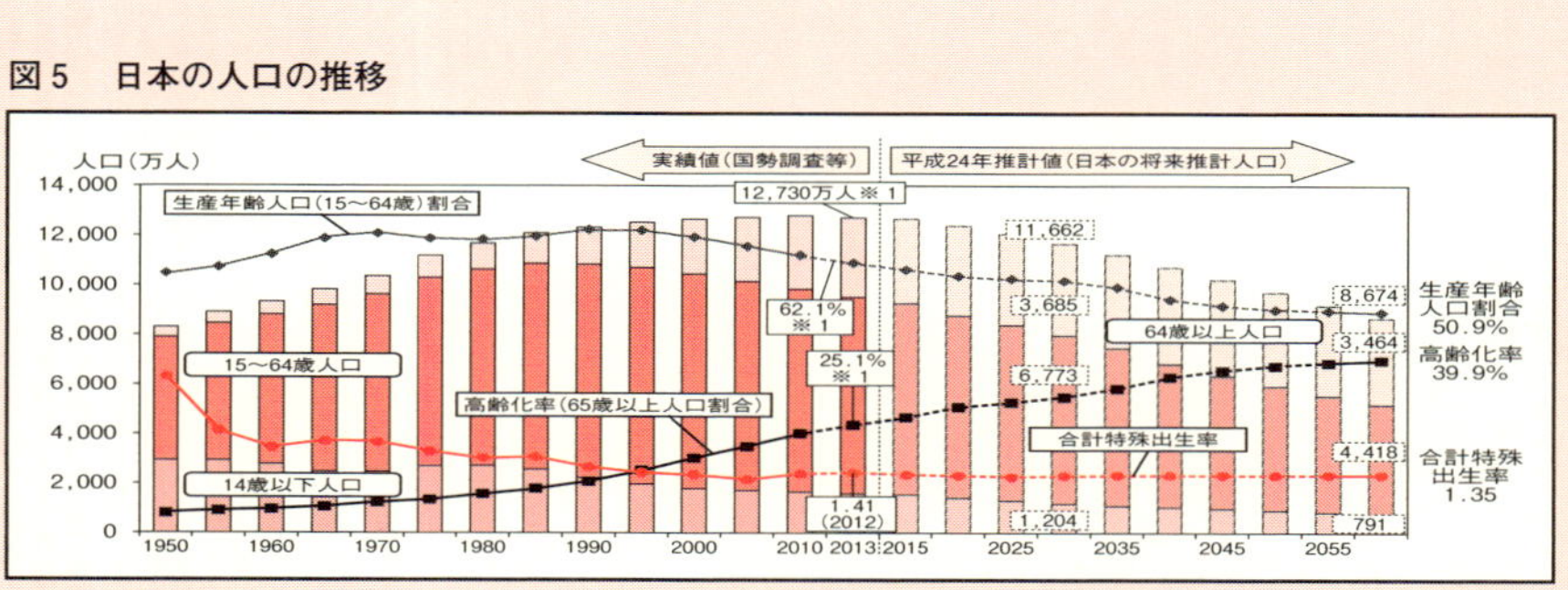

（出所）総務省「国政調査」及び「人口統計」、国立社会保障・人口問題研究所「日本の将来推計人口（平成24年１月推計）：出生中位・死亡中位推計」（各年10月１日現在人口）厚生労働省「人口動態統計」

※１　出典：平成25年度　総務省「人口統計」（2010年国勢調査においては、人口12,806万人、生産年齢人口割合63.8%、高齢化率23.0%）

らに、生活保護受給世帯の約６割が高齢者世帯である。収入や資産が十分でなく、家族も近くにいない高齢者が暮らしを維持するための支援もまた、広い意味での「介護」（＝ケア）の課題となっている。

家族介護の問題も深刻である。厚生労働省の国民生活基礎調査（平成25年）によれば、同居の家族等が主たる介護者である割合は全体の61・9％と高い。また、主たる介護者が65歳以上である「老老介護」の割合は5割を超えている。また総務省の就業構造基本調査（平成24年）によれば、平成19年10月から24年9月の間に、介護・看護を理由に離職した人は48万7，０００人に上っている。介護が家族に重くのしかかっていることがうかがえる。

地域コミュニティを通じた高齢者の暮らしの見守り・支え合いなどの機能も衰退している。内閣府が実施した国民生活基礎調査の結果によれば、近隣との行き来があるとする回答が約４割、行き来がないとする回答が5割程度となっている。サラリーマンの増加による職住分離もまた、この状況に拍車をかけている。自営業者や農業従事者の場合、職住近接であることから、日常的に地域のなかで地域を支える役割を担いうる。しかしながら、大半のサラリーマンにとっては、就労の場と生活の場が乖離することで、家庭は寝に帰る場所となってしまい、身近な地域の暮らしについて考えることができなくなっている。

(2) 子育ての孤立化

子育てを取り巻く地域の繋がりも希薄になっている。少子化により、子育てをする人が社会の中で少数派になっている。電車にベビーカーを持ち込むと非難されたり、子どもが泣いていると冷たい目線で見られることもある。核家族化により、母親が子どもと二人で家のなかで孤立することもあり、地域みんなで子どもを育てるという環境にあるとは言いがたい。

実際、子育てに対して孤立感と負担感を感じている人は多い。「平成18年度子育てに関する意識調査報告書」（厚生労働省）によれば、子育ての孤立感を感じることが「よくある」「ときどきある」と回答した母親が、全体の半数近くに達している。また2004年に財団法人こども未来財団が行った「子育て中の母親の外出時等に関するアンケート調査結果」では、「社会から隔絶され、自分が孤立しているように感じる」と回答した母親は5割近くに達している。他の調査でも「子育ての悩みを相談できる人がいない」という意見や、「いざという時に子どもを預けることができる人がいない」という回答を寄せる人の割合は高い。

背景にあるのは、子どもの絶対数の減少である。地域に大勢の子どもがいれば、子育ては当たり前のものとなる。また近所に同世代の子どもを持つ親が大勢いれば、何かの時にはすぐに相談することも可能である。ところが子どもの数は減り、共働き世帯の増加に伴い、日中不在にする親も増えている。地域で子どもを育てるという感覚は失われてしまい、保護者、中でも専業主婦の母親は、社会から隔絶された感覚を持たざるを得なくなっている。

このように、子育てに直接かかわる大人は社会全体からみれば少数派であり、その苦労や課題は社会的にも認知されにくい状況にある。こうした人たちが持つある種の孤立感を想像することで、出産に慎重になることが考えられる。子育てに取り組む家族を社会の少数派にしないためにも、その声を聴き、地域全体で子どもを見守り育てることが考えられてよい。

(3) 相互扶助機能の衰退

生まれてから亡くなるまで、人は一人では生きていけない。人は多くの他者と関わり合いを持ちながら、暮らしを育んでいる。ところが、そのような関係性に支えられた暮らしが成り立たなくなるところが増え始めている。

農山村では、農林業の衰退とともに、過疎化と高齢化が進行し、集落単位での相互扶助機能も次第に衰えていることが社会調査から明らかになっている。「農林業センサス」（平成22年）によれば、一集落あたりの平均農家数は10年間で2割程度減少しており、寄り合いをした集落数の割合も減少する傾向にある。

大都市圏では、そもそも近隣の関係性が希薄なところも多い。また、高度成長期に建設され、子育て世代が入植した大都市郊外の大規模ニュータウン地区では、住民の多くが一斉に高齢化をしている。こうした地区では、団地そのものの再生とあわせて、居住者の高齢化によるコミュニティ機能の維持もまた課題とされている。

さらに地方都市では、中心市街地における空洞化と高齢化が深刻となっている。子育て世代は、手ごろな価格の戸建て住宅を求めて郊外に流出し、モータリゼーションの進展とともに、郊外に立地する大規模なショッピング・モールで買い物を行う。中心市街地の商店街はシャッター通りと化し、空き店舗や居酒屋などが増えている。地域に残された高齢者は、買い物や日常生活が不自由な状況に陥っている。

地域によって高齢化の進展のしかたも、その課題も様々であり、それぞれの状況を見据えた多様な対応が求められている。家族による支え合いが難しくなり、地域コミュニティの機能も衰退していけば、家族や地域、企業が担っていた見守り、支えあい、子育て、ケア、さらに言えば、地域で担っていた道路の維持管理、雪かき、をコミュニティで担うことも難しくなる。そのとき、期待されるのが住民に最も身近な自治体である。近所で助け合い、対応していた地域の維持機能が、いま行政に委ねられつつある。

第7節 日本の財政と社会保障の将来

⑴日本の財政～膨張する債務とその管理

単身世帯の増加や地域コミュニティの機能衰退により、さまざまな暮らしの支援を行政に委ねる動きが強まっている。しかしながら、本来であればそれを支えるはずの国や地方自治体も、厳しい状況に置かれている。

平成27年度の政府一般会計歳出・歳入当初予算から、その厳しさが見えてくる（図6）。全体の規模は約96兆円であるが、歳出の内訳をみると、社会保障関係費が約3割を占め、国債費（約24％）、地方交付税交付金（16・1％）が続く。このほかには、公共事業、文教及び科学振興、防衛などの支出があるが、社会保障と国債費で5割以上を占め、硬直的な歳出構造になっている。

さらに問題なのは、その財源調達方式である。歳入構成をみると、96兆円のうち、租税等による調達額は、54・5兆円程度と全体の56・6％に過ぎない。残りの約4割は新規の国債発行により調達されている。

財政運営が公債発行により恒常的に賄われるようになったのは1975年度以降であるが、公債依存度は年々上昇を続けてきた。とりわけバブル経済が崩壊した1991年度以降、公債依存度は急激な上昇を見せた。一時は財政構造改革等で歳出削減とともに公債発行額の抑制が図られた時期もあるが、

図6　政府一般会計歳出・歳入（平成27年度当初予算）　（単位：億円、％）

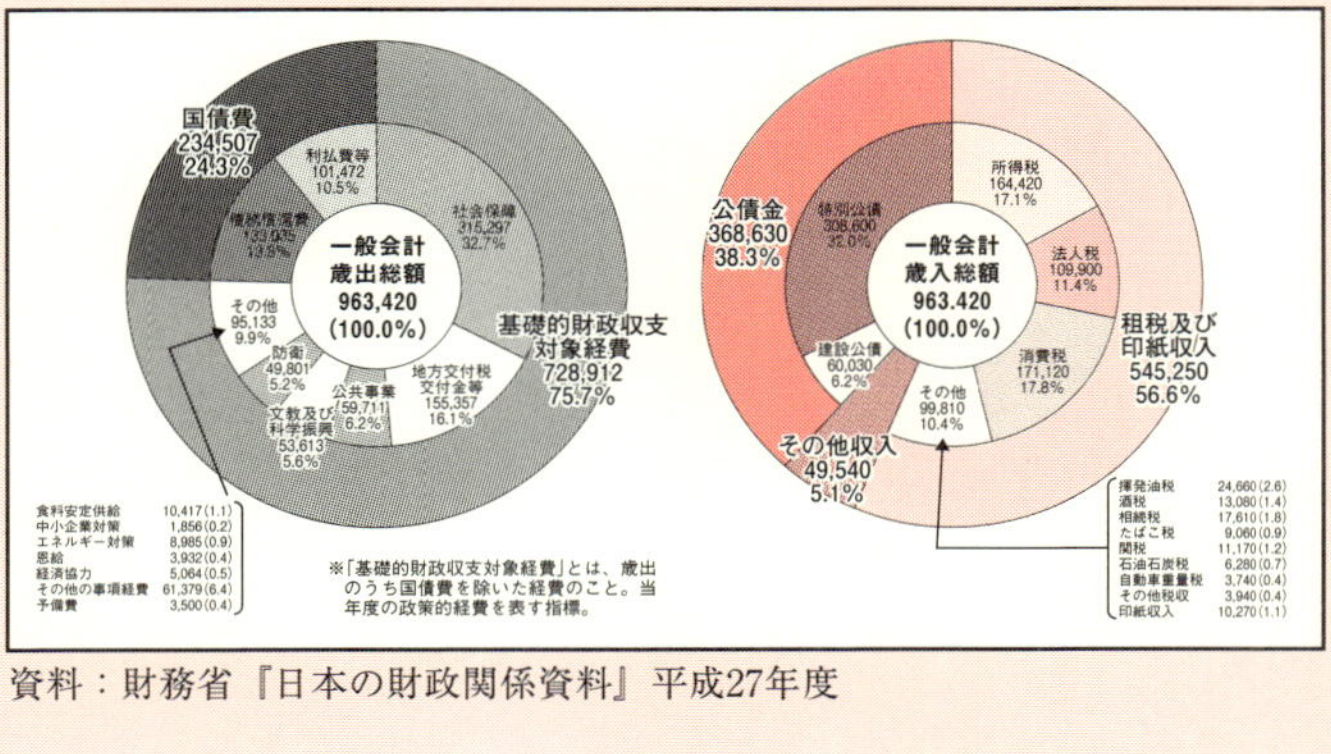

資料：財務省『日本の財政関係資料』平成27年度

近年ではリーマンショックや東日本大震災により、再び公債依存度は高まりを見せている。図7は政府の普通国債残高を示している。2015年3月末には750兆円に達したが、これは国民一人当たり589万円という水準である。巨額の債務を管理することもまた、政府の重要課題となっている。

巨額の債務が累積した背景には、増税なきままに公共事業を推進してきた、これまでの経緯がある。1970年代に入り、世界経済はニクソンショックと二度の石油危機により、低迷を始める。この時期に、多くの先進諸国では、到来する高齢社会を前に、財政支出を社会保障分野にシフトさせていく。ところが、日本では、公債発行を通じて財源を確保し、景気対策として公共事業の規模を維持する政策が採られたのである。当時、核家族化の進展などにより、コミュニティの変化が指摘され始めていたが、それへの対応についても、コミュニティセンターをはじめとした、地域の拠点施設建設がまず推進された。道路や下水道などの整備も推進され、公共事業の総量が縮小されることはなかった。

外圧による公共投資の推進もまた、この動きを加速させた。1980年代半ば、米国は貿易赤字と財政赤字の二つを抱えており、この双子の赤字が大きな政治課題とされていた。当時、日本は米国に自動車や半導体などの輸出を通じて巨額の貿易黒字を得ており、このことが、日米関係に大きな摩擦を引き起こしていた。急激な円高が進むが、それでも日本の貿易黒字は縮小することなく、これに対し、日米構造協議の場で、内需拡大の推進が要請されたのである。1990年からの10年間に、日本は430兆円の公共投資を推進し、内需拡大により成長を図ることを米国と約束する。この目標値は、

１９９４年に６３０兆円にまで引き上げられた。またその際には、生活基盤整備が要請されたことから、下水道や都市公園、文化施設やスポーツ施設など、自治体による社会資本整備が推進されたのである。地方単独事業が推奨され、地方債（地域整備総合事業債など）の発行による事業費調達と元利償還に対する後年度交付税措置が打ち出され、各地で積極的に公共投資が推進されていった。その結果、地方の債務残高までもが増大し、その規模は２００兆円に達している。

(2) 社会保障財政〜給付の肥大化と負担増への対応

２０００年以降、社会保障給付費の上昇圧力のもとで、公共投資の水準は次第に引き下げられていった。図８は日本の社会保障給付費の推移を示している。すでに社会保障給付費は１１５兆円を突破している。これはＧＤＰ（国内総生産）の2割以上に相当する水準である。給付費のおよそ5割を占めるのが年金で、3割が医療、2割が福祉その他の支出となっている。

厚生労働省の推計では、社会保障給付費の水準は今後更に増大し、２０２５年には年間１４５兆円になると見込まれている。２０１５年からわずか10年の間に、30兆円規模で膨れ上がるというのである。消費税率を１％引き上げた場合、税収は２・５〜２・７兆円程度増えることが見込まれている。仮に消費税率を今の水準からプラス10％引き上げたとしても、25〜27兆円の税収増となるだけであり、10年後の社会保障給付費の増大分を賄える水準には及ば

図７　公債（普通国債）残高の推移

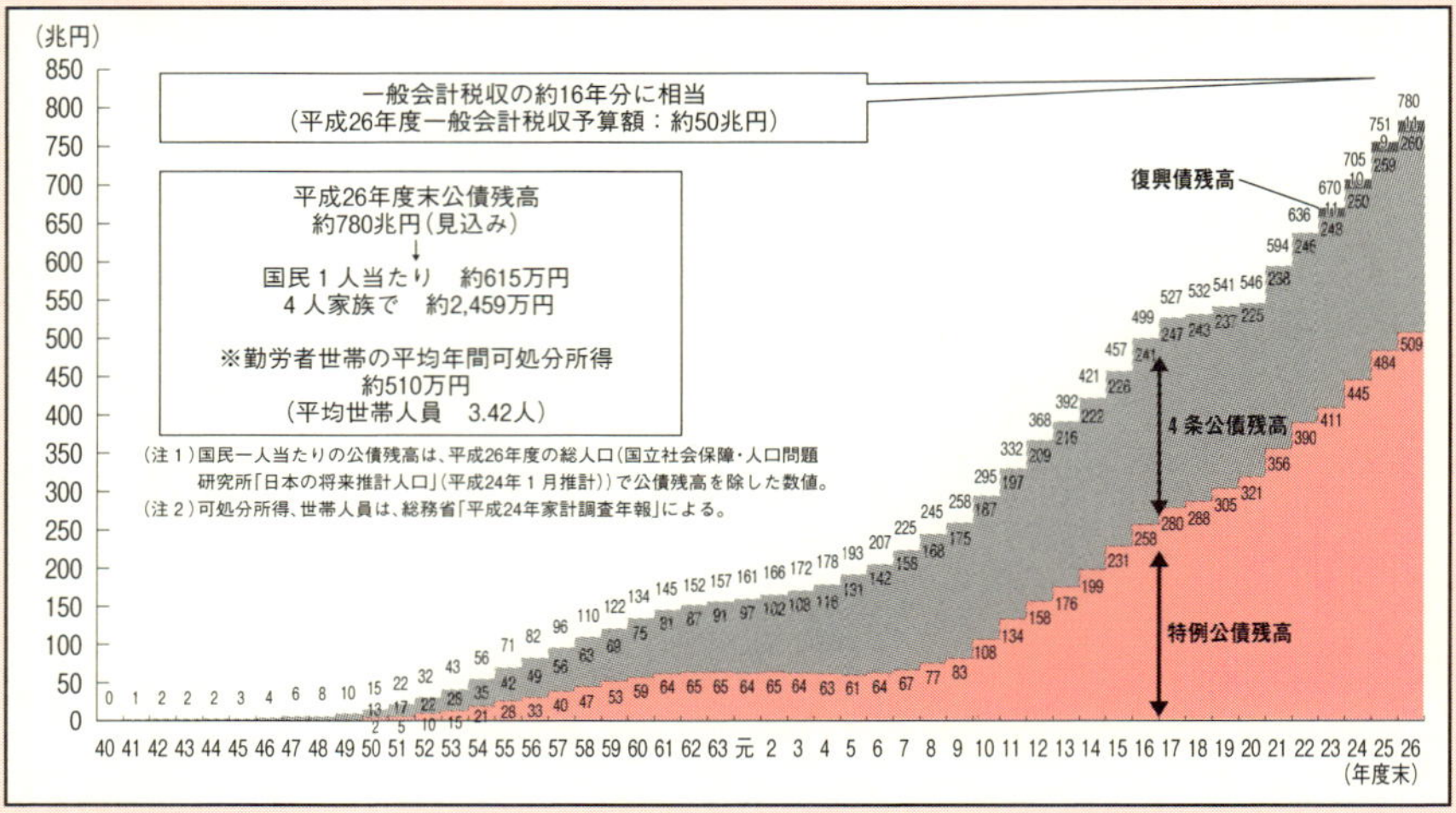

（注１）公債残高は各年度の３月末現在額。ただし、平成25年度末は実績見込み、平成26年度末は政府案に基づく見込み。
（注２）特例公債残高は、国鉄長期債務、国有林野累積債務等の一般会計承継による借換国債、臨時特別公債、減税特例公債及び年金特例公債を含む。
（注３）東日本大震災からの復興のために実施する施策に必要な財源として発行される復興債（平成23年度は一般会計において、平成24年度以降は東日本大震災復興特別会計において負担）を公債残高に含めている（平成23年度末：10.7兆円、平成24年度末：10.3兆円、平成25年度末：9.4兆円、平成26年度末11.4兆円）。
（注４）平成26年度末の翌年度借換のための前倒債限度額を除いた見込額は755兆円程度。
資料：財務省資料

図８　社会保障給付費の推移

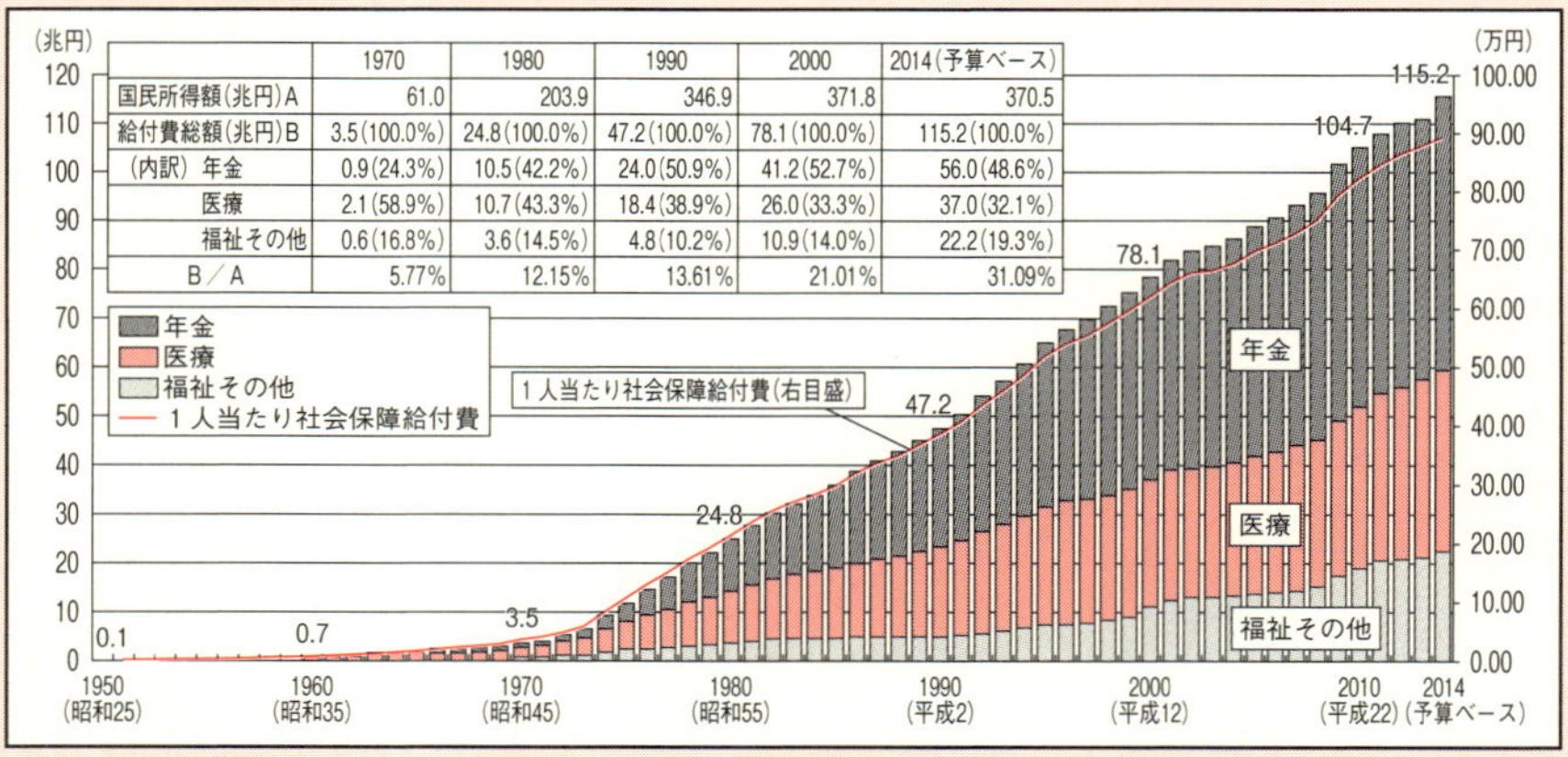

	1970	1980	1990	2000	2014(予算ベース)
国民所得額(兆円)A	61.0	203.9	346.9	371.8	370.5
給付費総額(兆円)B	3.5(100.0%)	24.8(100.0%)	47.2(100.0%)	78.1(100.0%)	115.2(100.0%)
(内訳) 年金	0.9(24.3%)	10.5(42.2%)	24.0(50.9%)	41.2(52.7%)	56.0(48.6%)
医療	2.1(58.9%)	10.7(43.3%)	18.4(38.9%)	26.0(33.3%)	37.0(32.1%)
福祉その他	0.6(16.8%)	3.6(14.5%)	4.8(10.2%)	10.9(14.0%)	22.2(19.3%)
B／A	5.77%	12.15%	13.61%	21.01%	31.09%

資料：国立社会保障・人口問題研究所「平成23年度社会保障費用統計」、2012年度、2013年度、2014年度（予算ベース）は厚生労働省推計、2014年度の国民所得額は「平成26年度の経済見通しと経済財政運営の基本的態度（平成26年１月24日閣議決定）」
（注）図中の数値は、1950,1960,1970,1990,2000及び2010並びに2014年度（予算ベース）の社会保障給付費（兆円）である。
資料：厚生労働省資料

ないことが分かる。

このように、日本の財政運営は、すでに一般会計予算の4～5割を借入に依存しているが、今後、社会保障給付費がさらに増大した場合、数パーセントの消費税率引き上げでは、財源不足を賄うことはできない。税制や社会保障制度を抜本的に見直さない限り、従来の費用負担の仕組みでは、財政破綻を引き起こす可能性がある。

(3) 財政負担に対する国民の納得

租税や社会保険料負担を、今以上に国民に求めることは難しいのだろうか。図9はＯＥＣＤ諸国の国民負担率を示している。国民負担率とは、国民所得に占める租税及び社会保険料負担の割合を示したものである。このグラフから明らかなように、日本の国民負担率は２０１０年度で38・5％という水準であり、ＯＥＣＤ加盟国34か国のうち低いほうから数えて7番目である。国民負担率が一番高いのはルクセンブルクで84・3％、その次はデンマーク67・8％となっている。

デンマークでは、付加価値税の税率は25％であり、所得税率（国＋地方）は、年間所得３９０万クローネ（約５６０万円）以下の場合でも52％と、中間層でも所得の5割程度の税を納めている。

しかしながらデンマークでは、高い税負担水準について、国民から一定の理解が得られているといっていい。たとえ税負担は高額であっても、政府が

図9　国民負担率（対国民所得比）の国際比較（OECD加盟33カ国）

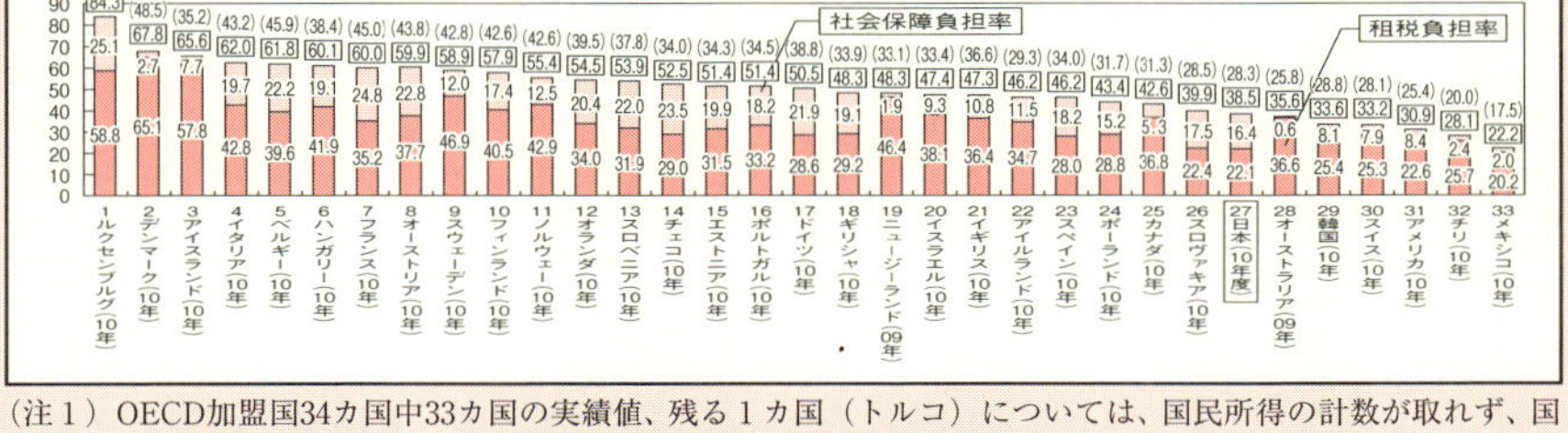

（注１）OECD加盟国34カ国中33カ国の実績値、残る１カ国（トルコ）については、国民所得の計数が取れず、国民負担率（対国民所得比）が算出不能であるため掲載していない。
（注２）括弧内の数字は、対GDP比の国民負担率。
（出典）日本：「内閣府「国民経済計算」等　諸外国：National Accounts (OECD) Revenue Statistics 1965-2011 (OECD)
資料：財務省資料

それを活用して、国民の暮らしの安心・安全を確保するとともに、国民一人一人の自己実現に向けた支援を行なう体制が整っているためである。具体的にいえば、保育所から大学までの学費等は無料であり、その後、転職に必要な職業訓練を受ける場合の費用や、その間の生活費も公的に保障される。デンマークでは国民の生涯転職回数は平均して6・8回とされる。フレクシキュリティと呼ばれる制度により、企業が経営の安定を考えて、従業員の解雇を行なっても、離職者の職業訓練と生活費、転職に向けた職業紹介の仕組みが充実しており、生活が保障されている。日本のように、非正規労働者に雇用調整コストが転嫁されるような状況に陥ってはいない。

労働者は、仕事を変えながら自分に合った働き方を模索しつつ、学校に通うこともでき、自己実現と社会貢献をトータルに考えながら社会参加を可能とする仕組みが公的に構築されており、その費用を国民全体で負担することについて、社会的な合意が図られている。

他方で、高齢になっても、介護サービスは100%公費で対応されるので、高額の貯蓄がなくても安心して老後を過ごすことができる。基本的な医療費も無償となっている。

日本では、かつての終身雇用制度や、家族介護など、職域や地域が、暮らしの安心・安全を支えてきた。ところが、職域や地域におけるこれらの機能は、企業競争の激化によるコスト削減の圧力や家族機能の変化の中で、弱体化している。充分な所得の保障がないまま過酷な就労を強いられたり、家族に介護の負担がのしかかる状況をみても、暮らしの安心・安全が脅かされるような事態が生じている。こうした状況に対して、行政にその対応が求められているが、それに見合う租税・社会保険料負担については、国民の理解が得られないまま引上げが難しい状況となっている。公共部門は、巨額の公債発行を通じて、負担を次世代に先送りしながら、かろうじて現在のサービスを維持している。

(4) 政府への信頼・社会への信頼

図９は中間層の人々が租税負担についてどのように感じているかについて、国際比較を行なった社会調査の結果である。これによれば、日本では、租税負担を「高すぎる」と感じている人が６割にも達している。ところが、日本よりもはるかに税負担の重いデンマークでは「高すぎる」と答えた人は全体の45％程度に留まっている。日本の国民負担率は、デンマークの６割弱程度であるにもかかわらず、日本のほうが税負担を「高すぎる」と感じている人の割合が高い。デンマークの税負担は日本よりはるかに重いかもしれないが、それは支払った税が公共サービスとして、国民に還元されているという実感があるのだろう。これに対し、日本では、税負担をしていても、それが自分の暮らしに返ってきているという実感が持てていない。支払った租税が、自分たちの暮らしに還元されていることを実感できる社会の構築が課題である。

しかしながら、さらに深刻なのは、国民の政府に対する信頼の低さである。井手（２０１０）によれば、「おおよそ政府の人々は信頼できるか」という国際比較調査の回答を見ると、主要先進国15カ国のうち日本では「信頼できる」

図10　中間層の税負担について

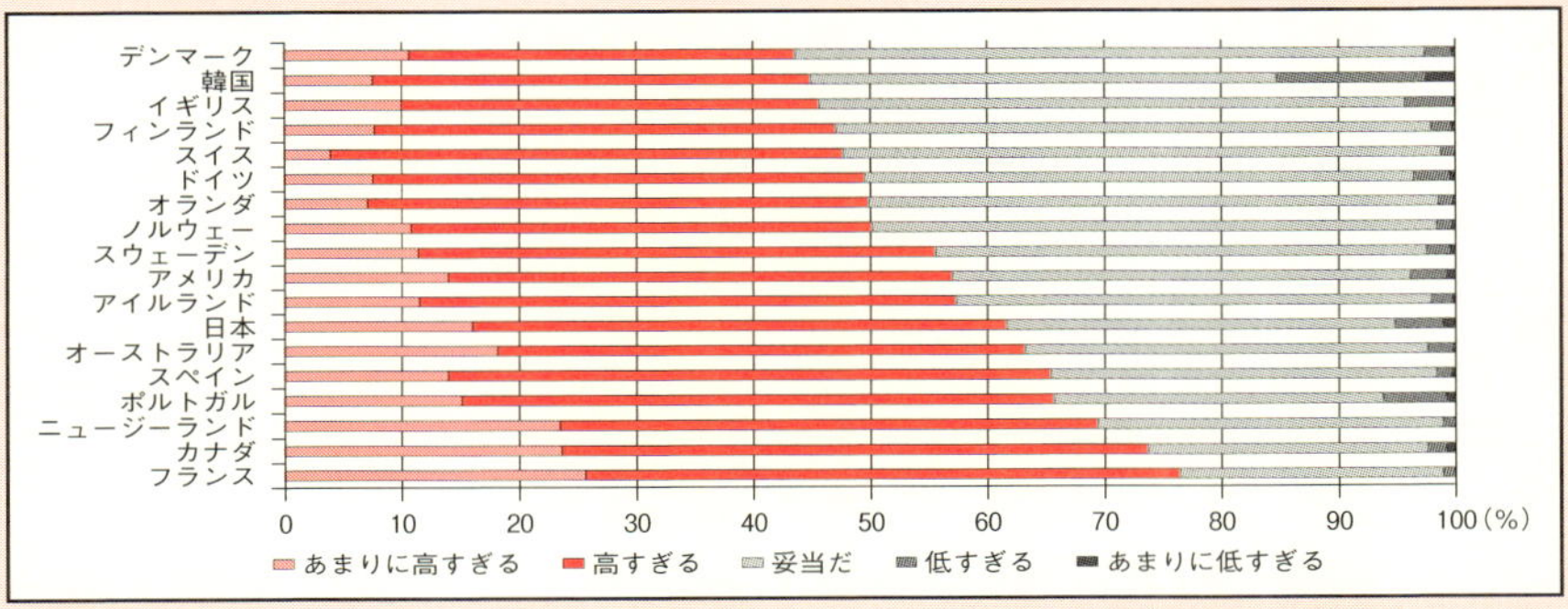

資料：International Social Survey Program の調査結果（井手英策慶應義塾大学教授提供資料）

と回答した人の割合が最も低く、1割程度に過ぎない。反対に6割の人が「役所の人は信頼できない」と答えている。役所は何をやっているか分からないし、税を適切に使っているのかも分からないと感じているのであろう。

さらに「大抵の人々は信頼できる」という質問への回答をみると、デンマークでは全体の75％の人が「大体信頼できるか」「大体信頼できる」と答えているのに対し、日本では、「信頼できる」という回答は3割強に過ぎない。「大抵用心する」「いつも用心する」という回答が全体の7割弱を占めている。

政府や社会に対する信頼が崩れているとすれば、地域で安心・安全な暮らしを構築することは、容易ではない。私たちが、安心・安全な暮らしを取り戻す方法を考えなくてはならない。

⑸自治体財政の課題

他方で地方自治体の財政状況も厳しい。地方分権改革を通じて、自治体への事務権限移譲や、税源移譲は進められてきたが、行政サービスを担う上で、十分な財源が確保されているとはいえない。

国が策定する地方財政計画上においても、地方の財源不足額は大きい（図11）。地方財政運営において必要な財源を確保することができないため、起債による財源調達が行なわれている。平成26年度においても10兆円規模の財源不足額があり、2分の1を国債発行、2分の1を自治体の臨時財政対策債により調達することで必要財源を確保することとされた。

本来であれば、必要財源を確保し、地方の財源保障機能を担うために、地方交付税制度があるが、交付税原資とされた国税収入（平成27年度より所得税、消費税、法人税、酒税の４税）の一定割合だけでは、地方の所要財源を賄うことができない。そのため、特例加算や国債発行、赤字地方債（臨時財政対策債）などによって、必要財源を確保しているのである。

今後増大する社会保障給付費への対応に加えて、２０２０年以降には、高度成長期に整備された社会資本の更新時期が到来する。増大する財政需要に対する費用負担への合意をどのように構築するかが課題である。

昨今、行政改革と財政運営の効率化を目的に、地方交付税の配分額を算定する際に「行革努力」等を指標とする算定が導入されている。そもそも地方交付税は、標準的な行政サービスを提供するために必要な財源を国が保障するとともに、地方間の財政力格差を是正することを目的とした制度であった。ところが、１９８０年代末から、「ナショナルミニマムはほぼ達成された」という認識のもと、地域の創意工夫に応じて配分を行なう算定方式が導入され、その後は行政改革の動きのなかで、こうした自治体の「努力」を反映した算定メニューが増える傾向にある。

全ての地域で安心・安全な暮らしを構築するために必要な財源を保障するのではなく、積極的に地域づくりに取り組む自治体に対して、地方交付税を多く配分する仕組みの導入は、ある種の自治体間競争を求めるものである。地域の暮らしに競争原理を持ち込むことは望ましいとは言えない。本来求めるべきは、それぞれの地域に合った暮らしの営みを構築する上で、どのような工夫が行なわれているのかを互いに学び、地域に合った方法を模索すること

図11　地方財政計画ベースで見た地方の財源不足額の推移と対応

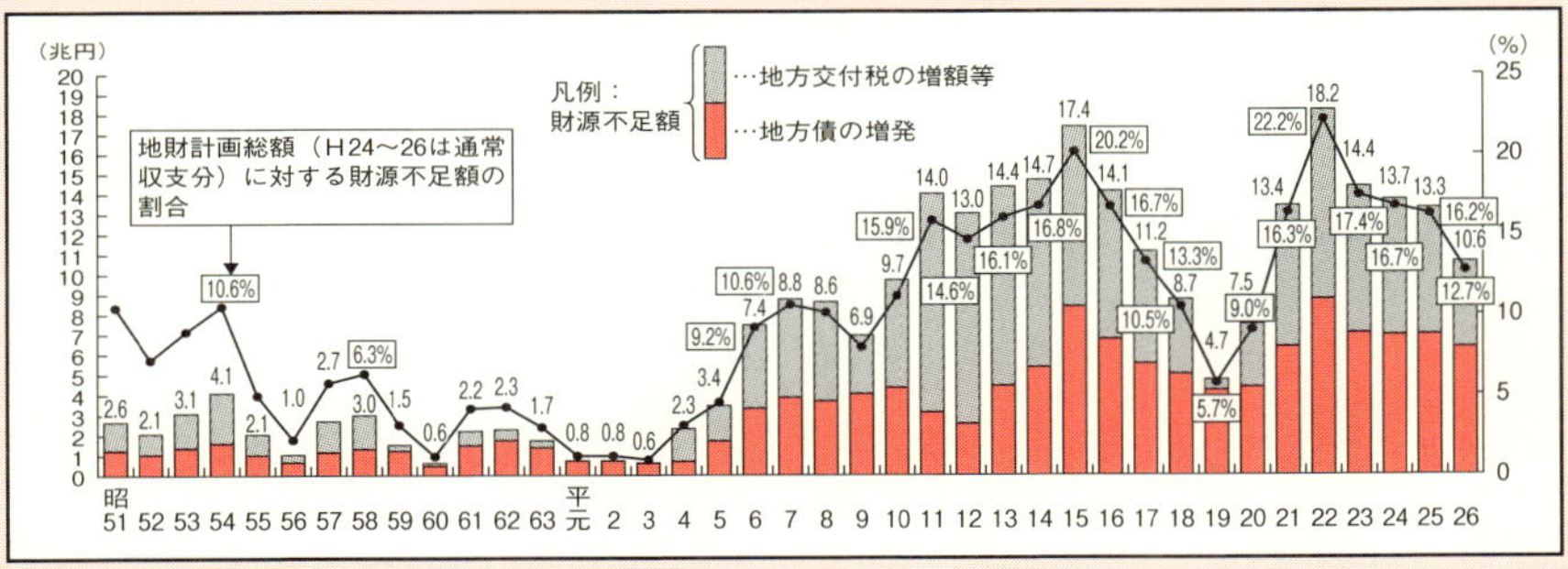

（注）財源不足額及び補填措置は、補正後の額である（平成26年度は当初）
資料：財務省資料

である。財源獲得は手段であって目的ではない。
自治体では、今後益々財政運営が厳しくなることを見据えつつ、持続可能な社会経済構造を構築するための事業計画を考えることが必要である。

第8節 安心・安全な暮らしを支えるシステムの構築

持続可能な社会経済システムの構築に向けて、市場メカニズムに過度に依存せずとも、相互扶助や、行政による支援等を通じて、地域の中で暮らしが成り立つ仕組みをトータルに構築することが必要である。経済システム、社会システム、政治システムの結節点に立って、その仕組みを構築することこそ、地域づくりの課題といえよう。

しかしながら、これまで見てきたように、日本では、人々の信頼関係が次第に失われつつあることに加え、行政に対する信頼も高いとはいえない。租税や社会保険料負担の引上げに対する合意も得られにくい。では、どのように社会関係を再構築していけばよいのだろうか。

ここでは、地域包括ケアシステムを例に取り上げ、地域づくりの課題について考えてみたい。

(1)「地域包括ケアシステム」

急速に進む高齢化と、家族や地域コミュニティでの対応の限界を踏まえて、それを公的に支える仕組みとして2000年に導入されたのが介護保険制度であった。創設当時、それまでの措置制度に代わって、誰もが一定の保険料を負担することで、介護が必要とされた際には、1割の利用料負担をすれば、サービスを受けることができる制度として、期待された。

しかしながら、介護保険制度は導入から数年がたち、財政上の課題を抱えることとなった。制度創設時、65歳以上の高齢者が負担する標準月額保険料は最大でも5，000円程度で収まるものと試算されていた。しかしながら、サービス利用量は次第に膨らむとともに、保険料負担は上昇を見せている。第5期（2012－2014年度）の全国平均で見た月額標準保険料は4，972円に達している。このまま給付が増えれば、保険料負担が困難な高齢者が増大すると考えられる。

保険料の増大を抑制するために、国では介護報酬単価の引上げに慎重な姿勢を取っている。その結果、ホームヘルパーをはじめ、介護職の雇用環境は厳しいものとなっている。2014年の時点で全国に約170万人程度の介護職が居るが、10年後には240万人が必要との推計がある。介護職の平均賃金は月額21・8万円で、全産業平均の32・4万円と比べると、専門職でありながら、かなり低い水準にある。厳しい雇用環境の中で相対的に低い賃金しか受け取ることのできない介護業界では、離職率も高い。家族や近隣の助け合いだけで介護を担うことは難しい反面、公的介護保険制度も財政運営上の課題を突き付けられている。

これに対し、2006年に導入されたのが地域包括ケアシステムである。長寿社会開発センター（2011）によれば、地域包括ケアシステムとは「地域住民が住み慣れた地域で安心して尊厳あるその人らしい生活を継続することができるように、介護保険制度による公的サービスのみならず、その他のフォーマルやインフォーマルな多様な社会資源を本人が活用できるように、包括的および継続的に支援すること」とされている。

地域包括ケアシステムには、当初、以下のことが期待された。第1に、医療、介護、予防、住まい、生活支援サービスが連携した要介護者等への包括的な支援（地域包括ケア）を推進すること、第2に、日常生活圏域ごとに地域ニーズや課題の把握を踏まえた介護保険事業計画を策定すること、第3に単身・重度の要介護者等に対応できるよう、24時間対応の定期巡回・随時対応型サービスや複合型サービスを創設すること、第4に保険者の判断による予防給付と生活支援サービスの総合的な実施を可能とすること、そして第5に、在宅でのケアを推進することである。このほか、日常生活圏域のニーズ調査を実施し、地域の課題・ニーズを的確に把握するとともに、計画の内容として、認知症支援策、在宅医療、住まいの整備、生活支援を位置付け、実行していくことが掲げられた。

地域にいる多様な担い手が連携を図りながら、介護を必要とする人々に対して、必要な支援を行なうことや、施設から在宅介護へと転換をはかる仕組みを構築し、保険財政を安定化することが期待されたのである。

だが、地域包括ケアシステムを構築するうえで、現場は多くの課題を抱えている。第1に、担い手の確保である。若年層の減少により、介護職をはじめとした専門職の人材確保は、地方でも都市部でも深刻である。第2に、地域の中で多様な担い手が集まって、必要な支援の在り方を協議し、方向性を定めていくための場づくりの難しさである。医療や介護をはじめとする専門家に加え、民生委員や警察官など、多様な立場の人が集まり、検討と調整を行なうことが求められる。第3に、高齢者の生活実態を把握することの難しさである。行政が住民一人ひとりの生活実態を個々に把握し、サービスの需要を見極めることは容易ではない。事業者や町内会・自治会などとの連携も必要である。

２０１４年6月には医療介護総合推進法が成立し、介護サービスの利用料を一定以上の所得者については2割とするほか、軽度者向けの介護予防サービスの一部を保険制度から切り離し、市町村の単独事業へと移すことが定められた。また、これらの予防事業について、事業者と自治体とを仲立ちする調整役の人材を配置する制度を創設することが決められた。介護（＝ケア）を取り巻く「地域」の連携・調整はますます重要性を増す。

租税や社会保険料負担の引上げに対する合意が得られない日本では、必要なケアを担うための担い手確保が難しい。他方で、増大する介護需要への対応を図るため、地域で様々な取組みを行なうことが求められている。本人や家族、そして地域で互いに支え合いながら、何を介護保険制度で賄うのか。またそれに要する費用負担をどうするのかについて、考えていく必要がある。

取組みを紹介する。

(2) オランダ・ボクステル市のケア・センターの事例

この課題について考える手がかりとするため、オランダにおける自治体の取組みを紹介する。

オランダ・ボクステル市（Gemeente Boxtel）は北ブラバント州の自治体で、人口約3万人、面積471㎢という自治体である。オランダでは、介護保険にあたる長期医療保険（AWBZ）の財政難が課題とされ、軽度の要介護者については、施設から在宅へという改革が進められてきた。2007年に社会支援法（WMO）が成立し、軽度の要介護者や日々の暮らしの見守りなどが、保険サービスから切り離され、自治体が独自に担うこととなった。こうした中で、ボクステル市では、地域で乳幼児から高齢者まで、幅広い見守りとケアを支える仕組みづくりの必要性があるとして、拠点となる施設を立ち上げ、取組みを推進したのである。

ボクステル市では、かつて修道院だった施設（セント・ウルスラ）を改修し、地域ケアに関する総合プラットホームを2012年8月に構築した。この施設では、医療、福祉（ケア）、文化等、対人サービスの幅広い分野の支援機能を担う。施設は市が整備を行なうが、運営は行政と民間非営利団体の連携によって行われている。施設の1階には総合受付窓口があり、ケアを必要とする住民は、まず受付で話をする。この階には、多様な相談スペースが用意され、相談者の状況や、話の内容に応じて、空間が使い分けられている。2階から上には、様々な専門性を持った事業者やNPO団体の事務所が置かれ

ボクステル市におけるケアのプラットホーム（セント・ウルスラ）

ており、それぞれ専従スタッフ（専門性を持った職員）とボランティアがいる。1階での相談をもとに、必要な支援を担うことのできる団体の職員が集められ、支援を行なうチームがつくられる。ここに入所している団体の選定は、行政が明確な基準を設けて決定しており、同じ専門性をもつ団体を複数入れることはしていない。この仕組みによって、ある家庭の内に複合的な課題（介護、生活困窮、虐待等）が潜んでいる場合であっても、専門性を持った複数の団体がチームを組んで、個々の置かれた状況をふまえ、柔軟に対応する体制が構築されているのである。

ボクステル市の事例から、以下のことを学ぶことができる。第1に、高齢者介護に留まらず、地域のあらゆるケアに対して、それを一元的に相談できる窓口が設置されており、住民にもそれが周知されている点である。そして、本人や家族だけでは解決困難な課題が生じた場合には、それを自分たちだけで抱えずに、相談できる雰囲気が醸成されている。第2に、多様な専門性を持った支援団体がおり、その人たちが業務に携わることのできる環境が整備されている点である。そして第3に、こうした専門家を支える層の厚いボランティアが形成されている点である。オランダでは、就労において、正規・非正規による待遇に大きな違いはなく、また就業時間に応じた賃金支払いとなっていることから、柔軟な働き方を選べる仕組みがある。その結果、家族のケアやボランティアのために就業時間を調整する人もおり、仕事と家庭、そしてボランティアなどの社会参加について、柔軟な選択が可能となっている。こうした仕組みが機能しているため、介護（ケア）を支える社会的基盤が強固なものとなっている。そして、こうしたサービスに必要な費用について、一

1階総合受付

気軽に話ができる談話スペース

小さな子ども連れなどのためのスペース

出入り口が二つ配置された個室

定の租税負担を担うことに対する社会的な了解が成立していることにも留意する必要がある。

(3) 行政と地域の役割

日本では、超高齢化が進む中で、家族介護の限界、地域コミュニティの衰退、介護保険財政の悪化と、ケアを支える様々な社会基盤にほころびが生じており、これを再構築することが必要である。すでに各地で、医療施設、地域包括支援センター、ＮＰＯや自治会など、やる気と意欲のある人々が集い、繋がりの再構築と安心安全な暮らしの創出に向けて、各種の活動が行なわれている。

しかしながら、こうした取組みが地域全体でネットワーク化し、トータルなケアシステムとなるには、課題も多い。第1に住民の生活において、仕事と暮らしの場が分断されていることである。かつて、農家や自営業者が多かった時代であれば、昼間、地域に大人がいた。しかしながら、職住の分離により、住宅地のなかには、日中、高齢者と子供ばかりというところもある。仕事と暮らしの分断とともに、暮らしの場としての地域で、年齢を重ねても安心・安全に暮らすための地域の基盤が脆弱になっているのである。

第2に就労形態の変化に伴う、各種の社会的な費用が認識されていないことである。「女性の活躍」が謳われるが、女性の就労とともに、家族の在り方は変化し、介護（あるいは子育て）の社会化が要請されてきた。しかしながら、それに要する社会的費用について、必ずしも一体的な議論がなされているとは言えない。消費税率は2014年4月にようやく8％に引き上げられたが、国・地方の財源を賄えるだけの税収確保はできておらず、毎年数十兆円規模で公債発行が繰り返されている。それにも関わらず、国民の判断はシビアであり、消費税率の更なる引上げには反対の声が根強い。家族や地域、とさには職域が担ってきたケアの領域を公的に再構築するための費用負担について、国民の合意が得られていないのである。

身近な地域のなかで、ケアの仕組みを構築するにあたり、何をコミュニティの支え合いによって賄い、何を事業者のサービスに求め、何を行政が担うのか。必要なサービスニーズと、それに対応した供給体制、そして両者を賄う財源の確保と、費用負担について、地域で合意を創り上げることが求められている。

地域が結びつきを取り戻すためには、経済システム、社会システム、政治システムの再構築が必要であることが見えてくる。生産空間と生活空間の分断とともに、生産性を評価基準とした社会システム構築では、切り捨てられる人材、切り捨てられる地域が出てくる。これは社会の分断をもたらしかねない。こうした視点から地域の立て直しを考えてみることが必要である。

第9節

持続可能な地域づくりに向けて

持続可能な地域づくりに向けて、私たちは何から始めればよいのだろうか。

① 地域を知る

まず、自分の生活する地域を「知る」ということである。知人が訪ねてきたとき、自分の地元を詳しく案内して回ることができるだろうか。土地の歴史、文化、風土、特産品、人口構造、主な産業などを紹介することができるだろうか。スラスラと説明できないようであれば、こうした基本情報を把握することから始めよう。わが町の地勢・風土・文化を知り、その成り立ちを知ることがその第一歩と言える。歴史を紐解きながら、その土地の風土や文化を知ることで、地域の魅力や、新たな価値の発見につながることもある。

第2に、その地域で暮らす人々のことを知ることである。地域には魅力的な人が大勢いる。こうした人たちと顔見知りになることで、地域のことを知るきっかけが生まれる。また、顔見知りであっても、案外、話をしたことがないということも多い。何かの機会に話をしてみることで、新たな発見や気づきが生まれることもある。地域のなかで、日ごろから対話の機会を持っておくことで、暮らしの困りごとを知り、地域の困りごとに対する対応を考える機会も生まれる。こうした繋がりは、暮らしの安心・安全にもつながるだろう。

第3に、その地域で成り立っている産業、事業について知ることである。地域経済を考える上で、土地・資本・労働力が3つの生産要素であることを述べた。わがまちの地形や土地の特性、空間立地の状況、道路や河川の状況を考えることで、どのような産業を育成し、どのように地域の暮らしを成り立たせれば良いかが見えてくる。また、現在、どのような企業が立地し、どの程度の規模で生産活動を行なっているのか、そして産業別の就業者数とともに、就業者の実態を把握することも必要である。無論、事業者や従業員との対話を通じて産業政策の課題を見つけ出すことも考えられよう。

第4に、暮らしの課題を知ることである。地域の暮らしを考える上で、現在の生活のなかで、どのような困りごとがあるのかを知ることは大切である。子育てや介護などのサービスの不足、買い物や除雪などの手助けなど、地域によって必要な支援は様々である。それぞれの課題に対し、現状では誰がどのように対応しているのかを把握するとともに、課題解決に向けてどのようなことができるのかを考える場を創り、話しあってみよう。

(2) 地域のプラット・ホーム構築

地域を知るには、文献書物だけでなく、様々な人たちとの対話が必要であることが見えてくる。だが、気軽に対話をする機会というのは案外持てないものである。そのためのプラット・ホームづくりがもう一つの課題となる。

行政は縦割りで業務を担うことが多く、特定の政策目的を達成するための解を制度の枠内で模索することになりがちである。だが、地域の課題は複合的なものも多く、複数の政策課題を一つの手法で解決することで効率化を図ろうとすれば、異なる部課との間で、政策課題や対応についての情報を共有し、話をする場を持っておくことが必要である。

行政はまた、住民に「平等」に対応することが求められるため、メリハリのある施策を推進することが難しい状況にある。手を挙げた人から支援する、走りながら考える、といった対応を取ることは難しい。東日本大震災では、120人の避難所に80個のおにぎりが届いたが、全員分確保できなかったという理由で、自治体職員にはこれを配ることができなかったという話がある。民間ボランティアであれば、80個のおにぎりであっても配ることができるが、行政がこれを行なった場合、受け取れなかった住民から不満が出るというのが理由である。

これに対し、地域コミュニティや民間団体であれば、今ある状況の中でやれることを考え、走りながら考えることが容易である。目の前に課題が出てきたとき、役所の窓口であれば、その課題に対応することは法令上可能かどうか、規定に沿っているかどうかを判断し、できなければ「無理」という回答が出される。できない理由を説明するのではなく、どうやれば課題解決に結びつくのかを考えるという発想の転換が必要であるが、行政単独では難しい場合もある。

地域の課題について話をしたり、取組みについて模索する場（＝プラットホーム）が構築されているところでは、そこで出た様々なアイディアや解決策を実践に結びつける取組みを行なっている。定期的な会合として場を設ける場合もあれば、コミュニティ・カフェのように、空間をあけておき、行きたいときに行きたい人が集い、話をする場を用意しておく方法もある。

こうした場を設定することで、意外なところから意外なアイディアが出され、対話を通じて新たな取組みが生まれてくるのである。地域リーダーには、そのコーディネートが期待されている。

(3) 産業ネットワークと雇用機会の創出

地域経済について考える上で重要なのは、産業振興と雇用創出である。地域に根差した産業を考える際、特定の企業や業種に偏ったモノカルチャー経済は、不安定である。地域特性を生かした他には真似できない商品を創ること、そしてそこに地域特性を生かした独自のデザインを施し、生産量と価格との見合いで、戦略的に流通を考えることが求められる。こうした「攻め」の経済を生むには、地域特性をよく理解することと同時に、商品開発やデザイン、流通に関する専門家で、地域の立場に立ってアドバイスを受けることのできる人たちとのネットワークを構築することが必要である。複合的な生産構造が生まれれば、多様な雇用機会の創出にもつながる。

他方で、地域の雇用について、調査を行なうことも必要である。地域のなかには、1人を雇用するまでには至らないが、数時間単位で、人を必要としている「職場」が意外に多い。このようにちょっとした就労の場があることを知り、それらを組み合わせることで、仕事を創ることが考えられる。

山形県庄内の大場組は、建設会社であったが、公共事業の減少とともに、仕事が減少した時期に、他方で地域には人を必要としている様々な場があることを知り、遊休農地の耕作を引き受ける事業や、介護事業に進出した。これにより、季節ごとに社内で配置転換を行いながら、雇用の維持を図っている。このように、一企業として、社員の雇用を維持しつつ、多様な仕事を担う働き方を創り上げているところもあるが、他にも地域のなかで複数の事業者が集い、細かな生業を組み合わせて雇用に結びつけることが考えられてよい。

地域住民が求める仕事の姿も様々であろう。年金生活者であれば、ちょっとした小遣いが稼げればよいということにもなり、他方で若年世代であれば、一定の所得と生活の保障が必要となる。それぞれの暮らしに対応した仕事を創出する取組みが求められる。

地域の過去・現在を分析・考察し、将来を展望して戦略を立てる。そこでは、地域特性や人口規模を踏まえたオンリーワンの取組みを地道に構築することが求められる。

〈参考文献〉

井手英策『財政赤字の深淵—寛容な社会の条件を考える』有斐閣、2010年
岩井克人『ヴェニスの商人の資本論』筑摩書房、1992年
小田切徳美・藤山浩・石橋良治・土屋紀子『はじまった田園回帰』農文協、2015年

神野直彦『システム改革の政治経済学』岩波書店、1998年
神野直彦・小西砂千夫『日本の地方財政』有斐閣、2014年
長寿社会開発センター編『地域包括支援センター業務マニュアル（改訂版）』長寿社会開発センター、2011年
中村剛治郎『基本ケースで学ぶ地域経済学』有斐閣ブックス、2008年
カール・ポランニー『人間の経済Ⅰ：市場社会の虚構性』岩波モダンクラシックス、2005年
増田寛也編『地方消滅―東京一極集中が招く人口急減』中公新書、2014年
諸富徹『地域再生の新戦略』中公叢書、2010年

第3章

自治体政策マネジメントと地域発自治創造

大杉　覚

第1節 なぜ自治体政策マネジメントか

本章で扱う自治体政策マネジメントとは、自治体が経営を進めるなかで、政策を他の行政リソース、例えば、人員、資金、情報、権限といった行政活動に必要な資源（リソース）と同様に、マネジメントの対象として捉えることである。

ここで政策とは、一般に、公共的な課題の解決にむけた活動案と捉えられることから、自治体政策は、地域社会における公共的な課題の解決に向けた自治体の活動案を指すことになる。したがって、自治体政策マネジメントとは、自治体政策を自治体経営におけるマネジメントの対象として的確に把握し、目的を意識した戦略的志向に基づいて、よりよき政策の形成を促し、その効果的・効率的な実施を通じて、自治体の基本であり存在理由でもある「住民の福祉の増進」、すなわち、地域の人々をより幸せにし、地域のくらしをより豊かにしていくこと、を実現しようという発想に基づいている。

自治体政策マネジメントについて論じようとするとき、その技法techniquesと作法mannersとを論理上わけて考えるとすれば、本章で基調となるのは作法についてである。政策マネジメントの技法については、技術的な分析手法の開発やそれを応用した実証分析の実践、また、実務教育での使用教材を念頭に置いたものも含む事例研究など、これまでにおびただしい研究蓄積がある。

他方、政策マネジメントは、自治体がその経営環境をなす周囲との関係とは無縁に、ニュートラルにすすめられるものでは決してない。むしろ社会的な関係のなかでの信頼と納得の関係を構築していくプロセスだと考えるべきだろう。政策マネジメントの技法を真の意味で活かすにも、それ相応のTPO（時間・場所・機会）をわきまえなければいけないはずなのである。

そしていまなぜ、自治体政策マネジメントなのかと問われれば、地域発自治創造がこれまでになく重要な意味を持つ時代状況にあるからであり、とりわけ政策マネジメントの作法が問われると考えるからである。そこで本節ではまず、分権型社会及び人口減少社会という文脈のなかで政策マネジメントの作法を考える意義を確認するところから議論をはじめたい。

1 地方分権改革と自治体政策マネジメント

地方分権の推進に政府が本格的に取り組みはじめてから20年ほどが経過した。その間に、さまざまな改革事項が検討されてきた。中央集権体制の象徴とされてきた機関委任事務制度の廃止をはじめ着実に実現が図られたものもあれば、地方税財源をめぐる制度改革のようにいまだ地方分権の名に値する改革にはほど遠いのではないかと評価される事項もある。地方分権に関わる改革事項は多岐にわたり、その範囲をどこまでととるか自体も論議の対象となるほどである。[1]

そこで地方分権改革を、仕事量の拡大という側面と自由度の拡大という側

1　地方分権改革の取り組みを概観するものとして、拙稿「地方分権の推進―地域発自治創造への挑戦」大森彌・山下茂・後藤春彦・小田切徳美・内海麻利・大杉覚『実践まちづくり読本』公職研、2008年、第1節：拙稿「分権一括法以降の分権改革の見取り図と今後の展望」『都市問題』第100巻第8号、2009年8月号参照。

面とに大別して、自治体政策マネジメントを考える意義について確認しよう。

(1) 仕事量の拡大と「地域発」改革への原理的転換

仕事量の拡大とは、これまで国・県などが行ってきた仕事が、地方へ、なかでも基礎的自治体（市町村）へと事務権限移譲されることで、事務権限を受けた側の自治体からすれば従来は行っていなかったという意味で新規の仕事に従事することを意味する。

仕事量の拡大に対応するためには、それに見合った人員の手当をなされるべきなのは当然である。それは単に頭数だけではなく、関連する業務知識はもちろん、場合によっては一定の専門性を要する能力を備えた人材であることが必要となるだろう。そして、新たな事務権限を受けたことで、国が行ってきたときとは違い、より住民に身近な地方によって取り組まれることで地域の実情が適切に反映されるようにしなければならない。また、既存の業務との整合性を勘案し、より効果的・効率的なかたちで定着させていくだけの力量が求められることになる。

仕事や権限を手放したくない中央府省、既存の業務だけで手一杯となっている自治体、とりわけ小さくても合併を選ばずに自主・自立のまちづくりに傾注したい町村など、それぞれの思惑もあって、仕事量の拡大方向での地方分権改革は必ずしも円滑に進められてきたとはいえない。全国一律の事務権限移譲では「押しつけられ感」がどうしても生じてしまうために、これまでも例えば、事務処理特例による権限移譲では都道府県・市町村間で協議を重ねて独自の取り組みを行ったり、また、国の取り組みとしても都市自治体への事務権限移譲に重点を置いたりするなど、工夫が重ねられてはきた。

さらに、地方分権改革有識者会議の提言（「個性を活かし自立した地方をつくる～地方分権改革の総括と展望～」平成26年６月24日）を踏まえて、権限移譲や規制緩和に関する全国的な制度改正については個別自治体等から提案を募るという「提案募集方式」や、個別自治体の発意に応じて選択的に権限移譲を行う「手挙げ方式」が導入された。これまでともすると「上から」目線で取り組まれてきたのとは異なる、「地域発」の地方分権改革が模索される新局面をすでに迎えたことに留意すべきである。この原理的転換の意義をしっかりと受け止めて、「地域発」の取り組みに結実させるためにも、これまで以上に政策マネジメントが求められることはいうまでもないだろう。

(2) 自由度の拡大と政策マネジメント

次に、自由度の拡大について具体的な取り組みを見てみると、すでに２０００年分権一括法で機関委任事務制度が廃止され、２０１１年地域主権改革関連三法を皮切りに、義務付け・枠付けの見直しが順次一括法で進められるなどの措置がとられてきた。自由度の拡大に基づく改革とは、先に述べた仕事量の拡大とは異なり、新たな業務が追加されるというよりは、国からの過度の干渉をなくしたり、法令等の縛りをなくしたり緩めたりすることで、従来の業務の仕方や基準等を柔軟に見直し、地域の実情に合わせて効果的・効率的な業務遂行を可能にすることに眼目が置かれる。したがって、仮にこれまで国が示してきた規制や基準に従った業務の進め方がその地域の実情に即していると判断されるならば、従来のやり方を無理に変える必要はないし、現に自治体現場の多くでは改革に対する特段の対応策を講じないケースも少なくないのである。

ただし、仕事量の拡大と違って「押しつけられ感」がないからといって、無為にやり過ごしていいわけではないことは強調しておきたい。現状維持もまた一つの選択だということである。なぜ従来通りの業務の進め方をしているのかについて、かつてであれば、例えば、機関委任事務制度による国からの通達を言い訳とできたし、義務付け・枠付けについても法的根拠をもって弁明できた。しかし、自由度の拡大が進めば進むほど、自治体自らがその根拠づけを明確に示さなければならなくなる。例えば、自治立法による法的根拠づけを手だてとするならば、そのためには政策法務能力の向上が求められよう。また、調査研究分析に立脚した科学的判断など、根拠本位の政策形成を自治体経営の基盤として根付かせる必要もあろう（第4節参照）。変える、改革することと同じぐらい、場合によってはそれ以上に、現状を正当化することの方が難しい場合も少なくないのである。

プレ地方分権時代の自治体における「実務」とは、「企画立案」や「政策」とは縁遠い、前例踏襲を原則に淡々と事業執行をすすめるコツにとどまってきた面は否めなかったのではないか。

これに対して、分権時代にあっては、自治体経営という視点から自治体職員自らが考え行動する「実践」に正面から立ち向かわなければならないのである。従来からの「実務」をこなすということと、分権時代の「実践」に踏み出すこととの間には大きな懸隔がある。その溝を埋め、後者の「実践」こそが自治体「実務」だと言い切れるだけの政策マネジメントの水準が要求されるのである。

2 人口減少社会と自治体政策マネジメント

日本社会が全体として人口減少局面に入るとともに、そのことを問題として国民全体が広く認識を共有するようになった。その意味で、本格的な人口減少時代が到来したと考えてよいだろう。やがて日本社会が人口減少となるであろうことはかなり以前から予測されており、また、実際にそうなってからも既に数年が経過している。しかしながら、「我がこと」として国民・住民が受け止めるようになったのはやはり、矢継ぎ早に発表された増田寛也前総務相らを中心とした日本創成会議によるレポートの数々を契機としたことに異論はないであろう。[2] 増田らによる問題提起は、「壊死する地方都市」「消滅可能性都市」「地方消滅」などきわめて刺激的なキー・ワードとともに論争を巻き起こす一方で、安倍政権の政策課題として地方創生をトップ・プライオリティに押し上げた。

(1) 地方創生のスタート

安倍政権は、まち・ひと・しごと創生本部を立ち上げ、まち・ひと・しごと創生法を成立させるとともに、2060年までの国の長期ビジョンと2019年度までの国の総合戦略を策定した。まち・ひと・しごとの好循環を生み出すために若年層を意識した政策目標として、①若年雇用の創出など

2　これらを取りまとめたものとして、増田寛也『地方消滅』中公新書、2014年。

による「地方における安定的な雇用を創出する」、②地方移住や企業の地方立地の促進による「地方への新しいひとの流れをつくる」、③「若い世代の結婚・出産・子育ての希望をかなえる」を掲げている。そして、好循環を支える「まち」の活性化として、④地域特性に応じた地域づくりなどによる「時代にあった地域をつくり、安心な暮らしを守るとともに、地域と地域を連携する」を打ち出した。

国の長期ビジョン、総合戦略を勘案して地方人口ビジョン、地方版総合戦略の策定に都道府県、市町村それぞれが取り組むことが求められ、後者では、都道府県、市町村それぞれの区域内での、①目標、②講ずべき施策に関する基本的方向、③講ずべき施策を総合的かつ計画的に実施するために必要な事項について定めることとされた。

ただし、これら一連の計画策定や事業実施を、自治体は国から言われたのでただ単に「こなす」だけでいいわけではないことはいうまでもない。

そもそも安倍政権での地方創生の取り組みの特徴は、地方創生を力強く後押しすることを意図したスキームの提示にある。コンテンツの提示は地方発の創意に委ねられていることと表裏の関係にある。これまでのように国からの全国一律な、しかも府省ごとに分立したバラバラの取り組みを、自治体はばらまきのまま享受するということはあってはならず、総合的で一貫した戦略のもとでそれぞれの地域で実効性を確保できる具体的な施策として結実することが求められる。

(2)「地域発」からの地方創生

自治の積み上げという発想が地方創生の基盤をなすものとして必須であって、論理的な順序としていえば、「地域発」というボトム・アップの企画構想が先行していなければならない。国・地方ともに総合戦略についてはこれから随時見直しが重ねられていくことになろう。しかし、仮に当初の意図とは異なり、中央府省の動向が従来のスタイルに回帰するようなことがあったとしても、国からの圧倒的なばらまきの圧力や誘惑に太刀打ちできるだけのブレない姿勢を貫くことが地方には求められる。国での「異次元の対応」（安倍首相）を上回る気概を自治体が示すことができるかが問われているのである。国の総合戦略を「勘案して」地方版総合戦略が策定されることとされた真意は、「地域発」の自治の積み上げにかかっていると考えるべきだろう。

地方創生はその主旨からしても地域間競争に駆り立てるようなやり方で進められるべきではないとしても、現実には、すべての自治体が同じスタート・ラインに立ち、同時に出発するわけではないことも確かである。日本社会が人口減少となるであろうことはかなり以前から予測されており、実際にそうなってからも既に数年が経過している。個別の自治体ごとでみれば、人口動態という基礎的なレベルの変動はより身近に、そしてより身にしみて受け止めてきたはずである。それに対して適切な判断のもと冷静な対応を施すことができてきたかどうか。これひとつとってみても自治体間で大きな差異が認められるのが実情であろう。

人口動態云々に関わらず、住民参加・協働の実践を着実に積み重ね、戦略的な自治体経営に専心してきたならば、地方創生の主旨そのものはことさらながらのカレント・トピックでは決してないはずである。地域発の創意に基づく政策提案は、地方創生の旗が掲げられた時点で初めて、ゼロ・ベースでひねり出すものではなく、これまで着実に取り組んできた総合計画をはじめとした政策体系にすでに埋め込まれているはずのものだからである。したがって、まち・ひと・しごと創生法に基づく地方版総合戦略の策定自体はこれからではあっても、先行して取組んできた自治体にすれば、総合的で一貫した方針のもとに事業提案を即座に繰り出してみせることは決して難しくはない。むしろ、温めてきたアイディアが陽の目をみる好機と受けとめるだろう。

3 政策マネジメントの推進力としての政策企業力

(1) 政策企業力とは

以上のように、現在、自治体に求められる力量とは、「人口減少時代の」という冠がつく前に多用されていた「地方分権時代の」という段階で本来しっかりと身に付けておくべきだったことである。

そして、このような政策マネジメントのコア（核心部分）を本章では政策企業力と呼びたい。すなわち、政策企業力とは、「地域発」の強力な意志を梃子にして、具体的な地域の課題解決に向けた活動の実践を押し進める力である。それは、国は自治体からの、自治体は地域住民からの、要望・請願・陳情を吸い上げて行政需要を割り出し、「上から」行政ニーズを決めていくという旧来からのトップ・ダウン型の構図から脱却する覚悟を意味する。「地域発」の知恵をもとに政策形成を図ろうという発想を抜きには本領を発揮しえない力である。

(2)「地域発」知恵の六次化

政策企業力は次の６つの過程を経て発揮される。[3]

第１に、「地域発」知恵の産出producingの過程である。自治体で個別政策・事業を策定したり、総合計画などの政策体系を構築する場合はもちろんのこと、中央府省に向けて、改革構想を提言したり、特区など新規政策やプロジェクト募集に応募申請したりする場合などを含めて、「地域発」のアイディアを打ち出す段階である。もちろん、そこでは、地域コミュニティのなかで培われてきた文化、歴史、風習、ルールはもちろん、地域住民の想いや意思などを、政策という「かたち」にすることも含まれる。

第２に、地域に埋もれた知恵の発掘detectingである。ここで「埋もれた」とは、あくまでも行政の視野にはなかっただけで、地域のなかでは活き活きと脈づくものもあれば、長らく歴史のなかで埋もれてしまい、かすかな記憶にかろうじてとどめられていたりするもの、地元ではあまり評価されず、むしろ域外から注目を浴びたことで結果的に〝新たに〟発掘されたりするものもある。近年では、これら地域資源の発掘は地域づくり活動の基本といってよいほど普及してきた取り組みといえるだろう。

3　以下の記述は、拙稿「『地方の知恵』を創出する職員組織」『月刊ガバナンス』２０１４年10月号参照。

第3は、地域内で流通し自治体内で蓄積されてきた知恵を素材に、手を加えて付加価値をつける加工processingの過程である。産出されたり、せっかく発掘されたりした知恵も、そのままでは充分に価値を発揮できない場合もあるだろう。例えば、観光資源をマップに落とす、飲食店や関連情報も組み合わせる、体験的要素を加味したツーリズムを提唱する、などは加工のプロセスに属する取り組みといえる。一般的にいえば、漠然とした知識・情報を明確な課題解決指向型の知恵に体系づけていく作業工程が加工といってよいだろう。

第4に、これまで自治体が取り組んできた既存の政策や業務を点検＝解体修理overhaulingすることである。既存の政策や業務のなかには、かつて「地域発」知恵として磨きをかけられ「かたち」を与えられたものもあれば、国からの統制・指導のもとで移入されたがすっかり定着したものもあるだろう。地方分権時代にあっては先述のとおり、住民起点の発想からこうした既存の政策・事業を精査する必要がある。また、経営改革の観点からもより効果的・効率的な業務への再構築の視点からの見直しが求められるといえよう。意識的に点検＝解体修理に取り組む過程から得られる気づきの意義はきわめて重要である。

第5は、多様な主体間での媒介mediatingである。以上述べてきた産出、発掘、加工などの過程を、すべて行政だけで取り組むべきかどうかは重要な論点である。行政外の主体に委託したり、連携したりすることも考えられようし、あるいはまた、それら行政外の主体間を取り持ち、連携して対応したほうがより多くの効果を期待できる場合も考えられよう。

そして最後に、プロモーション活動promotingである。「地域発」知恵をいかに説得力をもって、住民に、利害関係者に、他自治体に、全国に〝売り込む〟かである。良き「地域発」知恵だからといって誰にでも受容され、活かされる保証はないからである。

以上、産出・発掘（第1次）、加工・点検（第2次）、そして、媒介・プロモーション活動（第3次）を、トータルに一貫性をもって展開する、「地域発」知恵の六次化を推進する政策企業力が地域に求められているといってよいだろう。これは、昨今「先進」事例として取り上げられる自治体・地域を見れば容易に確認されることである。

いずれの自治体もがこうした政策企業力を身につけ、定着させ、向上させているかといえば、いまだ「未完の分権改革」といわざるを得ないかもしれない。しかし、これからが真価を問われる局面にある。仕切り直しをはかり、真摯に考える際に活用する手だてとして、以下、政策マネジメントの作法について考えていきたい。

第2節

自治体政策と政策形成

1 政策とはなにか

(1)「目的—手段の関係」としての政策

政策ということば自体は、例えば、「政策本位の政治を」「政局よりも政策を」「政策の対抗軸を示せ」などといったメディアの常套句にもみられるとおり、社会一般に流通し定着したといってよいだろう。

しかしながら、政策とは何かをいざ定義するとなると、かなり厄介である。研究者の数ほど定義があるといわれるなかで、冒頭に述べたように、政策は、「公共的な課題の解決にむけた活動方針」といってよいが、「(政策)目的と(その目的達成のための)手段の関係」と、よりシンプルに捉えるところから考えてみたい。

(2) 政策の多様な「表現型」

具体的にどのようなものが政策なのかといえば、実に多様なものが想定される。[4]

表現形式の多様さという点でいえば、法律や条例など法形式や、政省令、規

4 以下については、西尾勝『行政学[新版]』有斐閣、2001年、268~270頁。

則・規程、通達・通知などそれに準ずる形式の場合もあれば、計画、ビジョン、報告書などで示されるもの、さらには予算項目とそこに掲載された金額で示されることもある。あるいは、議会での首長の所信表明や議会答弁、選挙公約・マニフェストなども、新たな政策が打ち出されるきっかけであったり、政策の原型が示されていたりし、その点で政策の表現型の一例に含めてよいだろう。

また、明細さや範囲の多様さという点では、法律や条例から規則や規程まで、あるいは総合計画における基本構想から基本計画、実施計画までといったように、体系的・段階的に明細さや範囲が異なり、それらが補完関係をなしている場合もある。

このように、政策は何か一つの表現型で完結して示されるとは限らないということである。政策＝目的・手段のワン・セットと考えたとき、とくに手段については、例えば、法的根拠は法律や条例に、計画上は総合計画に、経費は予算になどと、複数の表現形式に分散し、さらに規則や下位レベルの計画や予算項目へと明細化して示される方がむしろ通例である。言い換えれば、パズルのように断片化された政策の表現型のピースを組み合わせてはじめて、政策の全体像が浮かび上がるということでもある。

(3) 政策の構成要素と「表現型」

仮に政策を構成する要素を、①目的、②実施機関・実施権限、③対象集団・対象事象、④権限行使・業務遂行の基準、⑤権限行使・業務遂行の手続、⑥充当財源・定員、といった区分で抽出してみると、①目的に対して、②～⑥

が手段に相当する。

第1に、目的が明確に提示され、その目的に照らして手段が適切に設定され、運用されているかについて確認することが重要である。

目的が明確でなければ、何のための政策なのか、効果的・効率的な政策マネジメントはそもそも期待できない。

言い換えれば、明確な目的に即して適切な手段が設定されてこそ、効果的・効率的な政策マネジメントの可能性が開かれる。仮に目的が明確であったとしても、ときに手続・規則の過剰な遵守を求められるがために杓子定規なお役所主義的対応となったり、あるいは、組織の存続や予算の確保など組織利益を優先させて無駄な事業を存続させたりすることがある。こうした硬直化した行政運営が続けば、やがて目的と手段の転倒と呼ばれるべき事態に陥ってしまうだろう。そうした事態に陥らないようにするためには、そもそもの目的設定が妥当かどうか、それに対する手段の設定が適切かどうか、不断のチェックが不可欠である。

第2に、政策の構成要素がどのような表示文書でどの程度示されるかは政策領域によって大きく異なる。人々に義務を課しその権利を制限する規制行政の場合には、④⑤などを明細に定めた法令に依存することになろうが、予算にはそれほど大きく左右されないだろう。これに対して、資金交付行政・建設行政・施設運営行政などのサービス行政については、事業費なしに進展を図ることが難しいことから、法令とともに、あるいは、それ以上に計画や予算に大きく依存することになるだろう。

2　政策形成のモデル①～政策循環モデルpolicy cycle model

次に、政策形成に着目した対極的な2つのモデルを紹介したい。

政策形成とは、時間軸にそって政策について考えることを意味する。政策形成を何らかの特徴に基づいて区分される、段階を追って進行すると捉える議論を政策段階論という。なかでも、政策循環モデルとは、政策を生命体のライフ・サイクルになぞらえ、その生い立ちから終焉までのライフ・ステージごとの特質に着目した議論である（図3－1）。

ライフ・ステージの区分は様々に考えられるが、ここでは、①課題設定（agenda setting）、②政策立案（policy making）、③政策決定（policy decision）、④政策実施（policy implementation）、⑤政策評価（policy evaluation）の5段階に整理する。

このモデルが示唆するのは、焦点となる場や手続、そこで中心的な役割を果たす主体（政策アクターという）は、時系列的に構成される各段階に応じて異なり、それぞれの段階で意思決定が積み重ねられるということである。

(1) 課題設定段階

まず、課題設定段階では、あるイシューが政府（国ないし自治体）により取り上げ対応されるべき課題かどうかを見極めるという意思決定がなされる。この点を通過しなければ政策形成の手続に入らないという意味で、ゲート・キーピング（門番）機能を果たす段階である。

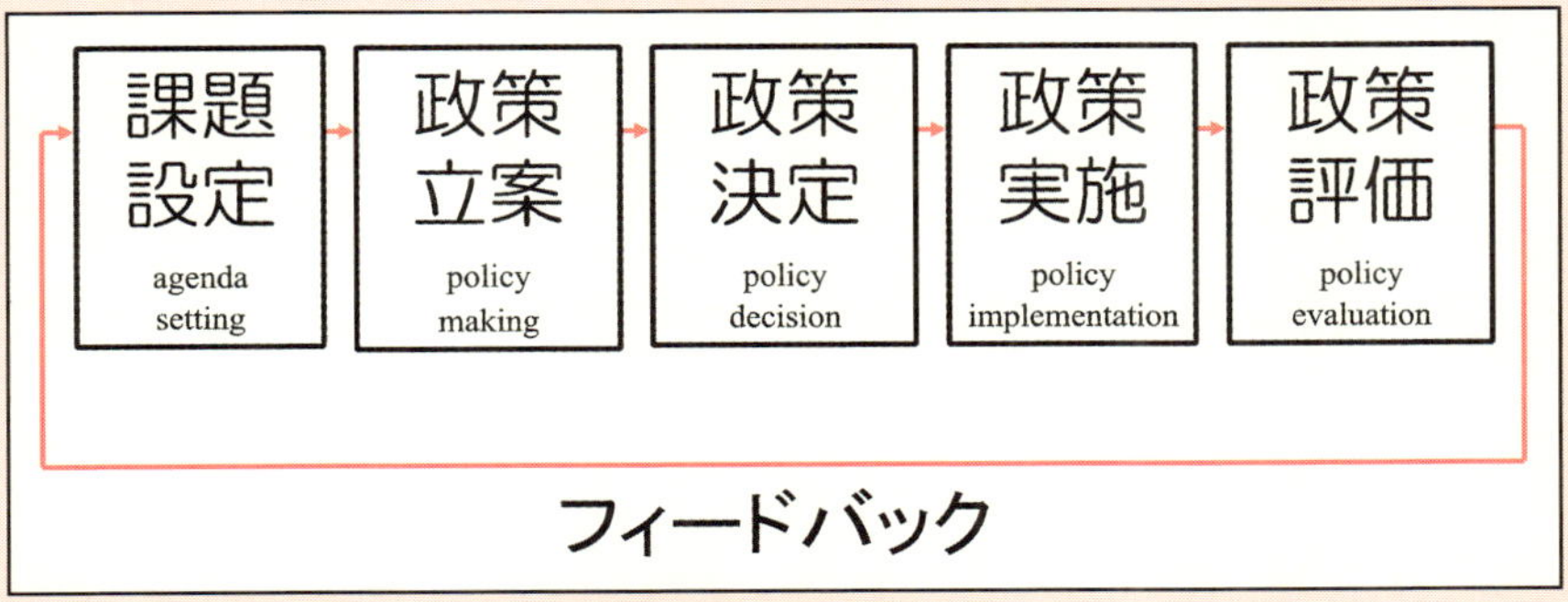

図3－1　政策循環モデルによる政策形成の段階的把握

一般に課題と考えられても、個人の判断で私的に対処すべきだと了解されるものについては、公共政策の対象たりえないので、政府が関与する領域外として門前払いされるだろう（例えば、どのような服装や髪型を選ぶか）。しかし、個人の判断に委ねられていても公共性を有する課題（例えば、空き家の放置による近隣への影響）や集合的なコンセンサス形成を要する課題（例えば、災害時の要援護者の名簿等個人情報の取扱い：統一感のある街並景観の保全・形成）に関しては、公共政策による課題解決を要するケースとなる可能性がある。

なお、この段階は、課題設定の仕方いかんが以降の各段階に影響を及ぼし、いわばその政策の〝発育状態〟を左右することになることから、「前決定」と呼ばれることもある。

課題の内容に応じて、この段階に関わるアクターは変化する。例えば、社会的に大きな影響があるがゆえに注目度の高い争点については、一般国民・住民を巻き込んで耳目を集めることになるだろう。世論の後押しで課題設定が促されることもあれば、その逆に政府が扱うべき課題から外すべきだという反対運動が展開されることもあり得る。専門性が高く複雑な内容をもつ争点の場合であれば、専門家による判断が政策課題と認定される上で重視されることになるだろう。

(2) 政策立案段階

次に、政策立案段階では、選択された課題を受けて政策案として目的・手段関係の明細をつめ、確定する作業がなされる段階である。一般に、行政が

5　政策循環モデルについては、大森彌「政策」日本政治学会編『年報政治学　政治学の基礎概念』岩波書店一九八一年、一三〇－一四二頁参照。

中心的な主体となる局面ではあるが、その過程では住民参加手続を踏んだり、専門家の判断を仰ぐことが求められたりする。なお、住民参加については、現場主義と関連づけて第6節で詳細を論じたい。

(3) 政策決定段階

政策決定段階は、立案された政策案を公式的にオーソライズする段階である。自治体政策であれば、住民の代表である首長の判断や議会による議決という手続を経てなされる局面である。

ただし、課題設定や政策立案の段階から政策決定段階へ移行する過程では、さまざまな政治力学が作用する可能性がある。その特徴を、政策からえる便益とコストの関係で捉えたのが、図3－2である。[6]

便益をえる対象が特定者に集中し、かつコスト負担も特定者に集中している場合には、それぞれ組織化された利益集団間の対抗関係のなかでの交渉や調整によって政策が決定されることになる（利益集団政治）。その逆に、便益もコスト負担も分散している場合には、賛成・反対を問わず誰もがさほど関心を払わない状態にあるので、推進すべき政策について国民・住民一般にしっかりと周知し、関心を高めることを通じて、支持を調達するような多数派形成を要することになる（多数派政治）。

他方、コスト負担が広く分散している場合には、国民・住民一般にはコスト負担感があまり感じられないため、特定の便益をえる集団（顧客）が優位なうちに政策を決定しやすい（顧客政治）。これに対して、広く便益を提供する政策であってもその便益が、政策を推進するインセンティブになるには乏

		コスト	
		集中	分散
便益	集中	利益集団政治 Interest-group politics	顧客政治 Client politics
	分散	企業家政治 Entrepreneurial politics	多数派政治 Majoritarian politics

図3－2　コスト便益関係と政治

（出典）James Q. Wilson, *Bureaucracy*, Basics Books, 1989, pp.75-79による。

6　James Q. Wilson, *Bureaucracy*, Basics Books, 1989, pp.75-79.

しく、特定者にコスト負担が集中する場合には、コスト負担者から強力な抵抗を招くことになる。そうなると、政策企業力を有するアクターの存在なくしては政策決定は困難といえる（企業家政治）。要するに、どのような政治力学が働くかをあらかじめ見込んで課題設定や政策立案を行わなければならないということでもある。

(4) 政策実施段階

さて、政策実施段階は、決定を見た政策を寸分も違わず粛々と執行する段階だ、あるいはそうあるべきだと捉えがちである。政策を単純に実行に移すにとどまらず、裁量行使に彩られた意思決定プロセスであることは、プレスマン＝ウィルダフスキーによる研究を嚆矢とするインプリメンテーション（実施）研究の蓄積が示すところである。[7]政策実施段階においても政策マネジメントは重要な意味を持つことをあらためて述べておきたい。

(5) 政策評価段階

そして、政策評価段階は、政策を評価し、その結果から当該政策を維持すべきか、修正すべきか、廃止すべきか、あるいはまったく新規の政策に置き換えるべきか、判断材料となる情報を政策循環の振り出しである課題設定段階へとフィードバックするループへとつなげる。

7　Jeffrey Pressman and Aaron Wildavsky, Implementation, University of California Press, 1973.

3 政策形成のモデル②～ゴミ缶モデルgarbage can model

〝予期せぬ〟という点に着目すると、ゴミ缶モデルという組織における意思決定に関するモデルがある。誰（「意思決定者」）がいつどこで（「機会」）いかなる「問題」についてどのような「解決策」を見出すのかは、必ずしも論理整合的に把握できるものではなく、様々な組み合わせがあるなかで、ゴミ缶のなかからたまたま拾い上げられたときのワン・セットにすぎないというように、偶然性を強調する捉え方である[8]（図３－３）。

例えば、ある問題p1には最適な解決策s1をもって対応すべきであり、つつがなくこの決定を得るにはc1という場でこの分野に精通した有力な政治リーダーd1がリーダーシップを発揮してコンセンサス形成を図る、などといった理路整然としたシナリオで描かれるようなものではないということである。お役所主義的な硬直化した手続きはもちろんのこと、リーダーシップや駆け引き、周到な戦略や根回し、情熱や知恵の傾注なども、純粋に考えるとこのモデルとは一切無縁である。

しかしながら、現実の政策マネジメントがそこまで偶然によって支配されるものかといえば、そうではないだろう。

例えば、キングドン（J. Kingdon）は、ゴミ缶モデルによって政策決定に至る瞬間を、「政策の窓」が開くと表現するが、「政策の窓」が開く際にはいくつかの要因が作用するとする。その一つとしてキングドンの挙げるのが政策企業家policy entrepreneurの存在である。政策企業家とは、その資質とし

8　ゴミ缶モデルについては、J・マーチ＝J・オルセン（遠田雄志訳）『やわらかな制度』日刊工業新聞社、１９９４年参照。

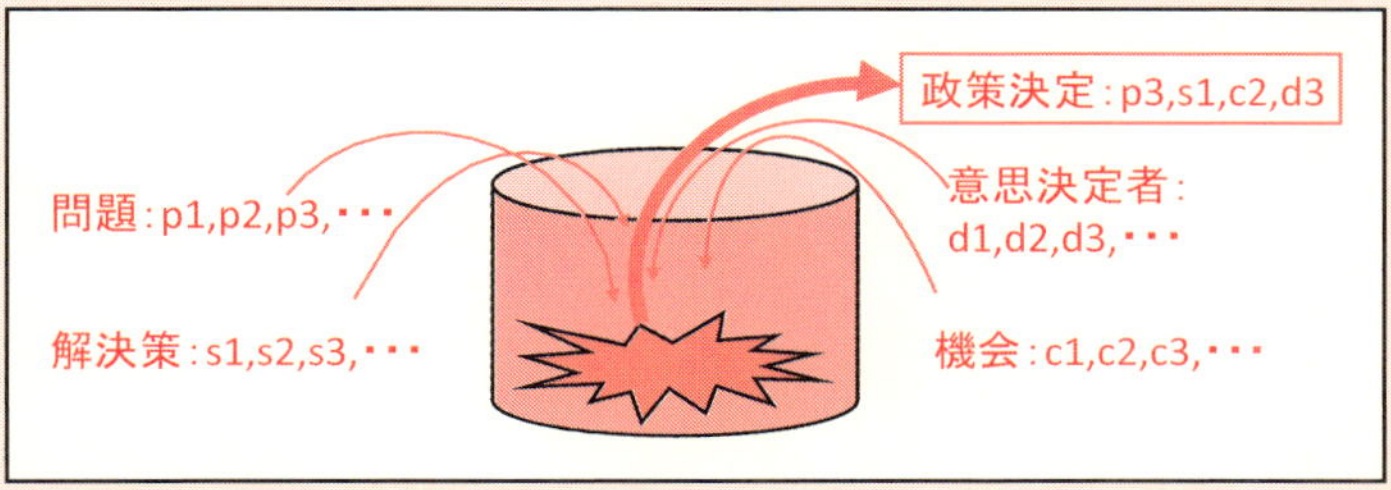

図３－３　ゴミ缶モデルの意思決定（イメージ）

て、有力なポジションにあって重要な機会に関わったり、また、そうするだけのコネクションや交渉技術などのリソースをあわせ持ったりしていること、そして、もっとも重視されるものとして、たゆまぬ持続力（ある政策を成し遂げようとする強い信念と意志）があること、を挙げている。[9] 政治的信念を持った有力政治家はもちろんのこと、キー・パーソンたりうる地位にあって真摯に課題解決にあたろうとする自治体職員もまた、キングドンのいう政策企業家候補といえるだろう。

(1) 政策の創発と予定調和の打破

さて、ゴミ缶モデルは、政策の創発を考えるときには興味深いモデルといえる。

創発emergence or emergent propertyとは、単純な総和以上の性質が出現することを意味することばである。わかりやすくいえば、「三人寄れば文殊の知恵」である。人口減少社会ということはすなわち、「頭数」が減少するということである。だとすれば、「文殊の知恵」方式でプラスアルファを生み出し、「頭数」の減少を補い、あるいはそれを超える効果を生み出せばよいといえよう。

ただし、創発効果の発揮は、政策マネジメントの大きな課題であるが、現実には容易ではないのも確かである。

創発を抑制する要因としては、例えば、先述の法令による義務付け・枠付けなど、地方分権改革により対処すべき集権的な制度上の制約のほかに、自治体自らが陥りやすい一種の自縄自縛である「予定調和」志向などといった

9　拙稿「利益、公共精神とシステム改革」『季刊行政管理研究』No. 99、2002年9月25日、7頁。

心理的な制約が指摘できる。

「行政革命」を掲げ、ＮＰＭ（ニュー・パブリック・マネジメント）概念を自治体経営の実践の世界に流通させた北川正恭元三重県知事は、旧来型の行政の姿勢に言及するとき、「予定調和」という言葉をその著書のなかで繰り返し用いている。[10] 北川ならずとも、行政の意思決定に立ち会えば、そこでは「予定調和」という磁力がいかに強く作用しているかを感じることだろう。あらかじめ見定めた落とし所から段取りを逆算しようという、「予定調和」の図式が支配的となれば、創発の余地は極端に狭められてしまう。「予定調和」の磁力から自治体経営を解き放つには、自治体行政の内側と外側の双方からの揺さぶりが求められる。

まず、行政内部についていえば、意思決定過程の組み換えを行うことが考えられる。公式的な事案決定手続きに従った意思決定は、しばしば「予定調和」に陥りやすい。そこで、通常の縦のラインによる事案決定手続きのみならず、多様な意思決定のプロセスを意図的に交錯させようと工夫がなされたりする。

通常の組織間の事務分掌や事案決定手続き、庁議を頂点とした意思決定方式などが行政の世界における〝日常〟であるとするならば、例えば、総合計画策定などに際してなされるように、アド・ホックな策定本部等を設けて通常業務とは異なる体制をとったり、庁内公募方式で職員を集めたプロジェクト・チームや若手中心のワーキング・グループを結成するなど、既存の組織や階層の枠を超えた弾力的な組織を設置したりして、〝非日常〟を演出する。こうした組織編成は、政策情報の創発を促す仕掛けと捉えることもできるだ

10　北川正恭『生活者起点の「行政革命」』ぎょうせい、２００４年。

ろう。

ただし、〝日常〟の慣性は強力である。策定本部・幹事会・作業部会などを設置しても、従来通りの役職序列や組織階層を引きうつした体制になりがちである。通常の事案決定手続きと差別化が図られているとはいいがたく、屋上屋を重ねただけはないかという批判を耳にすることも少なくないだろう。また、プロジェクト・チームなども通常の意思決定過程に接続されてしまえば、単なるガス抜きの場にしかならず、〝日常〟の秩序に容易に絡めとられてしまう。こうなるとかえって〝日常〟の追認を強力に推進する体制に反転しかねず、「予定調和」をもってよしとするマインドがますます職員に刷り込まれてしまう恐れすらある。

そこで行政の外部から、すなわち住民参加により「予定調和」に揺さぶりをかけることが考えられる。この点については第6節で検討したい。

以上からいえることとは、創発をねらいとした政策マネジメントの作法としては、「予定調和」に陥らせず、かといって政策形成をハンドリングできないまでに「逸脱」させたりはしない程度での「遊び」が必要だということである。政策マネジメントにおける「遊び」を、次節で政策イノベーションという観点から考えてみたい。

第3節

政策イノベーションと創造的模倣

1 政策イノベーションは創造的破壊か

イノベーションは、その概念を基軸に据えて経済発展理論を展開したシュンペーターにならって、創造的破壊と表現されることがある。

これを自治体行政に当てはめるならば、トップ・ダウン型の首長が新規施策をマニフェストに掲げて颯爽と登場し、既存の政策を抜本的に改めたり新たな着想を具体化させたりすべく、抵抗勢力を排除しつつ、強力なリーダーシップでぐいぐいと実現させていく、そうしたイメージを思い浮かべがちではないだろうか。近年そうしたタイプの首長も少なからず存在し、また、住民側にもこうした創造的破壊型イノベーションに対する待望論が根強くあるのも確かだろう。

トップ・ダウン型リーダーならずとも、自らが打ち出す政策の新規性・創造性をことさらに誇示したくなるのは人情であろう。住民や議会、さらにメディアに訴求する上でもイノベーションとしてPRすることは重要な技法でもある。

あるいは、現場で突きつけられた喫緊の課題に対してあれこれと試行錯誤し鋭意検討が重ねられていくなかで、思わぬ拍子にブレークスルーをもたらす政策アイディアが提起される（ゴミ缶モデルでいえば「政策の窓」が開く）、そういったストーリーを描くことも可能だろう。

(1) 政策開発のコストへの着目

自治体イノベーションを、政策形成における政策開発に伴うコスト（負担）との関係で類型化を試みた議論に照らして考えてみたい。

政策にまつわるコストといえば、ふつうは政策実施に必要とする予算支出を思い浮かべるかもしれない。実は政策実施に伴う予算支出のみならず、政策の立案や開発に際しても、金銭的な費用負担はもちろん、時間的、心理的なものを含めてさまざまなコストを要する。ここでは政策開発に要するコストを、政策立案のコストと、政策転換のコストとの2つの要素に分解して捉える。[11] その関係を示したのが、表3－1である。

表3－1の4つの類型のうち、政策立案も政策転換もいずれのコストも高くつく「研究開発」が、創造的破壊と呼ぶかどうかは別として、もっとも純粋な意味で新規性・創造性に富んだイノベーションに近いといえるだろう。

この類型に純粋に当てはまる政策はどれほどあるといえるのかの判断は難しい。イノベーションというよりは単なる思いつきであったり、トップや一部担当者の独断的・独善的な〝暴走〟に過ぎなかったりして、仮に政策として決定され実施されたとしても、はかばかしい成果を挙げないまま立ち消えになるケースも少なくはない。〝思いつき〟か〝暴走〟か、それともイノベーションなのかの判断は結局のところ後知恵である。しかも、時点に応じて評価も変わりうる。実際には強力なリーダーにより打ち上げられようが、緻密

11 西尾前掲書263頁。なお、拙稿「現場主義と自治体経営(2)」『月刊自治フォーラム』2011年2月号、64頁以下参照。

表3－1　政策開発のコスト

		政策転換のコスト	
		小さい（現行業務の実施方法）	大きい（新規政策）
政策立案のコスト	小さい	微修正	模倣
	大きい	転用	研究開発

（出典）西尾勝『行政学〔新版〕』有斐閣、2001年、263頁

な検討の上成案を得ようが、それら改革や新規政策の少なからずは実現を阻まれたり完膚なきまでに改変されたりするのが現実である。

そして、新規さをどの程度厳密に解釈するかによっては、「研究開発」の類型自体が著しく狭められてしまうことにも留意が必要だろう。自治体の〝独自条例〟から出発し、他自治体への波及とともに国法制定にまでつながったものとして、例えば、国に先駆けて一部の自治体で導入され普及した情報公開制度についていえば、確かに国内では新規であったとしても、先進諸国を見渡せばむしろかなりの程度一般に定着した手続であったし、むしろ導入が遅きに失したといえなくもない。また、その他の政策条例などについても、国内では新規性があったとしても他国にその手本を求めることが可能だという点まで参照先を拡張すれば、厳密には「研究開発」というよりは「模倣」的な色彩が濃いといえるだろう（例えば、神奈川県受動喫煙防止条例など）。

(2) 政策イノベーションをどう捉えるか

「研究開発」は政策転換、政策立案いずれにしてもコストが高くつくという点で最後の手段と考えるべきであろう。それだけに真の「研究開発」により生み出された政策は高く評価されるべきである。しかしながら、逆に新規性が乏しいからといってそれを事由に評価が低められるわけでもない。

自治体政策形成において重視されるべきなのは、純粋なイノベーションであるかどうかよりも、それが住民の福祉の向上に結びつく政策や活動であるかどうか、具体的な課題解決に資するかどうか、そして、効果・効率性という観点から適切なコストの投入であるか、などといった点であろう。例えば、全国初の自治基本条例であるニセコ町まちづくり基本条例についていえば、全国初ということでの意義は認められるとしても、情報公開や住民参加の取り組みを着実にこなしたうえで体系的に取りまとめられた条例であることこそが評価されるべきといえる。逆に、制定にまで至らない先行条例案が多々あったことや、そもそもアイディアの源泉としてアメリカ等の自治体のチャーターがあることをもって、その価値が下がるわけでもないのである。

もちろん、イノベーションはそれ自体、組織活力のバロメーターでありうる。イノベーティブな活動を許容したり、それに従事することが組織成員のモチベーションや活力を高め、ひいてはよき住民サービスへと導いたりすることにもなる。ただし、それは政策の評価とは別次元である。いずれにせよ、闇雲にイノベーションを求めるべきでもなければ、過小評価されるべきでもないのである。

2 政策の遷移と創造的模倣

(1) 政策の遷移と政策イノベーション

次に、政策イノベーションを、政策空間の飽和化現象という観点から考えてみたい[12]。政策空間の飽和化現象とは、政府の活動領域が拡大し、社会への関与の度合いが高まるにつれて、法制度等をはじめとして政策の蓄積が顕著に増し、そのため新規政策の立案余地が乏しくなっている状態を指す。行政

12 山口二郎『大蔵官僚支配の終焉』岩波書店、１９８７年、98頁以下参照。

13 Brian W. Hogwood and B. Guy Peters, *Policy Dynamics*, Harvester Wheatsheaf, 1983.

の役割が飛躍的に高まった20世紀型の国家を行政国家と呼ぶが、こういった行政国家現象の進展を政策という視点から捉えたものといえるだろう。

したがって、飽和化した政策空間では、一見新規に見える政策の提案も、実は全くの新規政策の創出というよりは、既存の政策に何らかの変更が加えられるかたちで成立するという、政策の遷移（policy succession）であることが通例となる。[13] 図３－４は、新規政策の創出である刷新、現状維持である継続、政策の完了を意味する終結とともに、遷移の基本形として、①直線的な置換、②統合、③分割、④部分的な置換、を示したものである。これらの複合形態を含めて、遷移は多様な表現型が考えられるだろう。なお、先述の「研究開発」をはじめ政策イノベーションと称されるものの大部分は、ここでいう政策の遷移に属するといえることも付け加えておこう。

21世紀に入り行政国家の最盛期を経た現在、稠密化・飽和化した政策空間を再編する、すなわち既存の政策の組み替えが主要な課題となるシステム改革の時代にあるといえる。[14] この点で、ますます政策の遷移を念頭に置いた政策マネジメントが必要であろう。

(2) 創造的模倣としての相互参照

政策の遷移とは、単なる継続（現状維持）にとどまらないが、まったくの想定外といってよい刷新とも異なる、いわば中間的な状態といえる。厳密な意味ではイノベーションではないかもしれないが、しかし、政策の実践のなかでは創造的模倣ともいうべき意義をもつことを指摘したい。比較的近年の主要な実証研究である、伊藤修一郎の業績を手がかりに考えてみよう。[15]

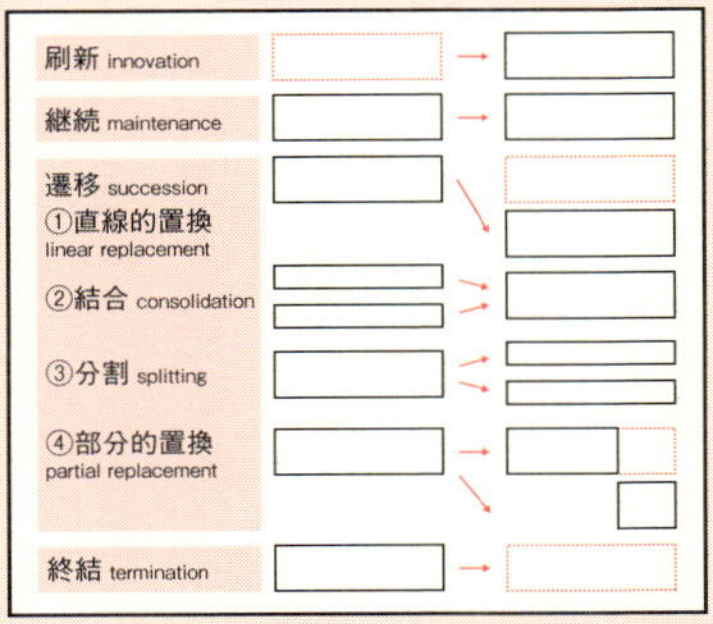

図３－４　政策のダイナミズムの諸類型
（出典）Hogwood and B. Guy Peters, *Policy Dynamics*, Harvester Wheatsheaf, 1983による。

14　拙稿前掲「利益、公共精神とシステム改革」参照。

15　伊藤修一郎『自治体発の政策革新』木鐸社、２００６年。

同書は政策波及policy diffusion研究の系譜に属するものであり、自治体による景観条例制定が全国に波及し、やがて景観法制定へという国の政策転換に結実したプロセスとその政策内容に着目して丹念に分析を加えた労作である。

伊藤は、「自治体発の政策革新（policy innovation）とは、自治体が地域の課題に自律的に取り組み、その解決策として新たな政策を策定し、採用し、実施すること又はその政策自体を意味する」[16]とする。同書では個別自治体の政策採用・開発のみならず、自治体間の相互作用に着目するところに新機軸がある。そしてその際に、相互参照、すなわち、「自治体が政策決定に際して他の自治体の動向を参考にする行動」を中心概念として論じる。相互参照を通じて政策手段の多様化と淘汰が起こり、これらの積み重ねの上で自治体総体として政策革新につながることを強調するのである。

また、伊藤は、相互参照は後続自治体のためのみならず、先行自治体にとっても、例えば先行者の政策採用を促す効果を持つなどの意味があると指摘する点も重要である。

ちなみに筆者は、ある取り組みをした自治体を対象にヒアリング調査を行うときには必ず、他のどのような自治体にこれまで視察に行ったか、その際、どのような点を中心に尋ねたか、どのような点が参考になったか、また、逆にどのような他自治体が視察に訪れたか、そしてどのような点を質問されたか、を担当職員に尋ねることにしている。まさに相互参照の具体及びその影響を浮き彫りにし、そしてあわよくば自治体の実務家はいかなる発想で、どのような点に着眼するのかを知ろうとするがためである。そしてしばしば、先

16　伊藤前掲書26頁。

行自治体が後続自治体からの質問に気づきを得たり、後続自治体の政策立案動向を逆に探知して、将来の政策変更や修正に備えていることがうかがわれたりする。

さて、政策企業家による華麗な政策革新と違って地味かもしれないが、政策立案について低コストであること、改革の失敗可能性に関して低リスクであることなど、相互参照による政策革新の効用を伊藤は説き、モノマネとか横並びだと決めつける安易な批判を戒めている点は重要である。

ここで再び表３－１に立ち返ってみよう。「研究開発」はイノベーションにつながる政策開発の行動様式であることは疑うべくもないとしても、「模倣」もまた当該自治体にとって新規政策であることはもちろん、その積み重ねが自治体間の連鎖関係のなかで政策革新を生み出す契機となりうることに注意が払われるべきだろう。

伊藤は相互参照のタイプとして、[17]

- 「引き写し（copying）」：モデルとする政策をそのまま移転すること
- 「模倣プラスアルファ（emulation）」：先行政策と同じ目的の全く新しい政策をつくるのではなく、かといって全くの引き写しでもなく、先行政策の基本は踏襲しつつ、部分的に新工夫を加えること
- 「いいとこ取り（mixture）」：モデルを複数の先行者に求め、それぞれの政策から好都合な部分を移転して一つの政策とすること
- 「インスピレーション（inspiration）」：政策の発想のみをヒントとして、自前の政策手段で目的を実現すること

を挙げる。これらは模倣の類型でもあり、かつ、複数自治体間にまたがって

17　伊藤前掲書36頁。

の政策の遷移と捉えることができる。相互参照が単なる「引き写し」の連鎖でしかなければ、そこに何らイノベーティブな展開は認められないだろうが、他の相互参照の類型が政策波及の連鎖に組み込まれることで、総体として政策イノベーションにつながるというメカニズムがうかがえるのである。

(3) イノベーションありきではない

若き日のシュンペーターは、イノベーションを新結合Neue Kombinationと呼んだ。[18]彼はイノベーションを5つの要素からなるものとして捉えたが、自治体に置き換えていえば、①サービスや政策、②政策開発の手法、③新規行政需要の把握、④行政資源、⑤推進主体、ということになろう。まさしく自治体イノベーションはこれら要素の新たな組み合わせを提示するということである。その意味で創造的模倣というべきであって、決してゼロ・ベースから湧いてでてくるものではないのである。

また、「自治体」イノベーションであることからすれば、内発的な起点として住民を見据えたものであるかどうか、つまり、イノベーションのあり方や、何のためのイノベーションかといったことこそが問われるはずである。

18 シュムペーター（塩野谷祐一・中山伊知郎・東畑精一訳）『経済発展の理論（上）（下）』岩波文庫一九七七年。

第4節

根拠本位の政策形成とサービス提供戦略

1 人口減少時代に向けた根拠本位の政策形成

(1) 根拠本位の政策形成とは

根拠本位の政策形成evidence-based policymakingとは、文字どおり、政策形成にあたってその妥当性や有効性、効果・効率性を具体的・客観的な根拠付けをもって行うことである。政策マネジメントにおいて必須の要素といえる。

一例を挙げてみたい。自治体がサービス提供などを通じてその基本的な使命である住民の福祉の増進を果たすためには、その元手となる経営体としての資源の調達が必要となる。なかでも財源の重要性は指摘するまでもない。にもかかわらず、少なからぬ自治体では将来予測はおろか、現状把握やその情報開示が十分ではない状況が残念ながら見受けられる。

自治体の財源は多様であるが、ここでは税収について考えてみよう。人口減少による影響は、主要な自治体税源である固定資産税、法人住民税その他諸々の税収にも関わるが、とくに生産年齢人口の減少は住民税収減に直結することが予想される。

筆者は自治体から調査研究関係の業務を依頼されるときは原則として、年齢別課税対象者数、個人住民税納税額等に関する資料の提供をあらかじめ求めることにしている[19]。例えば、筆者が委員として参画した世田谷区基本構想審議会では、平成20年度及び23年度の年齢別区民税額（リーマン・ショックの影響を考慮してその前後）と平成33年度の同推計をグラフにプロットして審議会資料として用意してもらった例がある[20]。

こうした取り組みに先鞭を付けていた自治体が三鷹市である。三鷹市は総合計画策定にあたり、準備段階で設置された庁内プロジェクト・チームが人口推計を踏まえた市財政への影響をシミュレーションしている[21]。楽観ケース、悲観ケースなどでパターン化した個人市民税のシミュレーションを通じて「確かな政策論議」を行うべきだ、という同市総合計画担当（当時）の一條義治による指摘は重要である。

ここで言及した年齢別課税対象者数や個人住民税納税額といったデータはあくまでも一例にすぎないが、その気になれば比較的容易に入手できるデータは自治体内部に素材のまま眠っている。それらに手を加え、磨き上げた上で活用すれば、多くの有益な情報がえられる（例えば、先述の世田谷区のデータでは、景気動向次第で税収はかなり変動すること、リーマン・ショックにより30～50代の働き盛りの世代で3～5万円程度の落ち込みが確認されたこと、世田谷区という地域性もあって、課税対象者一人当たり課税額では70代の年金世代の方が30代半ばまでの若年世代よりも遥かに高水準にあることなど）。政策形成にあたって根拠本位の姿勢をどこまで貫くかが重要なのである。

19　拙稿「新しい管理職像の考察」『地方自治職員研修　臨時増刊号92』２００９年11月号（第42巻通巻５９５号）９－10頁参照。

20　世田谷区基本構想審議会ホームページ第2回会議資料7参照。

21　以下、三鷹市での取組みについては、一條義治『国際文化研修』２０１１年冬号、vol. 70、38頁：同『これからの総合計画』イマジン出版、２０１３年、第1部参照。なお、さらに一條は、「税収の変動が激しい税目は地方税に、安定的な税目は国税に」という国際標準ともいえる税源配分の原則に基づいた国・地方税財政制度改革論議が必要だとも指摘する。人口減少時代を見据えて自治体発での改革論議の提起に踏み込んだ姿勢は高く評価されるべきだろう。

2 行政需要とサービス提供戦略

上述のような根拠付けがしっかりあってこそ、自治体政策マネジメントの戦略がはじめて成り立つ。この点を、サービス提供戦略に関わる政策マネジメントに関連づけてみよう。

住民が自治体に求めるサービスを勘案しつつ行政需要と呼ぶならば、行政サービスの量や質は、一般に行政需要を勘案しつつ決定されると考えられる。したがって、行政需要の変化に対していかなる戦略をもって政策マネジメントを行うかが行政サービス再編においては重要な意味を持つ。[22]

(1) 行政需要の複合的構造

第1に、行政需要は複合的な構造をもつことを考慮しなければならない。人口増加社会から人口減少社会への移行は、一人当たりの需要が一定であると仮定すれば、社会経済的な総需要の増大局面から減少局面への転換を意味する。行政需要についても同様のことがいえるであろう。

しかしながら、行政総需要は減少局面にむかうとしても、個別行政サービスごとにみれば、減少の程度も異なれば、むしろ需要が増大局面を迎えるものもでてこよう。例えば、世代別人口でみると、生産年齢人口は減少していても、少子化により年少人口の減少はそれを上回って著しいわけであり、それに応じた行政需要の減少が見込まれることになる。これに対して、高齢者層、とりわけ後期高齢者の需要は当面拡大局面にあると推計される。また、地

22 以下の記述については、拙稿「『人口減少』を踏まえた自治体組織・行政サービス」『月刊ガバナンス』2013年6月号、17頁以下参照。

域別に見れば、東京など大都市部ではこれからが高齢者人口の急増にともなう行政需要の急拡大が懸念される一方で、すでに高齢化のピークに達した農山漁村部等では地域全体の行政総需要は急減しつつも、高齢者層に限っていえばすでに縮減後の安定期に入った地域もある。

(2) 行政需要の変化に対する選択的戦略形成

次に、行政需要の変化に対して行政サービスを拡充すべきか縮減すべきか、選択的な対応が求められる点を指摘したい。それぞれの取り組みを拡充戦略と縮減戦略と呼ぼう。

一般に、行政需要が増大する局面では、需要の増大に見合うだけの行政サービスの供給の拡充を目指し、充足させる拡充戦略に力点が置かれることになろう。戦後以来人口増加が続くなか、とくに自然増収に支えられた高度成長期やバブル経済期には、社会資本整備を主軸に、拡充戦略に基づく行政サービスの拡充が大胆に進められてきた例として記憶されているだろう。

逆に、行政需要が減少する局面では、需要の減少にあわせて過剰な行政サービスの供給を制御し、減少分に見合うサービス供給の削減等により適正な水準の確保を目指す縮減戦略が基調となるだろう。

上記は、いずれも行政需要の増減に連動させる取り組みであるが、表3－2にあるように、ほかの対応策も選択肢として考える必要がある。

まず、行政需要は増大していても、縮減戦略をとる沈静化のケースである。すなわち、行政需要の増大にそのまま対応するのではなく、抑制を図ることで行政サービスの膨張に歯止めをかけるものである。行政需要が増大する局

表3－2　行政需要の変化と自治体のサービス供給戦略

	拡充戦略	縮減戦略
需要増大	充足化 需要の増大に見合うだけの行政サービスの供給の拡充を目指し、充足させる	沈静化 需要の増大のままに対応せず、抑制を図ることで行政サービスの膨張に歯止めをかける
需要減少	活性化 需要の減少に関わらず十分な行政サービスの供給を行い、活性化を図る	適正化 需要の減少にあわせて過剰な行政サービスの供給を制御し、適正な水準を維持する

面で、あまりに急激な伸びのためにサービス供給が追いつかなかない場合や、需要量が膨大なボリュームで顕在化したり、求められる質的な水準の確保がままならなかったりすることが予想される場合、あるいは、政策間のプライオリティが劣後したり予算等の制約があったりする場合など、さしあたって沈静化の選択を余儀なくされることがあろう。

沈静化の方策として、⑴予防策（例えば、身体運動等の介護予防を徹底することによる介護費用の抑制など）、⑵民間活用策（例えば、助成・振興による民間主体によるサービス供給や施設整備などによる代替供給）、⑶価格操作による経済的ディスインセンティブ策（例えば、医療費の自己負担増などによる受診抑制）などが考えられる。[23]ただし、これらの方策は、行政サービス需給の逼迫や欠乏を回避する手段ではあっても、必ずしも問題の根本的解決につながるとは限らないことにも留意しなければならない（例えば、要介護者や患者には適切なサービスの提供が必要であり、適正な水準に満たないところまでサービス受給を抑制すれば、身体機能の低下や健康状態の悪化をいっそう招き、かえって問題を大きくする恐れすらある）。

他方、行政需要は減少していてもあえて充分な行政サービスの供給を行う拡充戦略をとり、活性化を図る方策も考えられる。

例えば、図３－５は自治体の財政支出（目的別歳出など）の推移（基準年を１００とする）で自治体の戦略をイメージしたものである。

昨今の経済状況や高齢化を反映して、例えば、民生費、とりわけ生活保護費の支出が最近10数年で急激な伸びを示している（ケースＡ）。これは、人口総体は減少していても、受給資格者が増えていることによるものであり、先

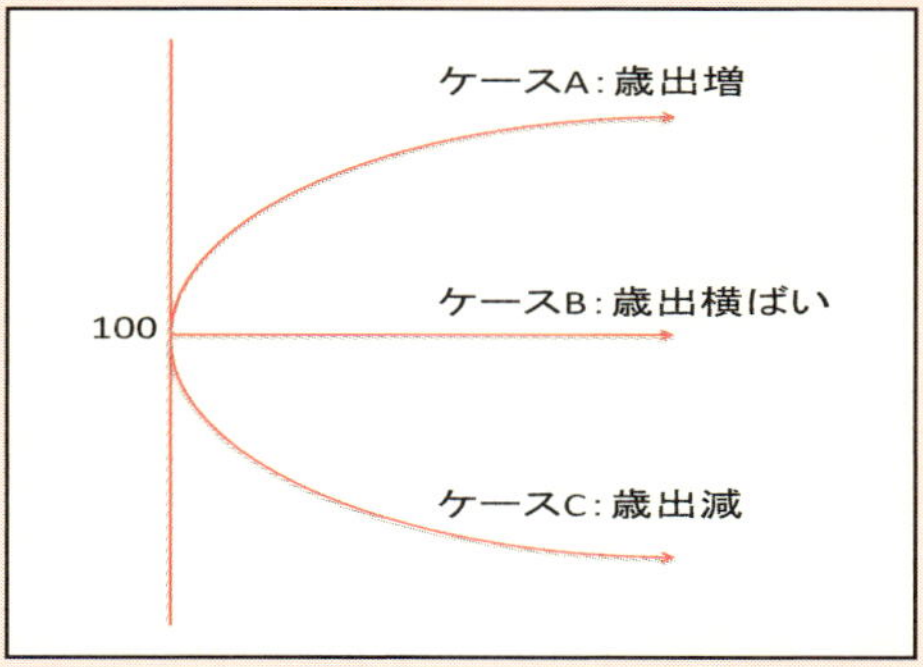

図３－５　自治体財政における財政支出の推移のケース（イメージ図）

23　西尾前掲書２８８頁以下による行政需要の制御の議論を参照。

に述べた充足化に相当するといえよう。

これに対して、教育費（学校教育関係）については、自治体ごとに対応が分かれる。児童・学生数の減少にあわせて教育費が低減していくケースもあれば（ケースC）、児童・学生数は減少していても、むしろだからこそ地域での人づくりに力を入れ、教育費に重点を置く活性化方策をとるケースも十分考えられる（ケースA）。

ただし、活性化方策について留意すべきことは、効果・効率性を無視して需要減少局面にある領域に過剰な投資がなされてしまう可能性があることである。先に見た適正化方策は、いわば実需に見合った縮小均衡に導く取り組みであるが、それは一面では撤退を意味することから政治的に受容されず、むしろ凝集した既得権益者による利益政治の結果として活性化方策がずるずると続いている可能性もある（図3－2の顧客政治ではとくに起こりやすいといえよう）。バブル崩壊後も軌道修正を図ることなく続けられたリゾート開発、あるいは無駄な公共事業など、活性化方策によってかえって地域が疲弊してしまった例は枚挙に暇がないことをあらためて想起すべきだろう。活性化方策を選択するときには、他の方策以上に、効果・効率性の綿密な検証が不可欠なのである。

3　混合戦略策定のマネジメント体制の確立

以上のように、自治体の戦略は、複合的（＝行政需要は増大・減少等多様な傾向・状態にあること）かつ包括的（＝行政需要に対する行政サービスは多岐の分野にわたること）であると同時に、必然的に混合的（＝多様な分野にわたる行政サービスに拡充・縮減双方の戦略を組み合わせた対応が求められること）なものとなる。

こうした混合戦略に基づくサービス提供が必要になることから逆算すると、一つ一つの政策・施策・事業ごとの情報（政策情報）は、戦略立案に必要なデータ・セット（個別事業の目的、目標、予算、人員、事業対象等）として、適切に構造化されたフォームにより一覧化し分類するという〝見える化〟がなされていなければ、有機的に政策等を結びつけたサービス提供に関する戦略立案は不可能であろう。すでに述べたように、政策企業力を発揮する上で既存政策等のオーバーホール（点検＝解体修理）と再構築に注力すべきゆえんである。

第5節

現場実践と政策開発のインセンティブ

1 現場主義の政策マネジメント

(1) 現場主義とは

現場主義とは、「現場でさまざまな事態に直面し、悩むなかから考え抜き、そこから得た知恵や理屈や経験を自治体経営の方法論へと昇華させつつ、試行錯誤を経ながらより洗練された実践につなげる行動様式」[24]と捉えたい。通念的な現場第一あるいは現場重視としていわれる、現場での実践段階（フロント）のみに着目するのではなくて、現場での個人的体験から得られた成果を職場で共有すること（ミドル）、さらには全庁的な自治体経営の視点と突き合わせそこに反映させるまで（バック）の一連の流れをすべて含めて指すものである。[25]この一連の流れのなかに現場実践を位置づけて考えることとしたい（図3－6）。

この現場主義の流れからは、自治体職員に求められる役割・能力の要素として、①現場実践力（フロント）、②職場コミュニケーション力（ミドル）、③政策企業力（バック）が抽出される。

なかでも政策企業力についてあらためてこの文脈で考えておきたい。この

24　拙稿「総合計画に基づく政策マネジメントの射程⑵」『月刊自治フォーラム』2010年8月号、56頁。

25　この点については、拙稿「経営改革における管理職のリーダーシップ」『月刊ガバナンス』2012年5月号（133号）参照。

ことばはすでに言及したキングドンの政策企業家policy entrepreneurをヒントとしたものである。ここで政策企業力とは、政策の企画はもちろんのこと、企画して練り上げた案を実践へと具体化するためにあらゆる努力を傾注しようという意思の強さを込めたことばである。〝カリスマ職員〟〝スーパー公務員〟として全国的に固有名詞で語られてきた自治体職員などは、政策企業力に秀でた人々といってよいだろう。

〝全国一律〟の地方分権改革が一段落つき、提案募集方式や手挙げ方式が新たに導入されたなかで、現場実践に根ざし、自治体経営の枠を超えた政策企業力の発揮がますます重視される。

(2) 現場主義の流れとリーダーシップの流れ

さて、自治体経営は、この現場主義の流れとともに、それと対をなすリーダーシップの流れと結びついたかたちでそのイメージを完結させることができる。

よきリーダーシップは、優れたリーダーの存在とともに、それにもましてよきフォロワーの存在が不可欠である。図３－６中では例示的に「ビジョン」と表示してあるが、これは首長が発する選挙公約や議会での所信表明、庁議での発意、部下への職務命令などのかたちをとることもあれば、住民参加などを交えてまとめあげた総合計画をはじめとした各種計画などの形式をとることもあるだろう。ミドル・マネジメントによるよきフォロワーシップとは、首長をはじめとするトップ・マネジメントが発するこれらメッセージを、組織構成員である職員が適切に受け止められるようにそれぞれの持ち場に応じ

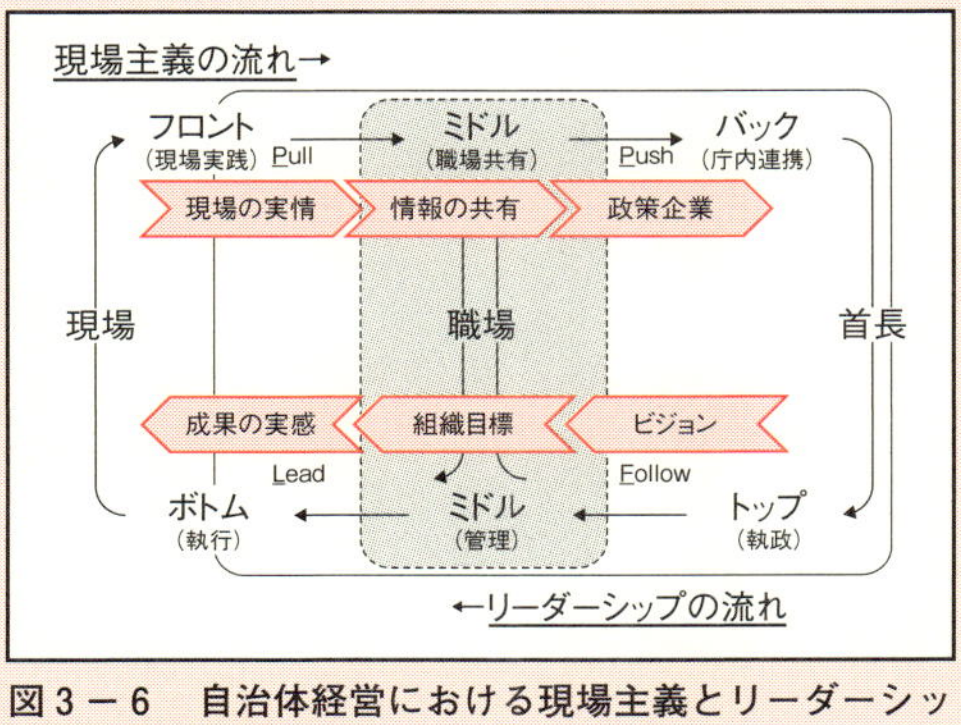

図３－６　自治体経営における現場主義とリーダーシップの流れ

たかたちで伝達することである。これは職場の長である管理職の重要な役割である。

例えば、図３－６に示したように、トップから示されたビジョンを各職場に即した組織目標として見える化を図ることが挙げられる。その際には、トップの意向のフォローはもちろんのこと、それのみならず、職場でのこれまでの業務遂行のあり方との接合、既存の業務のあり方の見直し、職場を構成する職員からの発意と了解といったさまざまな要素を取り込み、実質的な意味で職場のなかで共有されるものとして練り上げられなければならない。

加えて、職場の長である管理職は、組織目標を踏まえて職員個々が個人目標を適切に設定するように指導することを通じて、個人目標に基づく職務遂行をマネジする必要がある（目標管理）。地方公務員法が改正され、いよいよ地方公務員についても人事評価制度が導入されることとなったが、これにより発揮した能力及び挙げた業績に基づく人事管理が本格化される。業績評価として目標管理手法を採用し、組織目標・個人目標の設定とその運用を図るチャンスである。

目標管理手法は、任用・給与・人材育成等に資するための人事マネジメントのツールであるが、それと同時に組織運営のツールとして、上司・部下間のみならず職員間のコミュニケーションの基盤をなすことを意識した活用が求められる。

例えば、人事評価の面談等を公式的に位置づけることを通じて、職場内のコミュニケーションの機会を確保し、組織目標・個人目標の設定とそれに基づく評価を行うことで、職員が自らの仕事の振り返りの機会とすることが求められる。目標管理によって「業務の成果や完成度が目に見える」ようになることで仕事に「やりがい」を感じるきっかけとするなど、職員の業務従事に対するモチベーションの源泉として捉える視点を、評価者である管理職はもちろん、評価される側の一般職員も意識することが重要であろう。[26]

加えて、現場実践のなかで組織目標・個人目標の有効性を検証することが重要である。自治体は総合計画の策定など体系だった政策形成を試みるなかで、事務事業や施策のレベルでの検証の仕組みとしてすでに各種行政評価を行っている。しかし、それらは、仮に外部評価の仕組みをそのプロセスに組み込んだとしても、あくまでも行政内部での到達度の測定にすぎないのが通例である。自治体活動に関する有効性の真の検証は、「現場でさまざまな事態に直面し、悩むなかから考え抜」くこと＝「成果の実感」を通じてでなければなしえないということである。刹那的・個人的な感情に流されずに、されども「豊かな人間性」をもって現場の実情に寄り添いつつ、[27]組織の一員として、現場の実態に照らして冷徹に組織目標や個人目標を見つめ直すだけの力量が自治体職員には問われる局面といえるだろう。

2 政策開発のインセンティブ

自治体経営環境は激変している。そうしたなかで自治体内の諸アクターが政策開発にいかなる姿勢で臨むのかを、３つのケースを仮設して検討してみたい。政策開発のコストの類型に関する表３－１を援用し、現場主義の観点

26　拙稿「人口減少時代の自治体職員に求められる姿勢・能力と人事管理のあり方」『地方公務員月報』２０１４年12月号参照。

27　地方公務員制度改革の出発点にあたり、求められる地方公務員像が語られるときに、「専門性」「創造性」「柔軟性」とともに「豊かな人間性」が提起されていたことはきわめて重要な点である。地方公務員制度調査研究会報告書「地方自治・新時代の地方公務員制度」１９９９年参照。なお、この点については、拙稿前掲「人口減少時代の自治体職員に求められる姿勢・能力と人事管理のあり方」参照。

から、とくに《ミドル：職場共有》次元でのアクターを「原課（所管）」と「第一線職員」とに分け、両者の政策開発に対する姿勢を軸に考えてみよう。

なお、ここで原課とは、自治体職員が自らの職場と認知するであろう所属組織単位のことである。第一線職員とは、原課に所属してはいるが、現場に直接関わりながら具体的な業務を遂行する比重が他の原課職員よりも相対的に大きい職員のことを指す。組織上、原課の指揮命令系統下にある現業部門や支所・出張所等に所属する職員なども第一線職員に該当するだろう。

(1) 現状維持

原課、第一線職員ともに微修正を志向し、例えば、首長をはじめとする主要なアクターも特段の政策対応に関心を払わないケースが図3－7「現状維持」であり、いわばデフォルトともいうべき状況である。

既存の政策でとくに問題はなく、かつ、自治体経営環境の変動が小規模であれば、微修正ですませるのがもっとも望ましい対応策となろう。ルーティン・ワークとしてこなされる多くの業務は、こうしたタイプに当てはまるといえる。

しかし、客観的にみて微修正では済まされないほどの変動規模であれば、対応の遅れを招くおそれがある。また、仮に短期的には微修正での対応が望ましい程度の小規模な変動であったとしても、それが長年にわたり積み重なれば、やがて初期値とはかけ離れた状態に移行してしまうかもしれない。そして、社会一般の認知とズレが生じれば、自治体経営のスピード感の欠如、前例踏襲のお役所主義などといった批判を浴びることにもなろう。

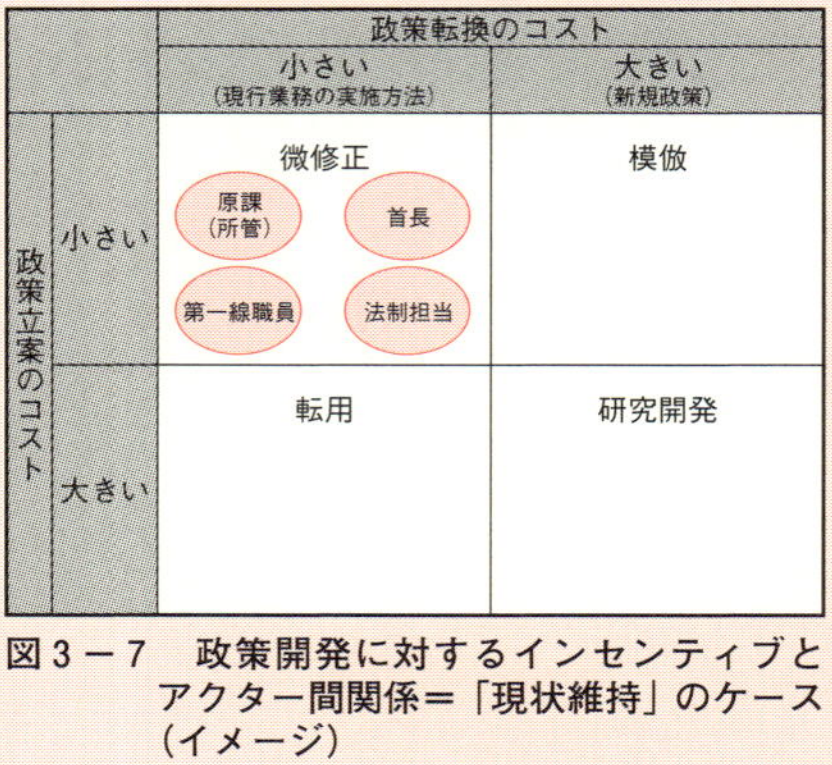

図3－7　政策開発に対するインセンティブとアクター間関係＝「現状維持」のケース（イメージ）

現場主義のマネジメントという観点からいえば、《フロント：現場実践》次元での感度が鈍く、《ミドル：職場共有》次元への貢献をなしえていないということになろうし、同時に、《フロント：現場実践》次元での感度の低下に対して、リーダーシップの流れでいえば、トップ・マネジメントなど《トップ：執政》次元や《ミドル：管理》次元が大所高所から警告を発し、現場から情報を適切に汲み上げられるよう有効に誘導・統制できていないということでもあろう。

(2) 現場からのボトム・アップ

図３－８「現場からのボトム・アップ」で示したのは、多くのアクターが微修正というぬるま湯につかるなかで、最先端の現場に直接コミットする第一線職員が既存の政策の微修正では対応しきれないと察知し、新たな抜本的な対応策に踏み込むべきだという考えを主張する場合である。

これに対して原課が微修正の姿勢を崩さなければ、第一線職員との間に緊張関係が生まれる。原課の姿勢は、単にぬるま湯につかり続ける怠慢によることもあるかもしれないが、むしろ、M・リプスキーが指摘するような[28]、サービス対象集団との間の密な関係ゆえの「視野狭窄」や、さらにはサービス対象集団に過度に同調して取り込まれてしまう「虜囚化」に陥っているのではないかと勘ぐり、第一線職員がもたらす現場からの生の情報に対して懐疑的になる場合もあろう。あるいは、予算・定員の措置ができないといった行政リソースに制約があるとか、首長をはじめ有力なアクターが望まないなどの理由で、第一線職員の主張に耳を傾けようにもそうすることができないよう

28　マイケル・リプスキー（田尾雅夫・北大路信郷訳）『行政サービスのディレンマ』木鐸社、1986年、212頁以下参照。

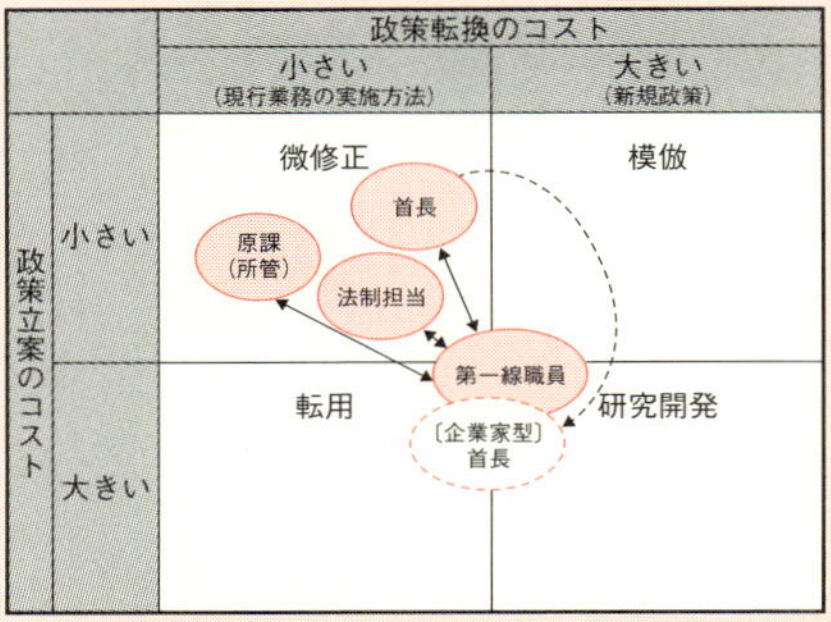

図３－８　政策開発に対するインセンティブとアクター間関係＝「現場からのボトム・アップ」のケース（イメージ）

に縛りがかかっていることもあるだろう。

図3－8中には、首長が微修正を離れ、何らかの抜本的対応策に乗り出すケースを点線で描きこんでいる。第一線職員が首長に〝直訴〟する手段や情報伝達ルートは限られているだろうことから、首長の方針転換は現場主義のマネジメント・サイクルのフレーム外の要因によることになる。例えば、進取の気性に富み、新規政策を掲げて住民の支持を求める「企業家型」首長であれば、サービス対象集団からの陳情をうけて問題の所在に気づき、大胆な政策の見直しを打ち出すこともあろう。あるいは、選挙によるトップ交代によって政策転換が図られることもあるだろう。

仮に首長の振る舞いがポピュリスト的なパフォーマンスに過ぎないと批判されるような場合であったとしても、こうしたケースが生じるのは、《ミドル：職場共有》（第一線職員と原課との間でのコミュニケーション）、《バック：政策企画》（原課と首長などトップ・マネジメントとの間でのコミュニケーション）それぞれの段階で、現場主義のマネジメントが目詰まりを起こし、結果として首長の振る舞いを抑制できなかったからではないか、といったん考えてみることも必要である。

(3) 抵抗を伴う順応

図3－9「抵抗を伴う順応」では、原課（所管）は模倣を選好すると仮定している。自治体経営環境が大きく変動するなかで、既存の政策では対応しきれないことは、当該所管部署であるがゆえに敏感に察知しうる。環境変動のインパクトが大きいものであればあるほど、従来までの業務の実施方法で

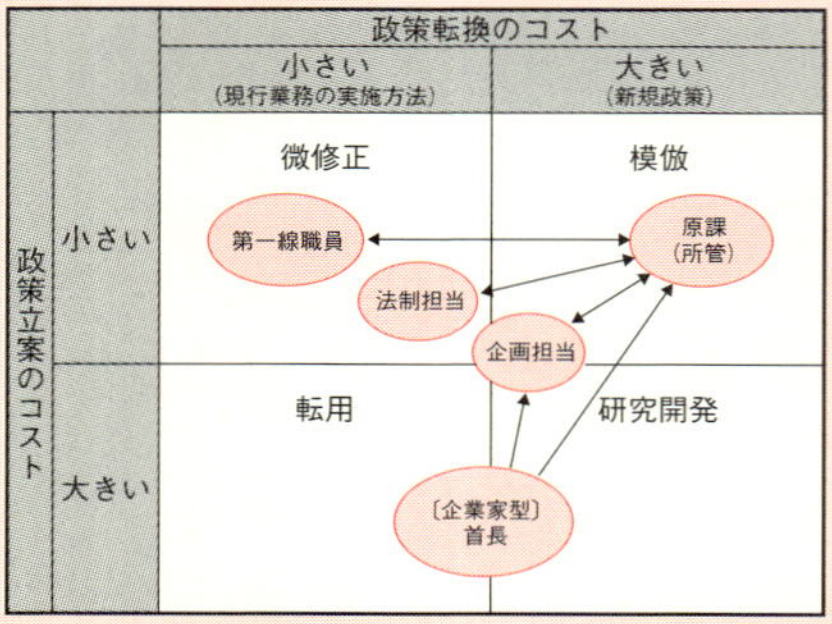

図3－9　政策開発に対するインセンティブとアクター間関係＝「抵抗を伴う順応」のケース（イメージ）

は不十分であると考え、やむなく新規政策を模索せざるを得なくなるケースである。政策転換のコストはそれなりにかけざるをえないわけであるが、他方で、政策立案のコストはできるだけ抑えようと考えるだろう。そこで、「先進的」といわれたり「先行」したりする自治体の政策事例を調べたり、類似団体や近隣の自治体の取り組み状況を参考にしたりするなど、模倣を試みることになる。

また、国レベルでの法令改正が行われることによって、政策転換を余儀なくされる場合も少なくない。システム改革の時代にあっては、頻度・変革度ともに高い割合で法令改正がなされるようになる。こうした場合には、新設・改正法令を受けて条例等の新設・改正が必要な場合に示される〝モデル条例〟が、模倣の対象となることもあるだろう。

しかしながら、同じ原課に所属していても、最前線でサービス対象集団とかかわりの深い業務に携わる第一線職員は、政策立案にかかわる機会・程度はもともと乏しいこともあって、政策立案のコストが大きいか小さいかにはあまり関心を払うことはないだろう。むしろ、これまで習熟してきた行政技術が使えなくなる、サービス対象集団が再び新たな政策に慣れるまでの混乱への対応にエネルギーを割かれる、などといった理由で政策転換のコストが高まる模倣による対応を好まず、より小さな変化ですむ微修正の政策対応を望む傾向を示すこともあろう。つまり、「現場からのボトム・アップ」とはちょうど逆転した関係で、原課と第一線職員との間で緊張が生ずるということである。

他方、「企業家型」首長にあっては、微修正や模倣にとどまらない転用、研究開発タイプの政策対応を積極的に打ち出そうとするかもしれない。しかし、そうした首長の意向には原課はしり込みしがちである。とくに現場で抵抗する第一線職員を慮って、さらにいえば彼らを説得するために、せめて他に範のある模倣ですませようとするだろう。首長の意向を受けて全庁的な対応をしなければならない企画担当部局は、首長と原課との板挟みにあうこともあろう。

なお、図3－7～9いずれのケースについてもいえることだが、ほとんどの自治体では積極的な政策法務を展開できるだけの十分な体制がとられていないという事情を差し引いたとしても、法制担当にとっては法体系の維持・管理こそが最優先の〝現場〟となる。したがって、大きな政策転換によって既存の法規との整合性が問われたり、高い政策立案コストをかけたりすることに関して、そもそも消極的な姿勢が示されるだろう。

(4) 現場主義を超えて

以上の3つのケースからさしあたり示唆されることは、現場主義を自治体内部の視点から捉え、庁内力学に委ねるだけでは、地域発自治創造に向けた自治体経営を円滑にすすめることには限界がありそうだということである。そこで、次節では、現場主義とときに緊張関係に立ち、ときに相互補完する住民参加とを関連づけて政策マネジメントの作法を検討してみたい。

第6節

現場主義に基づく政策形成と住民参加

前節では、政策開発を自治体経営の担い手となる個々のアクターのインセンティブと関連づけて考察したが、本節では、住民参加という別の局面から現場実践に接近し、政策企業のあり方を含む政策マネジメントについて検討を試みたい。

なお、ここで住民参加とは、自治体が政策形成を目指す行政過程へと住民が参加（行政参加）することとする。[29] しばしば住民参加の参加とは行政への参加と同一視して捉えられがちであるが、住民が参加する対象は行政（過程）に限定されるわけではない。「新しい公共」が社会の原理として定着したなかでは、地域の公共にかかわる社会活動や住民・市民活動といったまちづくり一般に対する参加（社会参加）、有権者としての政治的権利の行使を伴う参加（政治参加）を含む広義で考える必要がある。ただし、本節では、自治体の政策形成における現場実践との緊張関係で焦点となる行政参加にさしあたりは絞り込んで考察したい。[30]

1 現場主義と住民参加の制度保障志向

住民参加といえば、今日ではどの自治体でも最優先に取り組むべき指針の

29　住民参加論一般については、拙稿「住民と自治体―自治体経営への住民参加」『分野別自治制度及びその運用に関する説明資料No. 1』財団法人 自治体国際化協会、政策研究大学院大学 比較地方自治研究センター、２００７年７月（http://www3.grips.ac.jp/~coslog/activity/01/04/file/Bunyabetsu-1_jp.pdf）；拙稿「地方分権の推進―地域発自治創造への挑戦」『実践まちづくり読本』公職研、２００８年、第3節参照。

30　拙稿「市民参加と自治体パブリック・ビジネスの再構築」『地方自治』第７２１号、２００７年12月号、5頁参照。

一つとして掲げられ、総合計画などの計画策定や新規政策の立案を何らかの住民参加手法で推進することがスタンダードとなってきた。そして、住民参加条例や自治基本条例などを定めて、住民参加の方針をローカル・ガバナンスの基本原則として取り込み、どのような機会に住民参加を行うのか、どのような住民参加の手法をとるのか、そしてどのような手続きで進められるべきかなど、住民参加を法的に制度保障する自治体も多くなってきた。地域におけるさまざまな「私」相互間の信頼と納得の関係を維持管理し、権能増強（エンパワーメント）によるレベル・アップをはかることが、「新しい公共」における自治体の重要な役割であるとすれば[31]、住民参加の制度保障はその重要な一つの手段だといえよう。

住民自治に関わる住民参加という論点は、国政レベルでの地方分権改革の議論では十分に対応されてこなかったといってよいだろう。それぞれの自治体がまさに自主・自律的に地域発自治創造の一環として取り組んできたのは、むしろ住民自治の充実強化という観点からは望ましい事態であったといってよい。

現場主義にしても、住民参加の制度保障志向にしても、いずれも住民と行政とがインターフェイス（接触面）を形成する局面でのローカル・ガバナンスのあり方に関心を注ぐ点では共通しているが、論理的にはそれぞれ区分すべきことである。

なぜか。現場主義は、住民・地域に向き合うなかで、あくまでも組織活動の一環として、その枠内で一定の裁量を有しつつも、どのような職務行動様式を自治体職員がとるべきかという視角から捉えるものである。言い換えれ

31　拙稿「地域発自治創造と自治体職員」『月刊自治フォーラム』2010年4月号（No. 607）、53頁。

ば、職員や自治体を主体として、その能動性に焦点をあてた見方といってよいだろう。心理的機制や組織内の役割構造に注目して、前節で政策開発のインセンティブを検討したのもその一環である。

他方、住民参加を制度保障するということは、法的に確保された住民参加手続によって自治体経営を規律することを意味する。もちろん、規律というのは、抑制的な「制御」ばかりを意味するのではない。多様な政策分野を関連づけたり、「予定調和」の縛りを解き放ったりするなど、従来の発想からステップ・アップした発展的な「創発」をも含めてである。したがって、住民参加の対象になるという意味でいえば客体であるとしても、職員に期待されるのは一方的な受け身になるといった、受動性ではない。客体としてではあっても政策マネジメントの遂行という点でいかに能動性が発揮されるかが期待されるのである。

2 住民参加の推進体制を構築するメリット

住民参加を制度保障するということは、先に述べた「新しい公共」の論理に加えて、自治体経営の様々な局面で、住民＝本人と住民から信託を受けた自治体＝代理人とが統制関係に置かれる「信託と統制」の論理に即した関係を制度化しそれを担保するということでもある。[32] それをイメージとして示したのが図3－10である。これを手掛かりに、住民参加の制度保障志向と現場主義による政策マネジメントとの関係を整理したい。

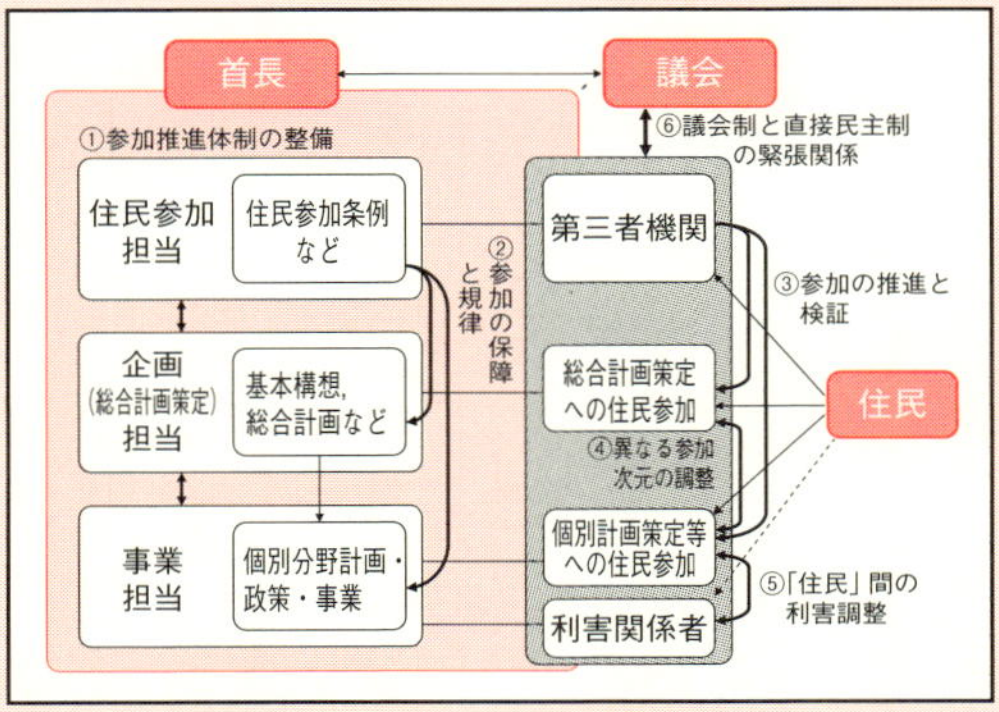

図3－10　住民参加の制度保障と自治体経営

32　拙稿「自治の『かたち』と自治基本条例」『月刊自治フォーラム』2010年5月号（No. 608）、54頁。

(1) 集中管理型と分散適応型

住民参加を自治体経営のなかでどのように位置づけて推進するかについては、さまざまなケースが想定される。

まずは、組織に着目して考えると、住民参加に関する制度の設計・運用を所管する担当部署（住民参加担当）を設置し、その担当部署を軸に住民参加を全庁的に推進する体制を構築する、いわば集中管理型をとるパターンが想定される。図3－10は、集中管理型を想定して描かれたものである。これに対して、とくに住民参加の担当部署を決めることなく、事業担当部署が個別に住民参加の取り組みを行う、分散適応型の体制を考えることができるだろう。

以上のいずれの体制が望ましいのかは、自治体固有の組織編成のあり方もあって一概に決めつけることはできないが、一定の傾向がうかがえそうである。八王子市市民参加推進審議会の第1期答申の参考資料「市民参加に関する他市の推進体制調査　結果まとめ」にある、東京多摩地域にある26市の状況を例に取り上げてみたい[33]。同まとめによると、住民参加推進のための専門部署が「ある」とする、集中管理型の推進体制を敷くのが18市、「ない」とする分散適応型が5市となっており、集中管理型が多数を占めている（表3－3）。東京多摩地域26市の例にみられるように、都市自治体では住民参加担当の専門部署を設けるのが、近年の傾向のようである。各市により組織編成の考え方が異なることから必ずしも厳密に区分できないが、専門部署が置かれるのは、大別すれば、企画政策部門と協働・コミュニティ部門とで拮抗して

33　調査結果については、同審議会答申参照（http://www.city.hachioji.tokyo.jp/dbps_data/_material_/localhost/common/seisakushingishitsu/toushinsyozenbun.pdf）。

表3－3　市民参加に関する東京多摩地域の推進体制

専門部署		設置部門		課室名称
ある	18	企画政策部門	9	政策審議室、企画調整課、政策課など
		協働・コミュニティ部門	8	コミュニティ課、協働推進課、地域協働課など
		その他	2	広報公聴課、総務課
ない	5	―	―	―
合計	23		19	

（注）八王子市市民参加推進審議会「八王子市市民参加条例の適切な運用について（答申）」（平成22年９月）参考資料より筆者作成。なお、３市が未回答であり、１市が２課を専門部署として挙げている。

いる。

ただし、ここで専門部署が「ある」とした市において、住民参加のすべて、すなわち、住民参加制度の設計から実施に至るプロセスを完全に一つの部署に一元化しているわけでは決してないし、すべての参加手法を一手に手掛けているわけでもない。当然ながら、個別事業担当に属する政策・計画策定に関して住民参加手続を踏む場合には、その実施の中心的な役割を担うのは当該担当部署であるのが一般的であろう。

(2) 集中管理型のメリット

集中管理型によって全庁的な推進体制をとるメリットは、第1に、住民参加度の全庁的な水準の底上げが期待されることである。一般に担当職員・部署によって住民参加に対する温度差は大きい。仮に分散適応型であると、住民参加をどの程度進めるのかが担当部署の取り組みに委ねられることから、熱心に住民参加を試みるところとそうでないところの格差が大きくなる。それに対して、集中管理型の方が一般的に、自治体経営における住民参加の方針を明確に打ち出して庁内に周知徹底しやすくなる。自治体経営の方針として住民参加を掲げる以上、住民参加もいわば一つの〝事業〟として進捗管理・評価などの検証が求められる対象になる。事業担当部署それぞれの取り組み状況をモニタリングし、必要に応じて改善を促したりしやすくなるだろう。八王子市市民参加推進審議会はまさにそのような役割を果たしてきている。

第2に、住民に対して当該自治体の住民参加の推進状況をアピールできることである。住民参加担当が設けられていれば、住民に対する住民参加の窓口としての役割を果たすことが期待される。集中管理型によって、全庁的な住民参加の取り組み状況を一括集約できるならば、住民に対しても一元的に情報提供できることから、ローカル・ガバナンスに関心をもつ住民にとっても利便性が高いといえるだろう。

例えば、八王子市では、比較的早い時期から、審議会・委員会等の開催情報や公募情報はホームページ上、一覧で示されてきた。最近では、イベント一覧などとともにカレンダーでわかりやすく表示する自治体のホームページも増えている。仮に分散適応型で個別担当部署ごとにバラバラに情報管理するとなると、その担当にとっては最適だと思われても、全庁的な視点、あるいは住民の立場からはそうとは限らないことも少なくない（ただし、情報提供の一元化については、広報部門と個別の事業担当部署との関係次第だろう）。

住民参加を熱心に進める自治体ほど、異なる所管が似通ったテーマで住民参加のイベントや会議などを相互に気づかずに同一日程で組んでしまい、参加人員が限られてしまうなどといったことが起きたりする。もちろん、情報を一元的に管理したからといって、すべて都合よく調整できるわけではないにしても、こうした事態が無為のうちに生じては、住民の眼からすると庁内連携の悪さばかりが目立ってしまうだろう。些細なことであっても、住民によるローカル・ガバナンスへの信頼にかかわる点である。

第3に、住民参加担当が中心となり、住民参加条例を定めるなど住民参加の手続きや基準に関する通則を設定し、その運用をサポートする役割を適切にこなすならば、事業担当部署にとってもメリットがあることである。例えば、ゼロからのルールづくりに煩わされたり、住民参加をはじめるまでの手続きや実践の進行で戸惑ったりするリスクやコストが軽減されるだけでも、限られた人員で膨大な仕事量をこなさざるを得ない事業担当にしてみれば有用であろう。

(3) 現場主義と住民参加の制度保障志向との緊張関係

しかしながら、集中管理により住民とのインターフェイスを規格化・標準化しようという動きに対して、固有の流儀により現場との関係を構築してきたという自負がある職員・職場からすれば、上記のメリットをメリットとしては受け止めないどころか、逆に彼らの反発を招く可能性が十分ある。仮に自治体経営として全庁的に住民参加の取り組みを推進する必要性は認めたとしても、まさに自らの取り組みで住民参加を進めてきたのだとして、個別現場ごとの分散適応型の対応を望むことになろう。現場主義と住民参加の制度保障志向が緊張関係を持って交錯する場面が想定されよう。

3 住民参加の制度保障の強化

(1) どのような制度保障が考えられるか

さて、住民参加の推進に重きを置き、先述したようなメリットの享受を追求するならば、集中管理をどの程度まで、そしてどのように進めるかが問われる。単に組織上、集中管理型の推進体制をとり、住民参加を専門とする担当部署を設ければすむという問題ではないのである。例えば、住民参加は専門担当部署が行うもの、と事業担当部署は他人事のように割り切り、押しつけの態度に出るおそれがないとも限らないからである。

こうした課題をクリアするためには、庁内の単なるコンセンサスよりは、条例等により法的に制度保障することでより高い実効性を期待することが考えられる。図3－10の「②参加の保障と規律」に関わる点である。

例えば、八王子市市民参加条例には市民参加を制度保障する仕組みとして次のような規定がある。

- 市民参加の方法（同条例第5条）として、(1)パブリックコメント手続、(2)審議会等の開催、(3)市民会議の開催、(4)ワークショップの実施、(5)公聴会、説明会の開催、(6)アンケート調査、聞き取り調査その他の広聴活動、が列挙されている。なお、実施機関は政策立案・実施・評価の一連の過程で、上記より効果的と認められる参加方法がある場合には、積極的に用いることを努力義務としている（同第10条）。
- 立案過程における市民参加（同第6条）について、市民参加が義務づけられる具体的な立案過程として、(1)市の基本構想、基本計画その他施策の基本的な事項を定める計画の策定・変更、(2)市政に関する基本方針の策定、市民の生活・事業活動に直接かつ重大な影響を与え、市民への義務賦課・権利制限を内容とする条例の制定改廃、(3)大規模な公共施設の設置に係る計画等の策定・変更、(4)その他実施機関が必要と認めるもの、を列挙することによって機会保障を担保するとともに、より適切な市民参加手法により行うこととされる。また、市民参加を要しない除外規定を定めているが、緊急性による場合はその理由の公表を義務づけている。

- 実施及び評価過程における市民参加（同第7条）として、計画・条例等の策定後も、その実施・評価過程についてより適切な参加方法を効果的に行うとされる。
- 既述の市民参加推進審議会（同11条）を市長の附属機関として設置し、条例の運用、新たな市民参加の方法に関すること等を審議する。
- 条例の見直し（同12条）条項が置かれ、市は条例の運用状況、効果等について継続的に検証し、必要に応じ見直しを行う。

以上のように、八王子市市民参加条例には、ＰＤＣＡサイクルの段階ごとに市民参加が確保されるよう、参加方法、機会、制度のメンテナンスを担保する内容が盛り込まれている。住民参加担当部署に関わる点ももちろんあるが、多くは事業担当部署を、あるいはその現場主義的な行動様式の裁量範囲を規律するものとみなすことができよう。これら規律の法的担保は、自治基本条例や住民参加条例などの自治体法（条例・規則等）による手続規定によってなされるのが通例である。

(2) 制度保障は実効的か

八王子市市民参加推進審議会答申には、今一つの参考資料「市民参加条例の運用に関する実態調査集計結果まとめ」があり、[34] そのなかで興味深い調査分析を行っている。「所管としての評価」について、市民参加が事業実施に効果的であったか、条例で定められた市民参加手法ごとに所管の評価や考え方を確認したものである。現場主義のかなめとなる所管がどのように住民参加

34　前注参照。なお、提言で条例の運用状況を市民側の視点からモニタリングするための第三者機関の設置をうたったことを受けて設置されたのが、この審議会である。条例ではいわゆる見直し条項（「市は、この条例の運用状況、効果等について継続的に検証し、必要に応じ見直しを行うものとする」（同条例第12条））が規定されているが、そのための検証作業に関わる位置づけにあると解釈されよう。

を捉えているのかを経年で追えるものであり、大変興味深く貴重なデータといえるだろう。

図3－11及び図3－12は調査実施初年度にあたる平成21年度調査と平成24年度調査の結果をグラフ化したものである。

平成21年度調査では「効果的であった」という回答が圧倒的であり、「効果に乏しかった」「効果は殆どなかった」とする否定的な回答は、一部に意見そのものが寄せられなかったり少なかったりしたためとみられるパブリックコメント手続きを除けば、ほとんどない。全体として、所管は市民参加を効果的だと評価する結果が示された。

しかし、一方で、「非常に効果的であった」という回答は限定的であった。しかも、どちらかといえば、行政が主導的に進める定型化されたタイプの参加手法（審議会等、公聴会・説明会、アンケート調査・聞き取り）のみで回答されている。市民が能動的に取り組まなければならない参加手法（パブリックコメント手続き、市民会議、ワークショップ）では「非常に効果的であった」という回答はない。

平成24年度調査になると、「非常に効果的であった」との回答がすべての参加手法で大幅に伸びている点は注目される。そのなかで、やはりパブリックコメント手続きのみに「効果に乏しかった」との回答があり、しかもその比率が平成21年度調査に比べても顕著に高まっているのが目立つ。

平成21年度調査では、市民参加の実施に際しての課題をたずねた別の質問での回答では、「意見（回答、参加者、応募者）が少ない」「個人的な要望が多い」といったことが「所管による評価」を押し下げた面もあったようであ

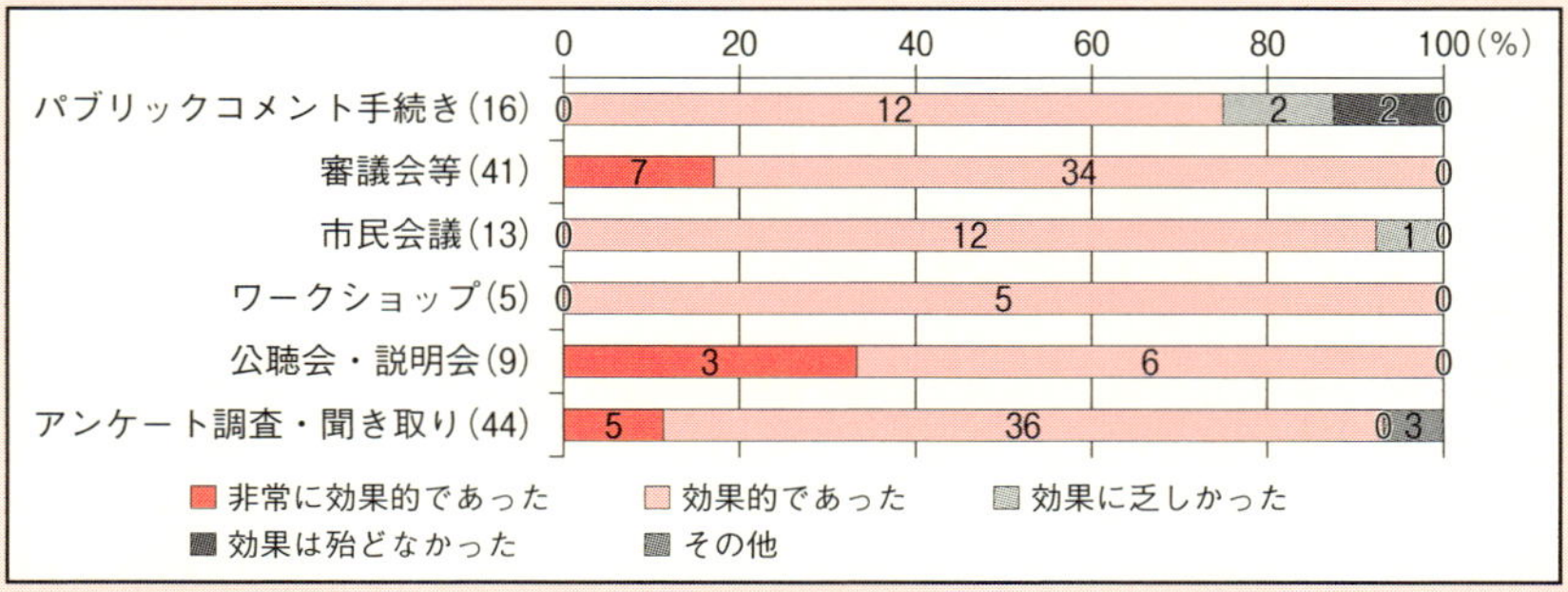

図3－11　市民参加手法別の効果に関する所管の評価（八王子市）（平成21年度調査）
（注）八王子市市民参加推進審議会「八王子市市民参加条例の適切な運用について（答申）」（平成22年9月）参考資料より筆者作成。各項括弧内数字は回答数。

る。他方で、パブリックコメント手続きはともかくとして、市民会議やワークショップなど、市民側からの創意工夫が織り込まれやすい手法の場合、それだけ旧来のやり方にとらわれずに柔軟に対応しなければならなくなる。このデータからだけではあくまで推測の域を出ないが、柔軟な対応が求められる分、職員がイニシアティブを発揮する現場主義的な業務遂行方法とかみ合わない面が出ている可能性がある。ただし、平成24年度調査では幾分の改善が見られる点も補足しておきたい。

ここでは八王子市での住民参加の実践を実証的に見てきたが、重要なのはこうした検証手続が適切に制度にビルトインされ（制度保障）、丹念に調査研究が成されており、今後の住民参加のしくみの検証から制度再構築を行う必要に迫られたときのエビデンスとなる取り組みを行っていることである（根拠本位の政策形成）。高く評価されるべき取り組みである。

(3) 有効な相互牽制システムを目指す

最後に、住民参加の制度保障志向と現場主義とが交錯する論点として、住民参加の「住民」とは誰なのか、住民参加のメンバーシップをめぐる問題に着目して検討したい。

《フロント：現場実践》では、当該事業担当が接し密接な関係をもつ利害関係者（ステークホルダー）と、住民参加でコミットする住民との間でギャップが生じる可能性が高い（図3－10「⑤「住民」間の利害調整」）。

前者の利害関係者とは、自治体と業務上関わりをもつ事業者やサービス受給者によって組織化された団体など、行政と比較的安定した関係にあり固定

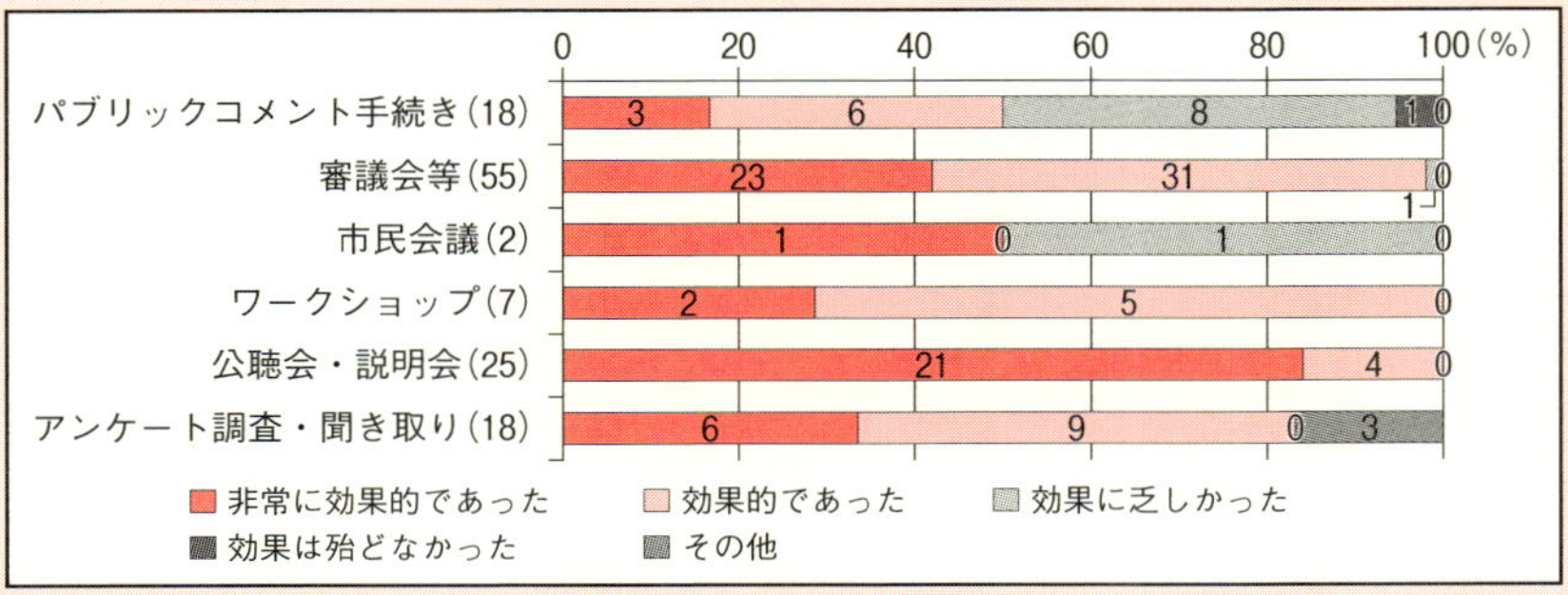

図3－12　市民参加手法別の効果に関する所管の評価（八王子市）（平成24年度調査）
（注）図3－11注同（平成26年11月）参考資料より筆者作成。

化された対象が一般に想定されるだろう。
それに対して、住民参加では住民の多様な意思を反映させることに重きを置く傾向にあることからすれば、住民参加でコミットする「住民」には、現場で接する自治体職員にとってはなじみ深い利害関係者が（個人の意思で参加したり、あるいは、利害関係者の枠が与えられたりして）含まれることがあるとしても、それだけにとどまらないだろう。一般のサービス受給者として強い関心を示す住民（「行政サービスの顧客／消費者としての住民」）はもちろんのこと、当該事業の政策等に関心が深かったり、サービスの改善を要求したり、行革の観点から、あるいは、政策そのものへの反対などの観点から見直しを主張したりする住民（「所有者としての住民」）や利害関係者を既得権者とみなし新規参入をもくろむ事業者（既得権をもたない「利害関係者としての住民」）も、参加手法の選択、参加住民の要件設定次第では含まれることとなろう。[35]
要するに、固有の現場の事情が斟酌されない一律の住民参加手法が機械的に導入されると、それまでの《フロント：現場実践》段階で構築してきた対象者集団のあり方次第では、自治体職員の課業環境が激変することもありうるということである。なじみ深い利害関係者との場に代えて、あるいは、それと並行して、新たな「住民」との場を形成する必要に迫られるからである。
単一の事業担当部署が抱える以上のような課題は、複数の担当部署間の関係を考慮に入れるとより複雑さを増すことになろう（図３－10「④異なる参加次元の調整」）。複数の部署間にわたるケースとしては、例えば総合計画と個別計画との関係のように、政策調整についての総合性を十分に確保するこ

35　以上で括弧内で示した住民像については、拙稿「地方分権の推進―地域発自治創造への挑戦」大森他前掲書88～89頁、とくに89頁掲載図表２－11参照。

とが期待されていたり、あるいは、連携を通じて政策の創発が期待されたりする例が考えられる。それぞれ別個の担当部署で計画や政策等が策定されていく場合、住民参加にまつわる情報共有がそれら担当間で積極的に進められる保証はない。仮にそれぞれの事業担当部署が、対象を狭く限定した現場関係を構築しており、その関係に固執すればするほど、調整や連携を円滑に進めることは困難になる。かえって、外形上、住民参加の形式・手続きを正当に踏んでいるほど、住民参加から得られた成果に齟齬がみられ、矛盾・対立する可能性は高まる。そうなれば、事業担当部署の現場への関わり方の善し悪しよりも、住民参加ははたして政策形成の手続として有効なものなのかどうかに疑問の目が向けられるおそれもあるだろう。

こうしたリスクを軽減するために、住民参加担当部署は、それ自体住民参加手法を適用した第三者機関（例：先述の八王子市市民参加推進審議会）を設けて制御を試みることで、住民参加の制度保障をより実質化しようとすることになる。しかしながら、第三者機関の制御機能には限界があるし、住民参加担当部署・第三者機関と個別事業担当部署との間にも、調整・連携の不調は生じうる。現場主義と住民参加の制度保障志向との間での摩擦や緊張関係は永遠の課題といってよい。

もちろん、制度・手続き上の工夫は積み重ねられていくべきであるが、その前提として、現場主義と住民参加の制度保障志向との間で生じるこうした緊張関係そのものを、相互牽制（チェック・アンド・バランス）システムとして積極的に受け止めることが重要である。住民参加の制度保障が進み、行政と住民との関係が一定程度、規格化・平準化していくとしても、個別現場の固有性を大切にした自治体経営の意義が失われることはないからである。

他方で、住民参加を、従来とは異なる視点から政策・事業を組み立て直す機会と積極的に捉えるためにも、また、現場との関わりのなかで大局を見失ってしまったり（「視野狭窄」）、対象集団に取り込まれてしまったり（「虜囚化」）しないようにするためにも、有効なシステムであることを再認識する必要がある。

現場主義と住民参加の制度保障志向とは視角・認識態度の違いであって、自治体職員や職場、そして全庁的な自治体経営の行動様式のレベルでどのように折り合いをつけていくかは、ケース・バイ・ケースである。政策マネジメントとしてはもっとも難易度の高い局面といえるが、それだけに「住民参加が自分にとっての現場です」と「全力」投入で取り組む自治体職員が現れ、そうした職員集団によって自治体経営が担われて行くことになれば、地域発自治創造に向けてこれほど心強いことはないだろう。

第7節

結びにかえて

本章は、地方分権・人口減少時代における政策マネジメントの作法について、いくつかの観点から論じてきた。

ただし、一般的な政策論や自治体政策のテキストなどと比較すると、かなり異質な論点や視角から議論が組み立てられているように思われるかもしれない。一般的なテキスト類と読み比べていただけると、本章の議論に立体感が感じ取られるかと思う。

また、政策マネジメントの作法に焦点を当てるなかで、自治体職員論に言及した面は否めない。だからといって自治体職員向けに特化した議論を展開したというわけではない。住民が主体となって地域発自治創造を構想する上で、「新しい公共」のパートナーたる、自治体職員の行動様式や自治体経営の態様を理解することは必須である。その意味で、本章の議論は、住民にとっての政策マネジメントの作法の領域に属する事柄でもある。

なお、紙幅の関係で充分に論じきれなかった論点も多々ある。なかでも、現在進行形で議論・実務ともに展開している、地域内分権と広域連携に関してである。これらの課題は政策マネジメント単位のリスケーリング（尺度変更）に関わる論点である。例えば、前者であれば、地域づくり協議会等の地域自治組織、後者であれば、定住自立圏や連携中枢都市圏をはじめとしたさまざまなかたちで進展が見込まれる自治体連携である。これらが地域で果たす比重を高めていくとき、自治体政策マネジメントをどう構想するのか、この点は今後の課題としたい。

第4章

共感が生み出す農山漁村再生の道筋

図司　直也

なぜ、農山漁村地域に着目するのか―フロンティアとしての農山漁村地域

日本における人口推移は、2000年代に入ってピークを迎え、減少局面に突入している。その局面の変化に対して、「限界集落」や「消滅可能性自治体」といった言葉を用いて、人口減少が地域社会に及ぼす影響への危機感を共有しようとする動きが目立っている。しかし、このような言葉はインパクトが強いだけに、それを鵜呑みにして、あたかもどこでも厳しい状況にあるかのように捉えてしまいかねない危険性が潜んでいる。

確かに、人口減少局面を捉えれば、都市よりも農山漁村の方が先んじて進んできた。徳野貞雄氏の整理[①]でも、第2次大戦を終えた1945年には、総人口7000万人に対し、都市部と農村部における人口の比率は3：7で農村部に多くの住民が居住していた。それが高度経済成長期を経て、総人口は1億2000万人にまで増えたが、両地域の人口比率は8：2にまで逆転し、農村部の人口は2000万人あまりにまで減少している。とりわけ農山漁村から都市への人口移動局面が著しく発現した1960年代に「過疎」という言葉が登場したのである。

1960年代当時の過疎地域は、社会基盤整備の進んだ今の状況とは全く異なる様相を示していた。過疎地域の状況を視覚的に捉える手段としては、今となっては当時の写真やドキュメンタリー番組に頼るほかない。そこには、茅葺き屋根で木造の家屋、舗装されていない細い道、圃場整備が行われる前の

① 徳野貞雄『農村の幸せ、都会の幸せ―家族・食・暮らし』日本放送出版協会、2007年

何枚もの小さな田畑に囲まれて、細々と自給的な営みを送ってきた農家の姿。冬には、豪雪の中で、降り積もった雪をかきわけ、病人をそりに乗せて、男衆が1日かけて町の中心部まで運んでいき、不幸にも亡くなった亡骸をまたそりに乗せて、集落まで運び土葬として弔う、過酷な農村の状況が映し出されている。

それゆえに、過疎地域に対しては、都市との地域間格差を埋めるべく、まずは道路やトンネル、架橋、除雪態勢などとりわけ地域間移動に関するハード面での整備が進み、この50年あまりの間に、当時の面影を感じ取れないくらいに改善が図られてきたのだ。そして、対策の焦点は集落対策やコミュニティ支援というソフト面に移りつつあり、地域によっては農山漁村再生に向けた地域住民の高い志も感じ取れるまでになっている。このような農山漁村の現場には、人口減少を通して様々な地域課題が「先発」して発現したが故に、その対応にも地域住民が「先発」して向き合い、試行錯誤の経験を重ねてきたと言えよう。今後、急速に人口減少や高齢化の勢いを増していく都市部において、買い物難民や空き家対策など諸々の課題が顕在化すれば、農山漁村から生まれた経験や知恵は地域の違いを超えて共有すべきものにもなるだろう[②]。

今日では、農山漁村においても、都市においても、そこには地域差はありながらも、何を目指して地域を再生していくのか、という本質が問われる局面にある。その本質が厳しく問われた現場が、災害の現場ではないだろうか。新潟県中越地震の被災地、長岡市山古志地区の住民は「復興とは、自分がそこで死ねることだ」と語り、それを聞いた東日本大震災の被災地、宮城県石

② 地域再生のフロンティアとしての農山漁村地域の位置づけについては、小田切徳美・藤山浩編『地域再生のフロンティア：中国山地から始まるこの国の新しいかたち』農山漁村文化協会、2013年を参照されたい。

巻市北上町で奮闘する復興応援隊は、この言葉を支えにして復興に向けた活動を続けている。そこには、10年の時間差はありながらも、中越の地すべり地帯の農山村においても、東日本大震災における沿岸部の漁村においても、被災者の多くは田畑で、また海で生業を代々営み、第1次産業あるいはその関連産業に従事してきた。彼らに対して、「被災したのであれば、安心、安定して暮らせるところに引っ越せばよいではないか」という見方もあるかもしれない。しかし彼らは、暮らしと仕事の場所を同一にして人生を営んできたのであり、異なる地域に住むという発想をこれまで持っていなかったのだ。他方で、都市部においても、団塊世代がリタイア期を迎え高齢化が進む中で、余生を過ごし、最期を迎える場所として、地域との向き合い方が再考されている。

このような中で地域再生の本質を考え詰めていくと、よく口にしがちな「地域活性化」や「地域振興」という言葉が持つ曖昧さが際立ってこよう。辞書には、〈活性化＝組織などの活動を活発にすること〉、〈振興＝産業などを盛んにすること〉とあり、いずれもある状態を示しているに過ぎない。しかし、実社会にあてはめれば、そこには主体（誰が）が存在し、地域が活性化や振興を求めていく目的や理由（何のために）も伴ってくるだろう。それではこの「地域」は何を指しているのだろうか。

先に示したように、農山漁村と都市とでは、その成り立ちや、現在に至る状況も異なっている。ましてや、農山漁村の中でも、個々の都道府県、市町村、地区・集落でそれぞれ状況が異なってくる。そう考えると、活性化や振興に携わるには、それを求める現場に立って、なぜ取り組むのか、その背景から問題発生のカラクリを丁寧に読み解く必要があるだろう。

それと同時に、現場の課題を具体的に読み解くだけでなく、解決する必要性を論理的に伝えるトレーニングもより一層求められている。筆者自身、行政の事業や民間の市民活動助成など、現場の活動を支援するソフト事業のお手伝いをさせて頂いている。その中で、事業や助成への応募書類を見ていると、先のような地域再生の目的や手段を的確に整理して、活動の必要性をうまく伝えられているプロジェクトと、そうではないプロジェクトに大別され、両者の発信力の差が大きく開いてきている印象を受ける。このようなソフト事業では、ヒト、モノ、カネの制約がある中で、現場の課題解決を応援したくなるような提案力や説得力が求められ、そのためには、地域が向き合っている大局的な時代の流れや、事業や活動助成が呼びかけられている文脈を理解しようとする姿勢が不可欠となろう。

そこで本章では、農山漁村における地域づくりについて、再生への道筋を考えていくための視点を示してみたい。その道筋を描くための〝補助線〟として、地域資源の存在を強く意識している。地域資源に着目することで、〈暮らし×生業（仕事）×地域〉という関係性が明らかになり、農山漁村再生のカギがあぶり出されるはず、という筆者なりの確信があるからだ。

以下、第1節では、農山漁村のコミュニティの原型について、地域資源との関係性から描き出しながらまず整理しておく。そして第2節では、農山漁村のコミュニティの変化を「都市化」の流れの中で捉え、現在の農山漁村が直面している課題を提示する。それを受けて、第3節では、農山漁村再生のプロセスとして、自治の取り戻しに至るまでの過程を、現場の動きから整理していく。第4節では、その再生プロセスの担い手像を、農山漁村に向かう都市住民や若者の存在に着目し、彼らと農山漁村とのつながりから描き出す。さらに第5節では、経済の観点まで視野に入れたコミュニティビジネスが挑む農山漁村の価値再生の動きを捉える。全体を通して最後に、農山漁村における地域再生の目的を改めて考えてみたい。

第1節 農山漁村のコミュニティの原型をみつめる―地域資源と結びついた集落

皆さんが思い浮かべる農山漁村の風景は、どのようなものであろうか。

写真1は、新潟県中越地域における棚田の風景である。稲穂が実り、収穫の秋を目前にした時期のものである。写真の中央には農道が通り、車の轍も見て取れる。また、畦の草が丁寧に刈られ、棚田の段々を美しく見せている。このような棚田は、斜面を切り拓いて、山から得られる豊富な水を水路で導き、周囲を畦で囲い水を張って、水の引ける土地はほぼすべてと言ってよいほど水田として開発を進めてきたものである。日本は、高温多雨のアジアモンスーン地帯にあって、放っておけば雑草が田んぼの中や畦、農道にも絶え間なく生い茂る。それを農家の人たちが、定期的に草刈りを続けていく。また、軽トラで行き来するうちに、農道は轍がえぐれてデコボコになることもある。そうなれば、農道を使う農家同士で協力して砂利を入れたりしながら

第1節・第2節の内容については、図司直也「地域資源とその再生―コミュニティの位置づけ」小田切徳美編『農山村再生に挑む―理論から実践まで』岩波書店、2013年を併せて参照されたい。

補修もしていく。

写真2は、熊本県阿蘇地域における草原の風景である。一面緑のじゅうたんを敷き詰めたように、日本では珍しい風景が広がっている。実は、この草原は、古くは農耕に使う牛馬のえさの確保や放牧のために、今では阿蘇特有のあか牛を中心とする肉用牛生産のために採草放牧地として、農家にとって不可欠な場所である。阿蘇の人たちはこの草原を「牧野《ぼくや》」を呼んでいる。この牧野では毎年春先に野焼きが行われる。牧野を利用する権利を持った地元の人たちが、枯れ草を焼き払って、また低木類の侵入拡大を防ぐことで、最も粗放的に、また省力的かつ効果的な技術によって今日まで牧野が維持されてきた。今日、阿蘇の草原は「千年の草原」とも称され、世界農業遺産に認定されている。

この2つの写真の共通点は、地元の農家の姿が隠れていることだ。どちらも地元の農家の人たちの日常的な関わりがあって、はじめて維持されている風景なのだ。日本の国土おおよそ38万㎢のうち、里地里山を構成する水田やため池、雑木林、採草地や放牧地などの草原といった農山村に見られる風景の大半は、人が手を加えることで生み出され、また管理・維持されてきた自然環境と言える。このような自然は「二次的自然」と呼ばれている。

この二次的自然にあたる棚田や牧野において、生産性を上昇させたい個々の農家が、自らの田に引く水や飼料となる草をわれ先に得ようとすると、収奪的な利用に陥ることが心配される。しかし近世以降、人口密度が高まり、新たに生産できる余地がなくなってくると、限られた資源の循環的利用を前提とせざるを得なくなり、保全と利用の有機的な連携が求められた。そこで、集

写真１：新潟県中越地域の棚田

落が軸となり、農業用水などの水利施設や牧野の野草を共同で利用し、資源の過剰な収奪を防ぐ技術やルールづくりを担ってきた。このようにして、日本では、集落という「地域」の存在が資源維持の主体となってきたのである。

こうして、アジアモンスーン地帯に属し高温多雨な風土、そして急峻な地形を活かして、空間的にムラとノラとヤマが繋がってきたのだ。ここで言う「ムラ」は集落をなす定住地としての領域を指し、「ノラ」はその外側に耕地すなわち生産地である田畑の領域を、「ヤマ」はさらにその外側に様々な生活や生産の資材を採取する山林原野の領域を指している。そしてヤマの一部は、先の阿蘇における牧野のような入会地として、採草の時期や道具には規制を設けて秩序が維持されてきたのである。③

普段目にしている農山村の景観も、このような空間を構成する地域資源の集合体と捉えることができる。水利からはムラとノラの繋がりが、林野や牧野からはムラとヤマの繋がりが読み取れるだろう。このように、景観の背後に隠れているむらや人びととの存在に気づくことができれば、景観は様々な地域資源における「自然と人間の関係性」の状況を示す指標にもなるのだ。

写真２：熊本県阿蘇地域に広がる草原

③　むらの領域の考え方については、日本村落研究学会編『むらの社会を研究する―フィールドからの発想』農山漁村文化協会、２００７年を併せて参照されたい。

第2節

変容する農山漁村のコミュニティ—見えなくなる地域の人材と資源

農山漁村の基本的なコミュニティとしての集落は、とりわけ農山村では、農地改革後、きわめて均質な農家によって構成され、地域資源と深い関係を有しながら、主に農業によって生計を立てていた農家の集まりであった。その集落も高度経済成長を経て、都市的なものが増大し、農村的なものが減少していく変化を遂げている。具体的には、農村から都市に大規模な人口が移動する1960年代からの農家の兼業化、1970年代から集落の中で非農家が増加する混住化、そして、高度経済成長に始まる人口流出が、1980年代以降には「農業集落」の顕著な縮小にまで至っている過疎化の現象の3つが挙げられる。これらは大局的には「都市化」の流れとして捉えられている。④

1 「3つの空洞化」にみる集落の過疎化の内実

農山漁村における過疎化の内実は、「人」「土地」「むら」の3つの空洞化の現象から整理されている。⑤「過疎」という言葉は、1966年に経済審議会の地域部会中間報告で初めて公式に登場したものであり、当時の地域における急激な人口減少という新たな問題を表現しようとしたことが伺える。

1960年代の高度経済成長期には、「はじめに」で描いたような農村の暮

④ 農山村における都市化の流れについては、日本村落研究学会編『むらの社会を研究する—フィールドからの発想』農山漁村文化協会、2007年を併せて参照されたい。

⑤ 農山村における人・土地・むらの3つの空洞化については、小田切徳美『農山村再生 「限界集落」問題を超えて』岩波書店、2009年などを参照されたい。

らしぶりと比べれば、都市はその華やかさが際立つようになり、農業と工業との産業間格差、さらには、都市と農山村との地域間格差も拡大していく。その中で、地域内に滞留していた二・三男層から働き場を求めて都市に向けて他出するようになり、人口の社会減少、いわば「人の空洞化」が急速に進んだ。

それでも、家の世帯主や後継ぎの長男は、土地や家屋、墓といった家産を守るべくまだむらに残っていた。それも1970年代に入ると、後継ぎ層も出稼ぎから最終的に離村に向かう傾向が強まった。特に中四国地方では、土地を売却し、息子たちのところに出ていく「挙家離村」の動きが取り上げられた時期でもある。さらに、残った親世代もリタイア期に入り、人口も自然減少の局面に陥ると、農林地を利用できる担い手が不在となり、農地の耕作放棄や林地荒廃が顕在化する「土地の空洞化」が生じていく。

このような「人・土地の空洞化」は目に見えて実感されうるものであるのに対し、農山村の生業や暮らしを支えてきた集落の役割もあたかも忍び寄るように、次第に弱まっていく。集落を単位とする活動としては、具体的に次のような場面が挙げられよう。1つめは、水利施設や用水路、農道、入会林野といった農業生産に不可欠な資源を集落の共同作業によって管理する「地域農業資源の維持管理」。2つめは、土地利用の調整や水利用の規制、人手の足りない家の農作業を補い合う労働力の交換、近年では農業機械の共同利用や農地の賃貸借に見られるような「農業生産面での相互補完」。そして3つめは、冠婚葬祭を中心とした行事や消防団、青年団、婦人会などの組織活動を通じて暮らしを支え合う「生活面での相互扶助」である。毎月1回、あるいはシーズンに1回というように定期的に集まりながら、集落の総意として全戸参加で物事を決めていく寄合も、人口が減少し高齢化が進んでいくと、新たな取り組みも乏しくなり、次第に集まろうとする機運や手続きの機会が次第に失われていく。そして、ついには区長さんが合意を得るために集落の各戸を巡っていき、寄合の回数が実質的にゼロとなるまでに、「むらの空洞化」が進んでいくのである。

このような中で登場したのが、いわゆる「限界集落問題」である。この言葉は、1990年代初頭に、当時高知大に所属し県内の過疎地域を調査した大野晃氏が提唱した概念である。その定義は、「65歳以上の高齢者が集落人口の5割以上を占め、冠婚葬祭や農業に関する作業などの社会的共同生活の維持が困難な状態に置かれている集落」とされている。2006年に国土交通省が行った約62,000の過疎集落の状況調査により、今後10年間で消滅する、もしくはいずれ消滅の可能性のある集落の数が約2600あると報告されたことから、マスコミや行政の中で急速に問題視されるようになったのである。

しかし、筆者が周囲の自治体職員に対して、誰がこの調査に回答したかを尋ねたところ、自治体の担当者が現場の様子から判断し回答したケースが大半のようであった。このことは、回答した自治体担当者がどの程度、集落の現状や今後の見通しを把握しているかによって、見解や程度の相違が生じる余地があり、突き詰めれば、当事者である集落住民の見通しと大きくズレが生じる可能性も排除できないだろう。その意味で、高齢化率5割以上という定義上の数値に惑わされず、また「限界集落」という言葉を用いることで思考停止に陥ることなく、真摯に現場に向き合い実態を把握する姿勢が肝要と言えよう。

さらに付け加えるならば、こうした3つの空洞化が進んでいくうちに、地域住民がそこに住み続ける意義や気持ちを失ってしまう「誇りの空洞化」が水面下で広がっている点をより問題視すべきであろう。高度経済成長の時期に、テレビなどのメディアを通して、華やかな、また活気に満ちた都市の様子が農山村にも伝えられるようになると、農村の変化の乏しさや貧しさが意識されるようになっていく。その結果、集落に残った親世代が、将来をあきらめ、「遅れたこのむらに残っていてもいいことはない」とか、「ここには帰ってこなくていい」という言葉を自分の子どもたちに向けて口にしてしまう。この「誇りの空洞化」こそ、地域再生に向けた志を阻む大きな壁とも言え、地域と向き合う心の手当てをどう進めるかも大きなカギになっている。

2 兼業化・混住化により移動性と流動性が高まる集落

今日の農山村では、平日の日中は役場や会社、小売店など、集落外での仕事に就き、朝夕や週末には集落内で農業に従事する農家の姿を多く目にする。このように農家が在宅のまま他産業に従事する兼業化の動きは、離農して他産業に就く欧米や韓国の場合とは対称的に、日本の農村の特徴と言われている。

このような働き方を必要とした背景には、高度経済成長を通じて農村にお

⑥ 兼業化をめぐる背景の整理については、田代洋一『新版　農業問題入門』大月書店、2003年を参照されたい。

いても、家計支出が大きく増えてきた点が挙げられる。テレビ、冷蔵庫、洗濯機をはじめとする家電製品の購入など消費活動が活発になり、本来であればその支出は農業収入で賄われるべきところであった。しかし、農業での規模拡大や経営複合化はなかなか進まず、零細単作経営での収入確保には限界も生じていた。

もっとも、離農して都市に他出する選択肢も考えられたが、高度経済成長期当時の都市部の賃金水準は、農家世帯が都市部に住まいを移して家族を十分養いきれるほどにはまだ達していなかった。それも、第2次高度成長を通じて、高度成長が地方にも波及すると、地域労働市場が展開していく。農業面でも、とりわけ圃場整備が進んだ稲作では、田植え機やコンバインといった農業機械の導入や化学肥料、農薬の活用が進むと、作業労働時間を大幅に減少でき、少ない労働力で水田農業が営めるようになってきた。こうして農村部での在宅兼業を選択せざるを得ない時代背景から、兼業化が定着したと言われている。[6]

さらに、人口の集中する都市近郊を中心に、住宅開発が周囲の農村部にも広がるにつれて、農村地帯にあっても農業を営まない非農家世帯が増えていく混住化も進んでいる。表1が示すように、農業集落において農家世帯の占める割合は全国で、1970年の時点で既に5割を下回り、2010年には1割を切っている。中山間地域に限っても、農家世帯は2割にまで減少し、全体の8割近くが非農家という現状にある。農村の定義を辞書で引くと、「農家が大部分を占める村落（大辞林より）」と示されているが、実は、今日の農村の姿は、辞書の定義とは大きく変わってしまっているのだ。

表1　混住化の推移（1農業集落あたりの農家・非農家の割合）

	全国		都市的地域		平地農業地域		中間農業地域		山間農業地域	
	農家	非農家	農家	非農家	農家	非農家	農家	非農家	農家	非農家
1970年	45.7	54.3								
1980年	23.3	76.7								
1990年	15.7	84.3								
2000年	10.7	89.3	3.5	96.5	27.1	72.9	28.3	71.7	31.2	68.8
2010年	8.9	91.1	3.0	97.0	20.5	79.5	21.2	78.8	23.7	76.3

注）単位％
資料：農林水産省編『平成24年版　食料・農業・農村白書』269頁；農業センサス

今日の農山村の集落では、昼間に集落を歩いても軒先や田畑で見かけるのはお年寄りばかりである。しかし、夕方になると、若い世代や子どもたちが家に帰ってくる姿を目にすることが多い。これは、いくら高齢化が進んでいるからといっても、若者や子どもたちが皆無になってしまった、と考えるのは早計であり、兼業化や混住化が進んだ集落では、朝昼晩で居住者個人での動きが多くなっていることに気が付くだろう。昔は、大人たちはみな家に近いところで野良仕事や山仕事に出て、また子どもたちも小学校へ歩いて通学し、道草をくう姿があり、多様な世代が日中も自分の住む集落やその近くで過ごしていた。しかし、今日では、集落外に通勤や通学する者が増え、日中は姿が見えなくなっている住民が一定数存在しているのだ。

また、農山村に住んでいても、家計や食事の場を親子の世帯で別にしたり、同じ敷地に別棟を設けたりして世帯分離する場合や、子世代がより生活や通勤・通学に便利な同じ自治体の市街地や近隣自治体に新居を設ける「近居」を選択する場合も出てきている。このような形で他出した子世代は、移動手段として自家用車を利用できる世代であり、今日のように過疎地域であっても道路整備が進んでくれば、週末に親の面倒や農作業を手伝いに集落に通う姿も各地で目立ってきた。

さらに、農山村地域における人の動きは、ライフステージの観点からも確認することができよう。徳野貞雄氏の分析から、今日の農山村では、地域外への転居や地域外からの来住の機会が多く、移動性が高まっていることが指摘されている。[7] 生まれてからずっと同じところに住み続けてきたもともと土着の世代は今や80歳代以上にあたり、その下の世代からは、他所での居住経

⑦ ライフステージの観点に立った今日の農山村地域の人の動きについては、徳野貞雄『生活農業論―現代日本のヒトと「食と農」』学文社、2011年に詳細な分析があり、併せて参照されたい。

験を持つUターン層や、他所から移り住んできた来住層が入り混じっている。徳野氏の分析でも、青壮年男性の半数が一度都市部に他出の経験があるUターン層、また、既婚女性の大半が結婚を機に農村に嫁いできた来住層で占められ、男女問わず20～60歳代のかなりの人数が移動経験をもつ実態が明らかにされている。とりわけ、女性における来住層の割合の高さは、通婚圏が戦後大きく広がったことにより、結婚を機に都市部から農村に移り暮らすようになった女性の数が次第に増えていることを示している。

このように、今日の農山村地域は、かつての閉鎖的な、土着性の強い地域とは言えなくなっており、集落の中の世帯間の関係も変わってきている。もともと、集落の中で農家世帯が大半を占めていた時代は、どのくらいの面積で経営しているのか、という土地本位での階層構造がそのまま経済的な地位を示し、集落の中での発言権など政治構造にも影響を及ぼしていた。しかし、兼業化や混住化により農家であっても世帯で農外所得を得る機会が増えてくると、そのような政治構造は有効性を失うことになる。それどころか、農業とは全く無関係な非農家からは、農家が散布する農薬によって洗濯物が汚れる、畜産農家から出る糞尿の匂いが気になる、泥のついたトラクターが農道を走ると車が汚れる…、といった苦情が役場に寄せられるという実態が象徴するように、農作業が快適な生活環境を脅かすものと受け止められ、農家と非農家の間に生じる関心のズレが、地域の中での利害対立を生み出す要因ともなっている。

他方で、混住化によって地域の外から情報やネットワークがもたらされるようになり、閉じたむら社会に風穴を開けるようになった側面もある。また、地域の住民が様々な仕事を経験している人たちで構成されるようになり、地域の話し合いがより民主的に進められるようになったり、構成員全体が参加できる新たな地域イベントや自治活動を試みる原動力にもなっている。また、近居に象徴されるような近隣に住む他出者は、集落の人口は減少しても、田畑の管理や集落行事を支え得る身近な主体として、見逃せない存在と言えよう。

このように今日の農山漁村地域では、集落の中でも田畑や里山といった地域資源に関わる主体は、過疎化によりその数を減らしながら、また混住化により1次産業の生産活動を通じて利用する者に限られてしまっており、その価値も共有しにくくなっている。また、集落に住む個人それぞれに内外に日常的な関係性を持ち行き来しているために、誰が何をしているのか分からず、住民の様子もつかみにくくなっている。他方で、様々な経験を有する多彩な人材を地域に抱えている可能性も秘めている。見えなくなってしまっている人材や資源にこそ、地域づくりの種が潜んでいると言えよう。

3　集落の人材と資源の掘り起こす「地元学」「集落点検活動」

そうだとすれば、「むらの空洞化」が進む中で、従来の寄合のような場に、見えなくなっている人材や資源の掘り起こしを求めようとすることは難しいだろう。そこで、見えなくなっている住民の顔ぶれや関わりが薄れている資源の現状を改めて共有し、そのあるべき姿について改めて知恵を寄せ合うための場づくりが求められている。近年、各地で実践が広がっているのが「地元学」や「集落点検活動」といった手法である。

「地元学」では、「ないものねだり」の愚痴をこぼすより、暮らしの現場の足元に目を向け「あるもの探し」からはじめよう、という姿勢に立ってまず自分たちで調べ、考えることが大事にされている。その実践は、西日本では高度経済成長期に水俣病に向き合うことになった熊本県水俣市の吉本哲郎氏の動きから始まっている[⑧]。

吉本氏いわく、「水俣病は人間の悪い部分をすべて露わにした。水俣病の被害者のみならず、水俣市民であっても、市外に出れば世間からのいじめや非難を浴びることになった。それでも、地の者は土地や墓があるために他所に移ることもできない。厳しい環境に置かれ、苦しみながらも、世間は変えられないなら、自分が変わらなければ始まらない。そこで自分が納得できるまちをつくるしかない」という立場に追い込まれたという。また、「水俣病は空気感染する、というような誤解が水俣の中でも口にされるほど、水俣病のことを市民が勉強していないところにも問題があった。そうなると、水俣病を生み出した問題と向き合うには、環境から手を付けるしかない」というところに行き着いた。そこで、暮らしの当事者として関わる水やごみ、食べ物を手掛かりに、地元の人たちから、時には外の人たちと一緒になって地域を見直していく。それをマップやカードにまとめ発表することで、資源が技術や知恵とともに浮かび上がり、その活用法をみんなで考えていくきっかけが生まれていったのだ。

あるものを新しく組み合わせ、自ら学ぶことによって、地域の暮らしを高

⑧　地元学については、提唱者である吉本哲郎氏、結城登美雄氏の著作を参照されたい。吉本哲郎『地元学をはじめよう』岩波書店、２００８年：結城登美雄『地元学からの出発―この土地を生きた人々の声に耳を傾ける』農山漁村文化協会、２００９年など。

めることを目指す地元学は、まさに「自治」の実践と言えよう。このような実践は、地域における新たな仕組みを「見える化」させようとした地区環境協定や、地域にある資源を村びとが伝えていく村まるごと生活博物館の取り組み、さらには、健康・環境に配慮したものづくりに励む若手の挑戦を応援する「環境マイスター」の認定といった形で、さらなる深化を続けている。同様の取り組みは、東日本では都市化が進む仙台でむらの暮らしを新旧住民とともに再発見していった結城登美雄氏の実践とともに、各地の農山漁村に広がりを見せている。

一方、「集落点検活動」は、生活改善普及事業で取り組まれていた「集落環境点検地図づくり」に、1980年代に入って山口県の生活改善グループが持っている各農家の生活実態に至る情報を組み込んだプログラムとして誕生し、今や各地で実践が進められている。集落全戸の情報を家ごとにまとめ、それをマップ上に落としながら各世帯の家族構成をまず「見える化」させていく。その上に世代ごとの人口や課題の整理を踏まえて、10年後の夢ビジョンを作り上げていくことで、みんなの努力で家ごとの状況を変えながら集落の夢を膨らませていこうという方向性と想いを共有していく作業である。山口県の場合は、毎日、家事や育児、「かあちゃん農業」で田畑を守るなど生活者の視点を持ち、かつ他地域から嫁に来た来住者でもある「女性」による実践に重きを置いている点に特徴がある。また、世帯分離や他出者の存在など、日常の暮らしの背後に隠れている家族機能の実態を意識できるよう手法をアレンジし、他出子も含めた家族樹を集落地図に直接書き込むT型集落点検の進め方も活用されている[9]。これらの活動は、地域資源の価値を見直すとともに、

⑨　徳野貞雄氏が提唱するT型集落点検については、徳野貞雄・柏尾珠紀『T型集落点検とライフヒストリーでみえる家族・集落・女性の底力』農山漁村文化協会、2014年を参照されたい。

そこに関わる社会関係について「自分ごと」から「家ごと」へ、さらには「地域ごと」に改めて繋ぎ直すことにより、実際に誰がどのように行動を起こしていくのか、そのプロセスを明らかにしていく点にねらいが置かれている。

4　集落のいまを捉える—高知県集落実態調査の回答から

それでは、実際に集落の現状はどのようなものであろうか。高知県では、２０１１年度に県内の中山間地域を中心に、おおよそ50世帯未満の集落（１３５９集落）を対象に集落実態調査を実施している。ここでは、その結果から集落の今を捉えてみよう。

まず、「むらの空洞化」のひとつの指標とも言える話し合いの場となる寄合や共同作業・行事に着目したい。調査結果から、９割の集落で寄合が開催され、また、ほぼ全ての集落で何らかの共同活動や行事等を実施していることから、現時点では集落機能が維持されていることが分かる。他方で、寄合の回数として、年に１回開催が約半数を占めている。これは、年度末あるいは年度初めに集まって、前年度の決算を報告し、次年度の計画と予算を承認する、という手続きをまとめて１回で済ませていることが想定される。つまり、集落として例年決まった活動を粛々と続けていく「縮小均衡」の状況にあることが読み取れよう。

それでは、集落の将来については、どのような見通しを抱いているのだろうか。共同作業や活動が将来困難になった場合、「縮小しても自分たちで続けたい」という回答が6割あるが、中には、「近隣の集落に依頼したい」という声も上がってきている。また、10年後の見通しについても、現状と変わらないという集落は2割に留まり、6割の集落が10年後は集落全体が衰退しているだろうと答えている。しかしながら、将来像の話し合いの機会については、4割の集落で予定なし、また、6割の集落が都市部の住民との交流・特産品づくりに対しても消極的だという。この実態は、将来を何とかしたいが、自力で新たな取り組みを行うにはハードルも高く、将来に「複雑な思い」を抱いている集落の現実が伺える。

その一方で、地域に対する愛着はしっかり存在している点に希望を見出したい。集落に住み続けたいかという問い（個人ベース）に、7割の人が「住み続けたい」と答え、「守る財産がある」「家族・親族がいる」「生まれ育って愛着がある」「自然環境がよいから」「友達や近隣、集落の人との付き合いがある」という理由を挙げる声が多い。他方で、20・30歳代において「住み続けたくない」と回答した割合は他世代より高めに出ている点は気になるところだ。

このような世代間の回答の違いは、地域に住み続ける上で必要な条件にも見出せる。「食料品・日用品の商店が近くにない」はすべての世代で高めであるのに対し、「野生鳥獣による被害」や「病院・診療所がない、遠い」は高齢層を中心に、「保育・幼稚園・学校までが遠い」は子育て層を中心に、「携帯電話」は50歳代以下での割合が高い傾向があった。また、経済的な満足度についても、月5~10万円の追加所得を求める声の割合がどの世代でも高めに出たが、現役世代では、それ以上の追加を望む声も寄せられている。

また、すべての世代の不安として共通する買い物についても、60歳代では6割が「市町村内の商店」で、他の市町村が1割に留まるのに対し、20歳代は4割が「他の市町村の商店」となっており、先に兼業化や混住化の実態で触れたように、世代によって行動圏が異なっている実態が改めて確認できる。

このような集落調査の結果から改めて読み取れることは、集落はもともと「守り」志向であり、「攻め」は苦手であるという性格であろう。集落内での世代、また世帯の個人ベースで見ると、志向が多様化しながらも、集落を維持できている原動力は、地域に対する愛着や誇りに根差していることも伺えよう。

第3節 農山漁村再生のプロセス―現状への気づきから自治の取り戻しへ

前章で見てきたように、農山漁村における集落の多くでは、例年行っている活動を粛々と続けていく「縮小均衡」の状況にあることが確認できる。その中で、人口減少や高齢化が進む局面にあって、将来を何とかしたいが、自力で新たな取り組みを行うにはハードルも高く、また、兼業化や混住化により、集落に住む顔ぶれや資源の様子も見えにくくなっている中で、改めて地域の将来に向けた話し合いから始めることも容易ではない。このような環境にある地域の中で、実践的な活動に取り組むにはどのようなプロセスを描いていけばよいのだろうか。ここでは、農山漁村再生のプロセスとその要点を先発地域の展開から学んでみよう。

1 地域活動を支える新たな拠点づくりへ―高知県土佐町石原地区

四国のほぼ中心部に位置する高知県土佐町は、吉野川の源流域に位置し、嶺北地域の拠点となる山あいのまちである。町の中心部から南西の町境に位置する石原地区には、４集落で１９４世帯、３９６人が暮らしている。農林業を生業とした地区は、１９６０年代前半には１５００人近い人口であったが、高度経済成長以降、木材販売収入が低迷する中で、早明浦ダム建設に伴い町の中心部にも市街地が形成され、都市化に伴って人口流出が進む状況にある。現在は、65歳以上の高齢層が46・8%を占め、２００９年には地区の中心部にあった石原小学校も廃校になってしまっている。

このような状況下で、２０１１年11月頃に、地元の土佐れいほく農協から土佐町内各地域に対して、組合の経営合理化策として、町内3か所にあった生活（日用品販売）店舗の営業縮小・人員削減と、２か所にあるガソリンスタンドの廃止方針が伝えられる。石原地区には、生活店舗とガソリンスタンドの両方が立地し、生活店舗は主に高齢者世帯が惣菜購入などで利用する買物先として、またガソリンスタンドも冬場の灯油を確保できる拠点として大きな役割を果たしてきただけに、石原地区では他地域に増して反対意見を表明していく。

いしはらの里協議会の取り組みについては、筆者による現地ヒアリングに加え、尾﨑康隆「キーパーソン型の地域づくりからの脱却に向けて―いしはらの里協議会の事例における実践的検討」『平成25年度全国地域リーダー養成塾活動記録集』地域活性化センター、２０１４年：前田幸輔「サスティナビリティからレジリエンスへ　高知県土佐町石原地区の取り組みから」『地域開発』６０３、２０１４年を参考に取りまとめている。

それと同時期に、高知県では２０１１年に県内で集落対策を実施し、まさに前節で取り上げたような集落の実態が明らかになったことから、新たな中山間地域振興策として「集落活動センター事業」を打ち出すことになった。この集落活動センター事業では、単独集落では地域活動の維持が困難になってきている現状に対応して、小学校区のような基礎集落から一回り大きい生活圏において、地域活動をサポートする拠点を設置し、そこから地域の動きを生み出していくことが目指されている。

県から土佐町に派遣されている地域支援企画員と土佐町役場から集落活動センター事業への取り組みを提案された石原地区では、強い危機感のもとでそれを受け止める。そして、地区全体で石原小学校の学校林の管理を担い、学校行事や地区行事に住民ぐるみで関わる核となってきた校下会を中心に、議論が重ねられていった。地区住民としては、センター事業の概要がまだはっきりしない段階であったことから、まず石原地区の課題を洗い出し、そこから何を目指していくのかを形にしながら、センターの役割をまとめていき、２０１１年12月から翌年３月までの４カ月の間に、約20回ものワークショップを重ねることになった。ワークショップにあたり、開催を支えた県の地域支援企画員や役場職員らは、ちょっとした工夫や遊び心を持って、楽しく、にぎやかに進めること、ひとつの言葉も落とさないよう、参加者の想いをしっかり受け止めていくよう心がけた、という。

その結果、住民たちの想いや考えは、大きく次の４つの方向性にまとめられていく。

・石原で暮らし続けるために「働く・稼ぐ」　・石原で／石原を「支える」

・石原を暮らしやすい環境に／来てもらえる環境にする石原を「実現する」
・石原全体を元気にする石原での「集い」（の場をつくる）

そして、これらの活動を実現していく活動主体として、２０１２年５月に「いしはらの里協議会」が設立された。協議会は、石原地区の住民全員を会員とし、先の４つの方向性を実際に進めていく４つの部会が置かれている。

①直販部…農業者を中心に、直売イベント「よさく市」を運営・開催する。２０１４年11月からは毎週日曜に直売所「やまさとの市」を開設。
②共同作業支援部…40代後半の世代を中心に、農作業や共同作業など地域作業への人材派遣を検討。
③新エネルギー部…太陽光や小水力など再生可能エネルギーの利活用を検討。
④集い部…50代が中心となり、神祭や七夕まつりなどのイベント開催の支援、ＪＡ倉庫の利活用を検討。

このほか、部会間の調整や協議会への提案を行う「連絡会」が、また事務局として、地域おこし協力隊と集落支援員各1名が置かれている。

こうして、２０１３年２月に、廃止されたガソリンスタンドの土地と設備をＪＡから引き継ぎ、経済産業省のモデル事業を活用してガソリンスタンドを再生。11月には、地区住民の出資による「合同会社いしはらの里」を設立し、地域内外の約２００名から２５０万円の出資を受けている。合同会社を通じて、ガソリンスタンドの運営の他、同じくＪＡから引き継いだ生活店舗「さとのみせ」の経営などの採算の得にくい事業と、今後、地域産品の販売などから得られる収益を組み合わせながら、地区の生活に必要な事業を一体的

図１：いしはらの里協議会組織図

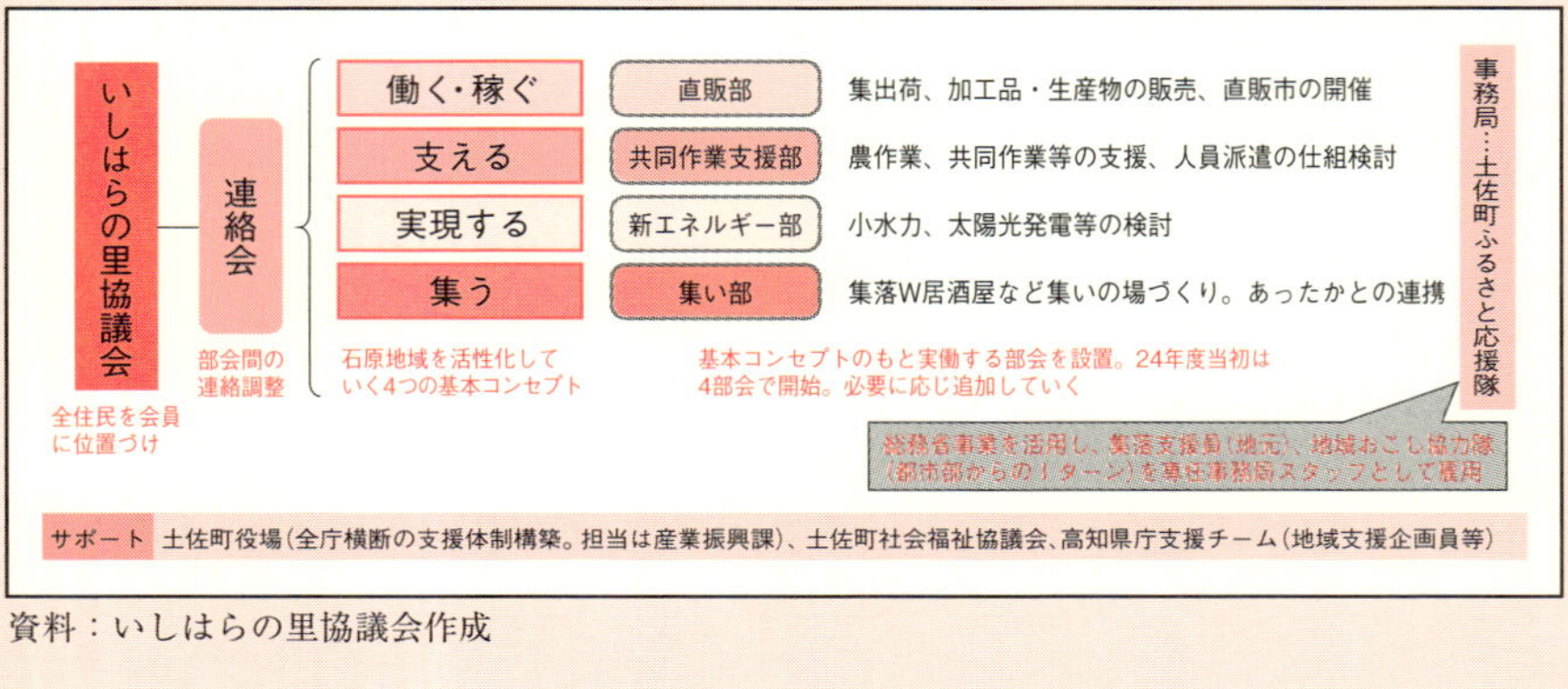

資料：いしはらの里協議会作成

に担い、持続できる「地域経営」の仕組みづくりが目指されている。

2 新しい農山漁村コミュニティの性格

このような石原地区の取り組みからは、地域づくりの一連のステップを見出すことができよう。その発端は、ガソリンスタンドと生活店舗の撤退という強い危機感、いわゆる「危機バネ」の働きがあり、それを集落活動センターの立ち上げを視野に入れたワークショップの開催につなげることで、地域の現状や課題を出し合い、お互いに認識していく当事者としての【①気づき】の場が、まず得られている。次に、ワークショップを通じて４つの方向性が導かれる中で、直売イベント「まるごと石原よさく市」の開催を試みていく。手探りで準備を進めながらも、商品を完売するほどの来客があったことから、住民の中に小さな自信が得られ、各集落での説明会の中でさらに新たな参加者が加わって【②共感】の場が作られていく。それを受けて、集落活動センター事業を通して実現したい４つのテーマが【③ビジョン】として打ち出され、それを部会として組み入れた住民組織「いしはらの里協議会」が作られる。さらに、【④実行】に移す中で、活動を継続するための体制づくりとして「合同会社いしはらの里」が設立されていく。

このような新しい農山村コミュニティの性格を小田切徳美氏は、５つの特徴から指摘している。[⑩]第一は、活動内容の【総合性】であり、石原地区でも協議会の４つのテーマに、地域で暮らす住民自身が求めている多様な役割が盛

⑩　小田切徳美『農山村再生　「限界集落」問題を超えて』岩波書店、２００９年

り込まれている。

第二は、組織の【二面性】である。石原地区で言えば、「いしはらの里協議会」が全員参加による住民の自治組織であり、他方で「合同会社いしはらの里」が経済活動を束ねる組織として位置づけられている。このように、石原地区では自治と経済という一見すると相反する要素が、ひとつのビジョンに込められており、その両輪を動かしていく「地域経営」が目指されている。

第三は、このような新たな自治組織が既存の自治組織である集落と関係しながら展開する【補完性】である。石原地区でも、協議会の設立に向けて、4つの集落それぞれの強みと弱みをまるごと捉え、それぞれをつなぎ合わせて、小学校区全体に活気を生み出す方向性が目指されている。このような集落活動を支える拠点として協議会の役割が期待されている。

第四は、これまで出番のなかった女性や若者、子どもたちなど個人単位での参加の場が新しいコミュニティの中で意識されている【革新性】であろう。石原地区でも、協議会は、地区住民の全員参加がベースであり、部会も参加したい人を受け入れる場として機能している。既存の集落が世帯単位で構成され、寄合には世帯主が参加し、一戸一票制で合意形成が図られる、男性中心の自治組織であったのとは対照的な場づくりと言えよう。

そして最後は、石原地区の取り組みがまさに体現しているように、住民が当事者意識を持って、地域の仲間と未来を切り拓こうとしている【手作り性】であろう。地域づくりの活動は、新たな挑戦の中で盛り上がる時期があれば、活動に疲れて脱力感や無力感にさいなまれる時期があるように、当然、波がある。石原地区でも、ワークショップの開催時期がひとつのピークであり、今日では、参加メンバーの減少や固定化に悩んでいたり、協議会の活動が拠点となる集落に集中してしまうなど、まだまだ課題も抱えている。それでも、地域では日々、暮らしの営みが続いているのであり、ゆっくり一歩ずつ前進するより他はない。その時、まずは自分たちが楽しみながら続けていこうとする心意気が何よりの推進力になるのだろう。

3 山村・漁村にも広がる自治の取り戻し

このような「地域を経営する」発想に立ち、また「自治を取り戻そうとする」試みは、農村だけでなく、今や漁村や山村にも広がりを見せている。

三重県尾鷲市における漁村集落の早田《はいだ》地区では、人口がピーク時であった１９６０年頃に比べ、２割の１５０人にまで減少し、高齢化率も66％とかなり高い状況にあった。その中で、新聞紙上に出た「限界集落」問題がまさに自分の地域の現状にあてはまり、このままだとわが町の存続はない、という強い危機感が生まれた。そこで、、3年をかけて、地区になくなっていた婦人会に代わる女性組織をまず設立し、お母さんたちの動きを作りながら、外部からは三重大学などの学生を受け入れ、学生とともに住民が地域資源や課題の話し合いや交流を重ねた結果、２０１０年、ビジョン早田実行委員会を設立している。

実行委員会には、現在、５つの部会（地域づくり部会、漁業者部会、ホームページ部会、防災部会、笑顔食堂）が置かれている。例えば、漁業者部会では、早田に住んで漁業経験を行うプログラムを少数限定で行っている。そこには、「早田大敷（住民出資による大型定置網漁の会社組織）を残さないと、集落の存続がない」という地場産業に根差した原点がある。短期受け入れで失敗してきたそれまでの経験を活かし、1ヶ月の間、地域ぐるみでじっくり面倒をみることで、若手の新人漁業者の定着が見られ始めている。また、ホームページ部会では、盆や正月に帰省する他出者や縁のできた学生たちに向けて地区の動きの情報発信を担っている。人手不足の地域活動をお手伝いしてくれる人たちを一口5000円の「はいだサポーター」として募集し、ネットワークを組んで活動している。お礼としてサポーターには年1回、早田の産品を発送している。このような早田集落の活動は、隣接する漁村集落への刺激となって広がりを見せつつある。

一方、山村における自治の取り戻しの動きとしては、「木の駅プロジェクト」が挙げられるだろう。このプロジェクトは、不揃いの林地残材や間伐材を相場より少し高い価格で買い取り、地域の商店だけで使える地域通貨で支払う仕組みである。全国各地で「軽トラとチェーンソーで晩酌を」を合言葉に、気楽に山から木を出してお小遣いにして森と地域を元気にしていこうという活動が広がりを見せている。[11]

古くから林業を営む長野県根羽村では、地元の林業研究会が声を上げ、2015年春に開設予定の特養老人施設の温浴や給湯暖房に薪ボイラー設置を決め、その燃料となる薪を地域の山から集めていくことを目的に活動が始まっている。村には、独自の森林所有構造があり、明治時代から村有林が村の全戸に分収林・貸付林として貸し付けられ、ほぼ全戸が山持ちとなって、戦

⑪　木の駅プロジェクトの詳細については、丹羽健司『「木の駅」山も人も軽トラ・チェーンソーでいきいき』全国林業改良普及協会、2014年を参照されたい。

後に一財産を気築いてきた歴史があった。アドバイザーとして関わっている丹羽健司さんは、「山に背を向けてしまっている村人には、まずは、村の魂や山の恵みといった村人の琴線に触れないと」と、木の駅プロジェクトだけでなく、山里の家庭料理を持ち寄り、その豊かさを味わう「食の文化祭」や猟友会の人たちに猟師の醍醐味を語ってもらう「山の獲物談義」などのイベントを組み合わせながら提案し、多くの村民の参加の場が生まれている。改めて森や村の歴史と向き合い、村をどうするか、根羽村の木の駅を身の丈に合うようにどのように動かしていくか、議論を重ねる村人たちの中にも、自分でできそうなことは自分で決めようとする自治が取り戻されつつある。

第4節　農山漁村再生の担い手―都市住民や若者たちとつながる農山漁村

1　都市農村「交流」から「協働」への深まり

前節では、農山漁村再生のプロセスについて実践する現場から学んできた。そのきっかけは、2節でも述べた集落や地域の人材や資源をまず掘り起こす作業に他ならず、具体的には、「地元学」、「集落点検活動」といった地域住民が主体となったワークショップから取り組みが始まっていた。またその場に

第4節の内容については、図司直也「若者はなぜ農山村に向かうのか―「里山」資源が生み出すなりわいづくりの可能性」『地域開発』603、2014年を併せて参照されたい。

は、地域外のまなざしも不可欠とされていることが分かる。

先の事例で言えば、土佐町石原地区では、役場職員と県の地域支援企画員のようなコーディネータ役の存在が、また尾鷲市早田地区では、大学生のような若者の存在がまさにそうであろう。早田地区では、大学生が地区住民への聞き取り調査をまず行い、その内容を手がかりとして話し合いながら、「仕事がないと言っても、「漁業」も立派な仕事ではないか」「昔のように再生することは難しいので、やり方や形を変えて再生していくことを考えては」といった問題提起に繋がっている。そして、地区住民と学生との話し合いの場や交流会の名前を、みんなが参加する投票によって「ビジョン早田」「はいだといっしょ」と命名し、時に、畑作業や地区清掃で汗をかいたり、郷土料理づくりを一緒に体験しながら、お互いが一緒に前進していく時間が重ねられていく。その結果として掲げられたフレーズが、まさに「かけがえのないふるさと早田の存続に向けて」というビジョン早田実行委員会の目的なのだ。

このような農山漁村が都市と繋がった交流は、1970年代に端を発すると言われている。[12] 最初は、農山漁村にある産品を都市で販売する「モノ」を介した交流から始まり、大分県の平松知事（当時）が提唱した一村一品運動が象徴するように、特産品開発に主眼が置かれるようになる。しかし、「一品」「産品」への関心を集めるあまりに、単なるモノづくり論へと矮小化されてしまったのではないか、という問題提起もなされ、その先の展開に課題を残した。

次いで1980年代後半からは、内需拡大、民活論の高まりを受けて、農山漁村はリゾート開発ブームに巻き込まれていく。各地で自然環境保全と開

⑫ 都市農村交流の展開の整理については、筒井一伸「地域自立の政策」小田切徳美編『農山村再生に挑む―理論から実践まで』岩波書店、2013年などを参照されたい。

発圧力のせめぎ合いを生んだものの、それもバブル崩壊に伴い、都市サイドからの開発資本が手を引くと、不良債権化したり、遊休化した施設を各地に残すことになった。そして、その対抗軸としてヨーロッパからもたらされたグリーンツーリズムの考え方が、１９９０年代以降、各地に取り入れられていく。

グリーンツーリズムが日本に入ってきてはや20年あまりを経つつあるが、今日、その手応えはどうだろうか。地域によっては、継続的な交流を生んでいる地域がある一方で、単なる体験事業に矮小化されたり、一過性の交流に終わってしまっているケースも出てきている。また、農家民宿や農村レストランの主たる担い手となった農家のおかみさんたちも20年の齢を重ねてきている。

このように振り返ってみると、都市と農山漁村との交流は、確かに交流人口が示すような「人数の多さ」も大事ではあるが、あくまで交流は手段なのであり、農山漁村サイドが都市住民との交流の先に何を見出すのか、まさに当事者意識を持って志す目的にこそ本質があることが確認できよう。

その点で、近年の交流には、先の早田地区の様子がまさに体現しているような、農山漁村の住民と都市住民とが主体的な関係を築いている場面が増えてきている。その姿は、各地の棚田オーナー制や里山保全活動、また熊本・阿蘇地域における野焼き支援ボランティアの現場でも見られている。筆者自身も、棚田オーナー制の中でも著名な千葉県鴨川市の大山千枚田に、数年間通って農作業に勤しんだ経験がある。そこでは、長年続けている先輩オーナーが、地元農家と一緒になって活動をサポートしたり、通い続けた若者の中からNPO法人のスタッフとなり、受け入れ側の事務局を担う者も出てきていたりする。また、阿蘇でも、参加回数を重ねた野焼き支援ボランティアの中から、リーダーとなって、受け入れの牧野組合とボランティアの間に立って、現場の作業を支える人材が生まれている。このような都市住民の姿には、自らの労働力や経験、人的ネットワークを農山漁村側に提供しながら、企画段階から活動に参画し支えていくような「体験」から「サポート」へという交流の「質」の深まりを見出すことができる。まさに都市農村「交流」から「協働」の段階へと表現しうるものとも言えよう。

さらに近年、特徴的なのは、交流の「世代」が若者に広がっている点である。筒井一伸氏らによれば、バブル経済以降、1990年代後半の農山村への移住は、「定年帰農」という言葉に代表される中高年層の就農志向や、「新・農業人フェア」に代表される現役世代の就農の流れもあって、農林漁業を志向する傾向があった。それが、2000年代後半以降は、必ずしも就農希望者のみが農山村への移住を目指している訳ではなく、NPO法人ふるさと回帰支援センターへの相談者にも30歳代、またファミリー層の割合が増える傾向にある。そこには、都市生活から農山村での地域に密着した暮らしを志向する「ライフスタイルの転換」や、地域づくりに関連する働き方、農山村での新たな「起業」を志す声が目立つようになっているという。⑬

このような変化にいち早く着目した農文協の甲斐良治氏は、『増刊現代農業』2005年8月号で『若者はなぜ、農山村に向かうのか』を特集し、団塊ジュニア世代以降にあたる現在の40歳以下の若者の動きに着目している。それに関連して、この世代が大学を卒業する前後にあたる「1995年」を

⑬ 近年の農山漁村に向かう関心の変化については、筒井一伸・嵩和雄・佐久間康富『移住者の地域起業による農山村再生』筑波書房、2014年を参照されたい。

雇用と農産物を巡って大転換をもたらした年と位置づけている。この1995年は、雇用を巡っては、不況による就職氷河期で企業の採用数が減っただけでなく、日経連が雇用のガイドラインを発表した年であり、終身雇用・年功序列といった日本型雇用が崩れ、若者の非正規雇用が問題視されている。さらに、農産物を巡っては、WTO発足の年でもあり、グローバリズムにより農産物市場の自由化が加速した、と指摘している。

実は、筆者にとっても1995年は大学入学の年であり、この世代と重なり合うところがある。この年は先の甲斐氏の指摘のみならず、1月には阪神淡路大震災、3月には地下鉄サリン事件と、社会を揺るがす都市型の災害や事件が相次いだ年でもあった。そして、卒業時には就職氷河期に直面し、30歳代に入って、2008年にリーマンショックに端を発する世界同時不況、さらに2011年3月に東日本大震災を経験している。他方で、1995年が後に「ボランティア元年」と呼ばれNPO法実現に至ったように、ボランティアや、社会起業家、コミュニティビジネスといった社会や地域の課題解決を目指す活動を身近に受け止めてきた。このように振り返ってみると、働き方や生き方、都市での生活の良し悪しを自ら問い直し始めた世代が農山漁村に赴いている。

今日、大学に入学してくる学生たちは、既に平成生まれになっており、物心がついた頃には、既にバブル経済崩壊後で日本経済が右肩下がりの状況にあることが前提の感覚を持っている。また、筆者のまわりでは、お盆や正月に地方に帰省する習慣を持たない学生の割合が年々増えている。地方在住の祖父母を両親が首都圏に呼び寄せていたり、遠方まで墓参りに行く機会も乏しくなる中で、彼らにとって、農山漁村や地方は、行ったことはないがテレビ番組などのメディアでよく目にする興味深い場所、あたたかみのある場所などと映っているようであり、そこに赴く心理的ハードルも下がってきていると言えよう。

2 地域おこし協力隊にみる農山漁村との向き合い方

それでは、農山漁村に足を運ぶ若者たちはそこでどのような価値を見出し、またどのような影響を受けているのだろうか。近年、農山漁村に向かう入口として、地域おこし協力隊が注目されている。地域おこし協力隊は、２００９年度より国が立ち上げた施策であり、これまで参加人数は１５００人超えるまでになっている。２０１３年６月末までに任期を終えた隊員３６６人のうち８割近くを20・30代が占め、全体の約６割が活動した地域にその後も定住、もしくは何らかの地域協力活動への関わり従事を続けている。このような数字からも、地域サポート活動や農山漁村への移住に対する若者の関心の高さがうかがえる。

今回は、岡山県美作市上山地区における地域おこし協力隊として２０１０年から３年間活動してきた水柿大地君のケースを取り上げ、農山村との向き合い方をたどってみたい⑭。

水柿君は、高校３年生の時に見た「高齢化・過疎化の進む農山村とそこで暮らす独居老人」の番組に衝撃を受け、農山村の地域づくりを学ぼうと大学

⑭　水柿大地君の活動については、水柿大地『21歳男子、過疎の山村に住むことにしました』岩波書店、２０１４年に詳細が語られており、ぜひ一読をお勧めしたい。

に進学。大学2年の終わりに、自分の学びたかった現場のことがまだ分かっていないと、1年間休学し協力隊への参加を決めたという。赴任した美作市上山地区の協力隊には、耕作放棄された広大な棚田の再生が任され、ひたすら草刈りや刈った草の野焼き作業に奮闘する。さらに、草刈りの中で、藪に埋もれた古民家も姿を現し、朽ちた内部をリフォームしていく作業も加わった。そして、次第に復田が進むと、棚田に水を引く必要から、道普請や水路管理などのむら仕事に参加したり、野焼き作業で火を扱うことから消防団活動にも顔を出すなど、地元住民との関わりも深めていくこととなる。このようにして水柿君は、炭焼き、木の駅プロジェクトの向けた木材搬出の試み、高齢者のお茶飲みサロンの開催や盆踊りの復活など、里山やコミュニティ再生に向けた様々な活動を仲間たちと展開させていく。

水柿君自身、協力隊1年目は「とにかく自分が学ぶことができれば」と活動していたが、2年目も休学を決め、協力隊制度終了後もこの地に根ざして活動する人のことを、強く考えるようになったという。そこに垣間見えるのは、美作が「学びの場」から「家族との暮らしの場」として捉えられるようになった彼のまなざしの変化であろう。

そして休学を終えた3年目には、大学復学と協力隊継続の二足のわらじに挑戦する。その理由として、「これから先どんな時代になろうと、自分たちが土から何か産み出せる能力や場所はもっているほうがいい」からだという。それだけでなく、「田舎にかたより、都会との関係を完全に遮断するというわけではなく、ベースは田舎にあって、つくったものを売りに行ったり、人や物からの刺激を求めたりして、たまには都会にだって行く」と、都会と田舎、岡山と東京で人のつながりをもとに、双方の地の利を活かそうとしている。

こうして水柿君は、結果として3年間の任期を全うし、その後も現地に残って活動を続けている。現在は、仲間との米づくり、古民家でのカフェ営業、「あなたの孫プロジェクト」（あなたの孫となって家や地域の困りごとを手伝う、いわば御用聞き）といったいくつかの仕事を組み合わせながら、生活費を工面しようと試みている。

水柿君にとっての田舎は「若くてやったことがないことでも動いてみるチャンスがたくさんあり人が成長できる場所」であり、「若者が生きていく力を身につけながら稼いでいける場所」と位置づいている。その背景には、「単純に人が少なく、自分たちでいろいろとこなさなくてはいけない」場面が多くても、「知識や経験を蓄えたおじいちゃんやおばあちゃんが今ならまだ健在で、いろいろと教えてくれる」ことで居場所と出番にあふれた場所なのだろう。このような幅広くいろいろなことに取り組める環境から、「月に5万円稼げる仕事を5つもったら25万円稼げる」ような「多就業」の仕事のスタイルが自ずと目指されたようだ。

水柿君に見られるような農山漁村との向き合い方は、筆者の見る限り、協力隊として活動するメンバーにある程度共通するものと言えそうだ。彼らは、初めての慣れない土地で、お茶飲みや手伝いをしながら住民ひとりひとりの暮らしに接し、さらに集落の共同作業やお祭りなど地域活動に参加しながら、地域の文化や多彩な技に触れていく。その中で刺激を受けたものを選び取り、自分たちの感性で磨き上げ、ひとつの仕事に仕立てていく。それをいくつか組み合わせながら、多就業で生計を立てていく志を抱いている。

3 若者は農山漁村に何を見出しているのか

このような水柿君の姿から、今や里山は若者と田舎との結節点に位置づいていることがわかる。それは里山が、農山村に暮らす地元の人々が生業を通して維持されてきた「二次的自然」だからだ。言い換えれば、里山は、世代を超えて継承されてきた知恵・技術が数多く見出される場所なのである。それは、風土に根差した米や野菜づくりの技であったり、炭焼きの細やかな経験知であったり、さまざまな里の実りを加工し保存する知恵であったりする。それは、漁村と里海の関係性にも当てはまるものであろう。

このような「地域遺伝子」（後藤春彦氏）が詰まった資源にあふれた場所がまさに農山漁村に他ならず、そこに向き合った若者たちは、地域遺伝子を受け継いできた地元の人々の姿に素直に「共感」し、その知恵や技に敬意を表している。この点で若者たちにとっての田舎は、地元の人と出会い関わりを持たなくては意味のない場所となる。それは、セカンドライフ志向の田舎暮らしとして、余生を静かに暮らすことを目的に移住を考える団塊世代のスタンスとは一線を画すものかもしれない。

宮口侗廸氏は、地域づくりの考え方を「時代にふさわしい新しい価値を地域から内発的につくり出し、地域に上乗せしていく作業」と表現している。[15] 若者たちの里山・里海の資源に対する共感は、まさにこの定義に重なり合うものであり、今日的な「なりわいづくり」の実践活動に結び付いている。

この「なりわいづくり」が近著で注目されている。移住者の地域起業によ

⑮ 宮口侗廸『新・地域を活かす』原書房、2007年

る農山村再生に着目する筒井氏らは、「なりわい」を、①移住者にとっての生活の糧、②自身がイメージする田舎暮らしを具現化できる自己実現の手段、そして③地域とのつながりから得られる学びと貢献を伴うもの、と表現している。また、伊藤洋志氏も、あえて「ナリワイ」とカタカナで表現しながら「小さい元手で生活の中から生み出された、自給につながる、やればやるほど心身ともに鍛えられる仕事」と定義し、「田舎こそナリワイの宝庫」と指摘している。そして、今の時代には、外部の環境に振り回されるよりも、自分の生活をつくる能力を磨き、それをちょっと仕事にしながら多様な仕事を組み合わせていく生き方に確実性を見出す。[16]

このように里山や里海が「なりわい」に満ちた場所と捉えられた時、農山漁村という地域へのまなざしは大きく変わってこよう。筒井氏らは、地域の中で従来からあった仕事を移住者が引き継ぎ、ヨソモノ視点で資源の再価値化を目指す展開を「継業」という概念で表現し、従来の就業や起業だけでなく、隠れていた「なりわい」の選択肢とその可能性を示してくれている。世代を超えて継承されてきた里山・里海の知恵や技術に対する「共感」の活かし方は、若者それぞれであり、水柿君が示すように田舎に移住して仕事をつくり出していくやり方もあれば、都市に戻り田舎で深まったネットワークを繋いでいく仕事もあるだろう。伊藤氏らもまた、「実際の故郷よりもゆるい故郷」となる「フルサト」をつくって、いざというときに頼れる場所を持つような、都会か田舎かという二者択一を超える多拠点居住を現代に合わせて再構築する住まい方を提起している。[17] まさに、都市と農山漁村の真の「対流」が体現される時代になってきたと言えよう。

⑯ 伊藤洋志『ナリワイをつくる』東京書籍、2012年

⑰ 伊藤洋志・pha（ファ）『フルサトをつくる』東京書籍、2014年

第5節

農山漁村の価値を創り出す―「守り」から「攻め」に転じるために

1　3種類の地域活動を積み直す

前節のように、都市住民や若者たちのまなざしが農山漁村に向きつつある現状に対して、それでは農山漁村の側はどのように受け止めていくべきなのだろうか。

1・2節では、生業のもとに地域資源と結びついていた農山漁村の集落が、高度経済成長により大きく変わっていく様子をたどってきた。その様相は、今日では経済のグローバル化のもとで、さらに変容していると言えよう。そこでは、〈生活する単位としての地域〉に比べて、〈資本が展開する単位としての地域〉が著しく拡大するあまりに、そこに生じるズレ、さらには対立する局面が様々な問題を引き起こすようになっている。その結果、今や、住民がひとつの地域に住み続けて、生活を豊かに享受しながら世代交代をしていくことがきわめて難しくなっている時代と言われるまでになっている。その中で、農山漁村再生に向けた各地の挑戦は、どの地域の住民であれ、人間として生きていくために、自分たちの地域の経済のあり方や社会のあり方を自ら決定していく時代の到来をまさに体現するものであろう。またそこには、地域の方向性をどう描くかという「自治」の取り戻しがあり、そこから経済のあり様、資本の活動単位を主体的に捉え直そうとする姿勢が読み取れよう。⑱

前節で農山漁村とつながる若者として、地域おこし協力隊の姿を追ったが、農山漁村に赴く隊員に対して、期待されている地域協力活動は多岐にわたっている。その中で、一番イメージしやすいのは、まさに地域おこしに関わる活動ではないだろうか。総務省の資料でも、イベントの応援や、地域ブランドや地場産品の開発・販売・プロモーション、都市との交流事業・教育交流事業の応援といった内容が並んでいる。このような活動は、地域の中で新たな展開を生み出していく「攻め」の姿勢を示す活動と言え、地域の特徴を活かして、身の丈にあった価値や良さを追い求める発想に立って、地域で新たな動きや仕事を起こそうと試みる「価値創造活動」と表現できるものであろう。

他方で、水源地や道路の整備・清掃活動、伝統芸能や祭りの復活といった内容は、農業生産に不可欠な資源をむらの共同作業によって管理している活動、また、相互扶助で暮らしを支える活動であり、「コミュニティ支援活動」と位置づけられよう。さらに、見守りサービスや通院・買物のサポートのような暮らしの中で難しくなった身の回りの困りごとに関わっていくものは、「生活支援活動」と言えそうである。これらコミュニティ支援活動と生活支援活動は、縮小均衡の状態にあって現状の暮らしを維持していくための「守り」の活動にあたるものである。

このように、協力隊をはじめとする地域サポート人材が関わっていく活動は、攻めの「価値創造活動」、守りの「コミュニティ支援活動」「生活支援活動」の3つに分けられる。そこで、うまく農山漁村の地域社会や住民たちと

⑱　この点については、岡田氏らによる地域経済学の分野から多くを学んだ。岡田知弘・川瀬光義・鈴木誠・富樫幸一『国際化時代の地域経済学　第3版』有斐閣、2007年を参照されたい。

⑲　地域おこし協力隊をはじめとする地域サポート人材を活かした取り組みについては、図司直也『地域サポート人材による農山村再生』筑波書房、2014年を参照されたい。

縁を紡いでいる若者たちには、共通のプロセスを見出すことができる。それは、1年目は、守りの活動（コニュニティ支援活動や生活支援活動）をベースとしながらも、2年目、3年目にはじっくり攻めの活動（価値創造活動）へと展開させていく似たような軌跡を描いているのだ。そのプロセスは何より、地域住民との信頼関係を丁寧に築くだけでなく、自らの経験やネットワークを活かせる地域資源を探し出すための大事な機会にもなっている。そして、うまく地域資源と自らの経験やネットワーク、そして若さゆえの勢いが結びつくとき、価値創造活動へ、さらにはなりわいづくりへと展開していく。地域サポート人材に求められる姿勢は、この3つの活動の積み上げ方とバランスであり、まさに、図2の三角形を意識したプロセスデザインと言えよう[19]。

　このように整理してみると、この三角形を作り上げていく姿勢は、実は、若者たちのみならず、彼らを受け入れる農山漁村の側にも求められるものであることに気づくだろう。3節で取り上げた農山漁村再生のプロセスがまさにそうである。中越地震から10年を迎えた中越地域の集落でも、過疎化と高齢化が一気に進もうとも、復旧・復興の手応えをつかみながら、試行錯誤の上に、中越モデルと称すべき地域サポートの仕組みが立ち上がっている。その仕組みを中越防災安全推進機構の稲垣文彦氏は、「〝足し算〟のサポートから〝掛け算〟のサポートへ」、と表現している。まずは住民の日常に寄り添い、様々な体験を積み重ね、外部とのつながりや小さな成功体験を得ていく〝足し算〟の段階があって、ようやく、住民間での共通認識ができ、自分たちで動き始める段階に達する。そこから集落の将来のビジョンを創り出していこうとする〝掛け算〟の展開に進んでいく。このような段階的なサポート活動

図２　地域サポート活動の３類型

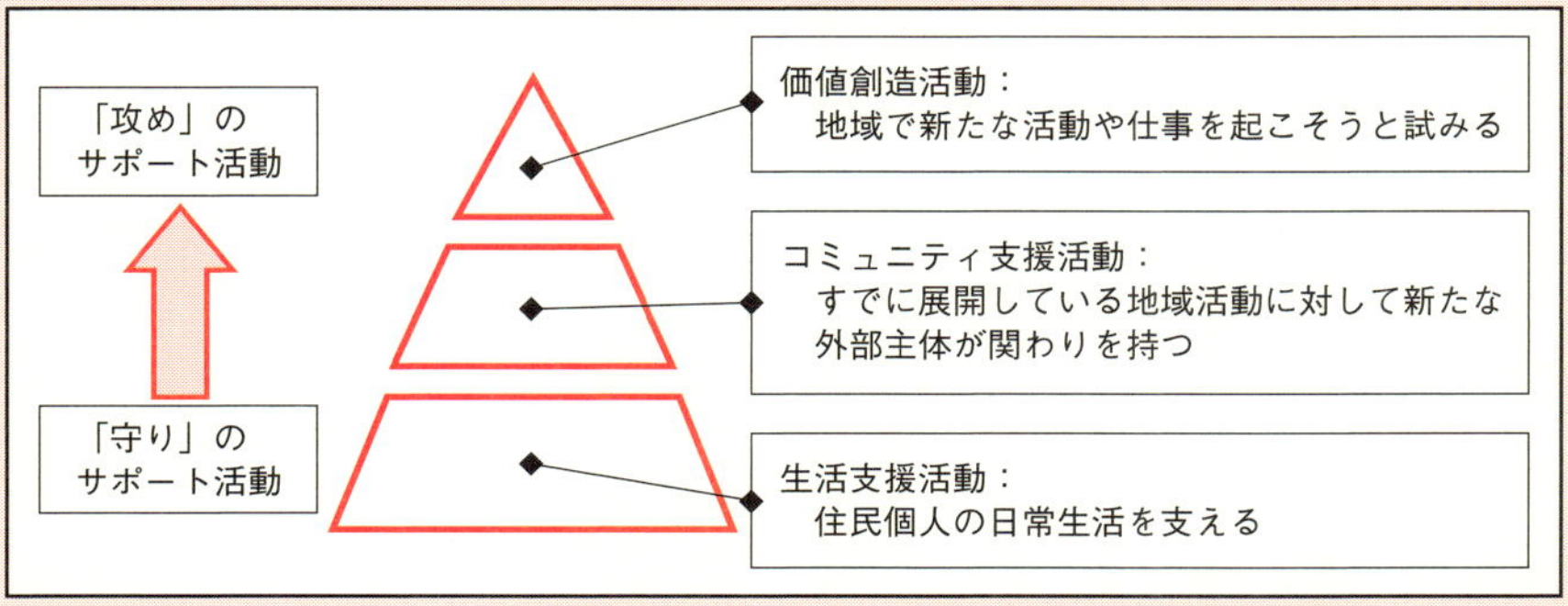

資料：筆者作成

が中越地震の被災集落では心掛けられてきたのだ。その結果、周囲からのサポートを味方につけながら、活動に主体的に取り組めた人ほど、震災による喪失感を自分たちで補い、復興に対する手応えを実感できているという。[20]

2 農山漁村の価値を創り出すコミュニティビジネスの挑戦

そうなれば、このような下地をしっかり固めた上で、改めて価値創造活動を経済面での主体的な活動にどのように結び付けていくのかが、大きなカギになって来よう。それは、自治の取り戻しをコミュニティビジネスに結び付けていく大きな挑戦に他ならない。

和歌山県田辺市の市街地から車で10分あまりのところに秋津野地区（1200戸、3300人）がある。今日の秋津野地区は、地元の柑橘類やジュース等の加工品を揃え、地域産品の詰め合わせセットを契機に経営を拡大している秋津野直売所「きてら」や、小学校の跡地や旧校舎を宿泊施設と農村レストランに活用し、都市農村交流の拠点となっている「秋津野ガルテン」を核として、年間12万人以上が来客し、1・8億円の売り上げがもたらされ、コミュニティビジネスの拠点として活気づいている。

自治の取り戻しからコミュニティビジネスへ、という観点からポイントをまとめてみたい。秋津野地区における自治の取り戻しは、田辺市郊外の農村地帯において宅地開発が進み生じた旧住民と新住民との間のトラブルが発端であり、まさに混住化による地域コミュニティ崩壊が危機バネとなった。そ

⑳ 稲垣文彦ほか『震災復興が語る農山村再生：地域づくりの本質』コモンズ、２０１４年

田辺市秋津野地区の取り組みについては、岸上光克『廃校利活用による農山村再生』筑波書房、２０１５年に詳細な整理がなされている。

こで、「上秋津を考える会」が20数年前に立ち上がり、新旧住民の交流の場を育んできた原点がある。その中で、住民同士が繋がるだけでなく、地域外からも秋津野に人が集まり始め、交流が地域の「気づき」の場として、またネットワークづくりに展開していったという。

他方で、地域経済としては、1990年代半ばから、梅の高値取引が続く「梅バブル」や、片や急激なミカンの価格下落に直面する中で、秋津野の経済の核となる農業の持続性を問い直し、「市場に左右されない地産地消しかない」と考え方がまとまっていく。そして行政やJAにも頼れない中で、有志31名が1人10万円を持ち寄って、直売所の開設に踏み切った。しかし、地産地消の実現は容易ではなく、半年で倒産の危機に直面してしまう。それでも地域の産物を詰め合わせたセットの販売を試み、結果として完売し倒産の危機を脱することとなる。この経験は、地元の出荷者や出資者の増加をもたらすとともに、地域外から出資を受け入れる応援団制度の新設に繋がっていく。現在、秋津野地区には、直売所を経営する農業法人株式会社「きてら」と、秋津野地区のグリーンツーリズムの事業主体となる農業法人株式会社秋津野が展開しているが、そのコンセプトは、自治の取り戻しに加え、持続できる経済循環へのこだわり、さらには秋津野でつながる人たちとの縁に尽きるのだろう。

片や、戸数43戸、人口122人という小規模な宮崎県高千穂町秋元地区でも集落発のコミュニティビジネスへの挑戦が始まっている。秋元地区は、町の中心部から車で30分程度、途中からは対向車が行き違えないような谷筋の一本道を進んだ一番奥にある棚田の美しい集落である。今でこそパワースポットとして注目される高千穂にあって、集落の秋元神社を訪れる来訪者も目立つようになったが、それまでは無名のむらであった。

　その秋元集落出身の飯干敦志さんは、役場を早期退職し、地元秋元の地域資源を改めて生活の中に染み込ませることから始めている。村に人が行き交い、地域の魅力が商品・サービスとなり、次世代のための田舎ビジネスを創って、若者が暮らせる田舎にしていくことを目指し、一歩ずつ取り組みを進めている。その発端は、やはり都会の若者の受け入れにある。地域づくりインターンや田舎で働き隊を通してやってきた若者たちとの交流、提案がきっかけとなって、２００９年に集落のお母ちゃんたちによる直売所「いろはや」が開設されると、参拝客がむらにお金を落とすようになり、お母ちゃんたちもやる気になってきた。

　さらに、２０１０年に集落の交流活動を担う「高千穂ムラたび活性化協議会」を設立。地元で生産した農産物に対し自ら付加価値を付けていく御神水どぶろく「千穂まいり」や、なついちごのコンフィチュール、オーベルジュ型の民宿経営に取り組んでいく。そして、２０１３年には、お母ちゃんたちが集落の食を提供するめし屋「しんたく」をオープン。また、町の中心部との接点づくりを視野に入れて、スイーツカフェ「アンソレイユ」を展開させ、U・Iターンの若者の雇用を進めるなど、少しずつ事業を展開させている。飯干さんは、単体のロットは大きくないが、多軸で展開していくこと、また、やりたい人が組織体の中に入って継承していく仕組みづくりを意識しているという。

　地区の大小はあるにせよこの2つの事例に共通しているのは、地域経済が逆風にあっても自分たちで経済活動に乗り出そうとする姿勢だろう。その下地として、自治の取り戻しを通して地域の仲間や足元にある資源に対して自信を抱けるようになっている。さらには、秋津野の地域外からの出資が象徴的なように、外部とのネットワークを味方につけて活動を展開させている。そこにある地域資源は、決してグローバル経済に翻弄されるのではなく、地域内外の主体が精神的にも経済的にも支えながら、いわば志とカネをサポートしながら、資源の利用を地域ぐるみで回復させる取り組みに繋がっている。それは、不特定多数を相手にした顔の見えない商売ではなく、顔の見える交流をベースにした着実な手応えの感じられる経済活動に育ちつつある。コミュニティビジネスも、こうして農山漁村で生まれる新たなコミュニティが母体となって展開していくことを期待したい。

第6節 おわりに—農山漁村における地域再生は何を目指すのか

本章で見てきた農山漁村における数々の新展開には、最近の「地方創生」「雇用創出」や「男女共同参画」といった政策の文脈にとらわれないしなやかな発想があり、そこに着実に育ちつつある再生の芽こそ大事にすべきものであろう。今日の若者の目には、農山漁村は、仕事がないから住めない場所ではなく、先人からバトンを受け継ぎ、自らが新たな価値を加えていくことで、新たな〝業〟を起こせる、可能性に満ちた場所と映っていることが現場の兆しから読み取れよう。また、「男女共同参画」に対する考え方にしても、農山漁村では、もともと家族ぐるみの生業の中で男女の役割を相互補完的なものとして受け止めてきた経験も少なくなく、そこから自由に楽しみながら活動の場を広げていく母ちゃんたちの実践を目にすると、性別・年齢に関わらず、地域の人々すべてが生き生きと暮らすための仕掛けづくりとしての場の可能性を感じ取れるだろう。㉑

熊本県人吉市において、地域のお母さんたちと15年あまりにわたり郷土料理を提供する「ひまわり亭」の本田節さんのところでは、今日では、若いお母さんたちが働く姿を見ることができる。そこには、子育てを終えた先輩たちがフォローしながら、子どもの病気や学校など子育て環境で苦労する次世代の女性たちを理解し、世代を超えた働きやすい環境を作り出していく、いわばワークシェアリングの発想が生まれており、その姿勢は単なる女性起業の枠を超えたものになりつつある。節さんにとって、その発想の先には、障がい者雇用の導入も視野に入っているという。

また、鹿児島市にある知的障がい者支援施設のしょうぶ学園には、障がい者による木工や陶芸、服飾など多彩なモノづくりの工房やアートギャラリー、一般客も利用できるカフェやパン屋が開放的な園内に点在し、素敵な空間を創り出している。学園を主宰する福森伸さんは、「園にいる障がい者が幸福であって欲しい」という想いを徹底し、彼らの居心地のいい場所をどう作るかを日々模索しながら、彼らの自由にやれることをやってもらって、それを職員がサポートする園のスタイルを実践し、障がい者とコミュニティの間をど

㉑ 農山村における近年の女性主体の地域づくりについては、小川理恵『魅力ある地域を興す女性たち』農山漁村文化協会、２０１４年などを参照されたい。

のように繋いでいくのがよいのか、今もなお両者の理想的な距離感を探っている。

このような現場の姿には、経済のグローバル化が進む現代の日本において、農山漁村、あるいは地方には、人間として生きていくために、自分たちの地域の経済のあり方や社会のあり方を、自ら試行錯誤しながら決定していく時代が到来している兆しが感じられるだろう。まさに、農山漁村再生の目的は、健康で幸福な暮らしを意味する〝Well-being〟の実現に求められている。そのような地域を創る方向性をどう描くのか、その過程が「自治」の取り戻しに他ならない。

10年をかけて、復旧、復興の道筋を歩んできた中越地震の被災地において、十日町市池谷集落に家族揃って移住し、集落再生のNPO法人の事務局長を担う多田朋孔さん、そして、小千谷市若栃集落のリーダー・細金剛さんは、二人揃って、「地元の子どもが出てしまって、集落の元気がなくなってきた。そうならないためには、若い人に入ってきてもらえる環境を作り、家族が増え、子どもが生まれれば、集落は持続していける」と口にする。そこには、人口減少局面に入ろうとも自らの地域の継承をあきらめず、次世代に対するまなざしを持ち続ける姿勢を見出せる。まさに、地域の将来は、他でもないそこに住む人たちが決めることなのだ。そして、遠く離れている人も、その志を支え応援してくれる農山漁村にとって〝追い風〟の時代が到来しているのだ。

第5章

景観と自治

後藤　春彦

第1節

景観とは何か

はじめに

「景観とは何か」。この問いに対して、多くの識者が持論を説いているが、私は「景観＝地域＋景色」という単純明快な式をもって応えている。景観には風景、景色、眺めとは異なり、地域という概念が含まれているということが重要なポイントである。それを確認するためには、「景観」という造語のもととなったドイツ語の"Landschaft"をひも解かなくてはならないが、ドイツのみならず、世界各国で「景観」という概念が多義的であることにより、少なからず混乱が起きていたことも事実である。

わが国でも地理学の分野と建築・土木・造園の分野では「景観」という用語を異なる意味で使っている。たとえば「黒い屋根瓦の景観」と言った時に、地理学の分野では「黒い屋根瓦の分布する地域的なひろがり」を意味する。一方、建築・土木・造園の分野では「黒い屋根瓦の家並みの景色」を意味する。

ひとつの言葉に込められてきた複数の意味を尊重し、それらを分別するのではなく、統合して把握すべきである。「景観」を目に見える景色とそれを下支えしている地域からなる一体のものとして捉える視座を有することが、本章で掲げた「景観と自治」を理解する上で欠かすことができない。

地域社会の自治が景観を育み、景観に内在する教育力が地域社会の自治を高める。私たちが好ましいと感じる景観は高い自治力の現れとも言える。

1 「景観」とは何か

(1) 群がると現れる地域性

(1) 中村良夫の定義

「景観」は一般用語としてもひろく普及しているため、学術用語として使う際には、研究者がその都度、「景観」を定義する必要があった。

たとえば、土木分野における景観工学の権威である中村良夫は「景観」を次の様に定義している。

「景観とは人間をとりまく環境のながめにほかならない。しかし、それは単なるながめではなく、環境に対する人間の評価と本質的な関わりがある。」

景観は主体の眼前における視覚的実体験としてはじめて成立する。ここで主体である人間は景観を考える上で不可欠である。景観の中心にはつねに人間が存在するのである。

(2) G・カレンの定義

「景観」の定義の中で最もシンプルなものに、次に示すG・カレンの定義をあげることができる。

「ひとつの建物は建築だが、ふたつの建物は都市景観である。」

ポポロ広場の双子の教会（ローマ）
ふたつの建物は都市景観である

この英国の都市計画家による定義はあまりにも単純明快で、それ故に、大きな誤解を生みやすいものだった。

複数の建築がまち並みを構成するのは疑いようのないことだが、果たして、単に、要素の集合として「景観」を理解することが重要なのだろうか。そうではなく、要素と要素の関係による全体性としての「ゲシュタルト」、すなわち、単なる要素の集合ではなく、全体としての構図や構造の存在こそが重要なのであるが、G・カレンの定義は少し言葉足らずと言えなくもない。分かりやすく言えば、「景観」には地と図の関係が存在するということである。しかしながら、はたして「景観」は地と図のみで成り立つのだろうか。

(3) 川添登の言説

建築評論家の川添登は、「近代建築の主流は『豆腐を切ったような』と形容される白い直方体である。それが黒い屋根瓦の家並みの町のなかに混入して景観の現況となった。」と今日のわが国の景観の混乱した状況を述べ、これにつづけて、

「近代建築はひとつひとつは個性的だが群がると没個性的であるのに対し、まち並みはひとつひとつには個性が無いが群がると地域性が現れる」

と言っている。この川添の指摘するところの、群がることによって出現する「地域性」が「景観」を理解する上で、極めて重要であることを指摘したい。

(2) 景観法に記された「地域」

2004年の景観法の制定を背景に、わが国の景観形成は新たな段階へすすんだ。「景観」の定義について景観法は特に触れていないが、景観法の基本

サントリーニ島（ギリシア）
ひとつひとつには個性は無いが、群がると現れる地域性

理念が示された第二条において、「良好な景観」について、つぎのように記されている。

(1)美しく風格のある国土の形成と潤いのある豊かな生活環境の創造に不可欠なものである

(2)地域の自然、歴史、文化等とひとびとの生活、経済活動等との調和により形成されるものである

(3)地域の固有の特性と密接に関連するものである

(4)観光その他の地域間の交流の促進に大きな役割を担うものである

この景観法の基本理念において、「地域の自然、歴史、文化等」「地域の固有の特性と密接に関連するもの」「地域間の交流の促進」といった表現の中に「地域」という用語が多く見られるように、「景観」を考える際に「地域」は不可欠な概念である。さらに、「豊かな生活環境の創造」「ひとびとの生活、経済活動等との調和」といった「地域」を基盤に営まれる「生活」に言及している点も見過ごすことができない。

(3)"Landschaft"の訳語として生まれた「景観」

そもそも、「景観」は類似の概念である「風景」「景色」「眺め」と何が異なるのだろうか。

樋口忠彦は著書『日本の景観』のあとがきにおいて、好みによってどちらを使っても良いのではないかと思っているとしながらも、角川の『類語新辞典』を引いて、

「『景色』『風景』『風光』『景観』の順に、その場面を取り出して鑑賞する

傾向が強くなる。」

と述べ、一つ一つの場面を取り出して分析する立場からすれば、「景観」の方が好ましいとしている。

すなわち、「景観」は、「風景」、「景色」に比べて対象となる範囲がより限定的なものとなることを指摘している。どうして「景観」は範囲が限定的なものとなるのだろうか。

「景観」はドイツ語の〝Landschaft〟の訳として、明治時代に植物学者の三好学が考案した造語とされている。現在では海を渡って、中国でも、韓国でも、この「景観」という用語が普及している。

当初、わが国では植物の生態学的様相を意味していた「景観」の概念を１９３０年代に辻村太郎が人文地理学に取り入れた。本来のドイツ語の〝Landschaft〟はLandより小さい地域単元（地方、郡、県、州など）と地表の可視的形象（風景、景色など）のふたつの意味系列を有する多義的な言葉である。これが、今日の地理学と工学・緑地学における「景観」の用語法の差異の根源に他ならない。これらの概念規定を明確にするために、それらを二分してドイツでは〝Landschaft〟と〝Landshaftsbild〟、あるいは、わが国では「景域」と「景域像」と呼び分けることも行われている。米国においても、ランドスケープ分野はプランニング（地域計画）とデザイン（造景設計）に二分されていた。しかしながら、ふたつの意味が〝Landschaft〟というひとつの言葉に託されていた意義をあらためて考えてみる必要がある。

辻村太郎は、つぎのように述べている。

「地理学で用いられる景観とは一般に使われている景色、風景とは異なる。

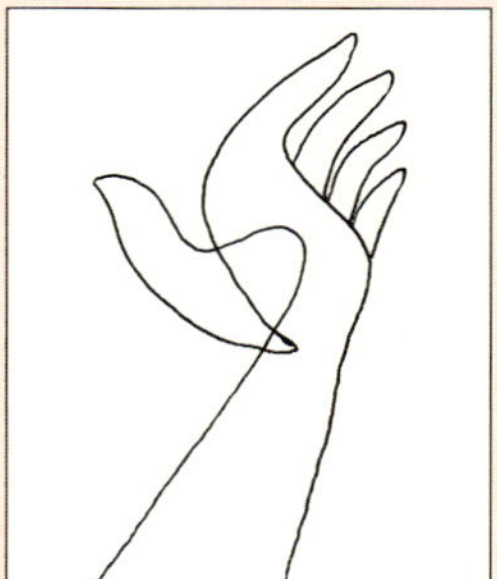

多義図形
「手」にも「鳩」にも見える

景色、風景は眺めるものの視覚に映じたままの像であるが、景観はその風景を構成している多数の要素を分析・考察したうえで、あらためて組み立てた総合像である。」

すなわち、「景観」を景色や風景を成立させている様々な自然的・文化的・歴史的・技術的背景も含めた全体的な存在、すなわち、地域をも含む概念と捉え、自然景観を構成する要素と人間生活との間に生じる生態学的関係を景観地理学の対象としている。

(4) 欧州ランドスケープ条約における定義

2000年に制定された欧州ランドスケープ条約（European Landscape Convention）における国際的な景観の定義は、

第1条　定義：「景観はひとびとによって知覚される地域であり、その特性は自然の作用と人間の作用、あるいはそれらの相互作用による結果である。」

“Landscape” means an area as perceived by people whose character is the result of the action and interaction of natural and/or human factors.

とされている。ここでも、「景観（landscape）」は第一義的には「地域（area）」であると定義されている点が確認できる。

2 風景や景色を生起する基盤としての地域

(1) 景観＝地域＋景色

わが国の都市計画の分野でも、今日、単に地表の可視的形象の美醜についてのみを論じることから、可視的形象を生むに至った背景にある地域固有の風土的、歴史的、社会的文脈の解読を通して、景観の有する規範性を論じるまでに景観の議論は成熟しつつある。こうした状況から、可視的形象のまとまりを有機的秩序と捉え、重層的な空間的ひろがりとして景観を扱うことの可能性はますますひろがっている。

私はこれを単純化して、次の式によって景観の概念を示している。

「景観＝地域＋景色」

景観の基本的な理解は、地域と景色のふたつの概念が表裏一体の相互依存の関係にあるということにある。これまで、地域的概念と視覚的概念を区分して扱う傾向にあったが、地域と景色はまさに氷山の水面下と水面上の関係になぞらえることができる。視覚的形象と社会経済的・歴史文化的な文脈をも合わせた統合的な景観の把握が求められているのである。

〈参考文献〉
後藤春彦「景観まちづくり論」学芸出版社　２００７年
中村良夫「景観論」土木工学大系13彰国社　１９７７年

景観＝地域＋景色
景観は氷山にたとえられる。目に見える「景色」を下支えする目に見えない「地域」。両者は相互依存の関係にあり、ひとつの有機的な総体である

Gordon Cullen "The concise TOWNSCAPE"（邦訳 都市の景観 北原理雄訳）鹿島出版会 1975年
辻村太郎「景観地理学」世界大百科辞典 平凡社 1972年 所収
樋口忠彦「日本の景観 ふるさとの原型」春秋社 1981年
川添登「メタボリズムとメタボリストたち」美術出版社 2005年
宮脇勝「ランドスケープと都市デザイン」朝倉書店 2013年

第2節

場所の力、場所の再生産

はじめに

モダニストの建築家たちは「空間」という言葉をたいへん好んだ。そこに存在するのは3次元のユークリッド空間から切り取られた抽象的な真っ白い空間である。前掲の建築評論家の川添登が、「近代建築の主流は『豆腐を切ったような』と形容される白い直方体である。」と述べたのも同様のことを指摘している。「建築写真」には、生活の気配の消された「空間」が日常とは切り離された「作品」として存在していることが多かった。しかしながら、近年では、ひとびとの行動によって偶発的に生まれる場所を撮影した「建築写真」

も増えつつある。すなわち、本来、建築とは人間の社会的な営為が築き上げてきたものであり、真っ白だった「空間」が使い込まれ、そこに記憶が刻み込まれ、「場所」化されていくことに、新たな建築の可能性を見いだそうとする動きもでてきている。

本来、建築とは均質な「空間」を個性ある「場所」にすることであり、「場所」とは建築化された「空間」にほかならない。E・レルフは『場所の現象学』の中で、「場所は意志の対象にされた物体や出来事にとっての文脈ないし背景であり、またそれ自体が意志の対象にもなりうる。」と述べている。

私たちの生活は抽象的な「空間」の中で営まれているのではなく、ヒューマナイズ化された個性ある「場所」の上で繰り広げられており、その蓄積の延長にまちや都市が位置づけられる。

1 場所に宿るパブリック・ヒストリー

(1)「場所の力」

“The Power of Place”(邦訳「場所の力」学芸出版社)は、アメリカにおける、建築、都市計画、ランドスケープ分野の必読書のひとつである。サブタイトルに、「パブリック・ヒストリーとしての都市景観」とあるように、景観の表層の美醜が議論の対象ではなく、市民の記憶が都市景観に宿っているとの認識がこの本の基調である。

ドイツ国会議事堂(ベルリン)
うごめく人びとが場所をうみだす

著者のドロレス・ハイデンは、現代のアメリカにおいて建築・都市計画の指導的立場にあり、優れた教育・研究者であるとともに、非営利組織を主宰するまちづくりの実践家でもある。彼女は歴史学を学んだ後に建築学へと転じ、ハーバード大学大学院を修了後、カリフォルニア大学バークレイ校、マサチューセッツ工科大学、カリフォルニア大学ロスアンジェルス校、イエール大学で教鞭をとっている。

また、ドロレス・ハイデンが率いる非営利組織による景観まちづくりへのアプローチの方法は市民への口述史調査を基本とするもので、私の研究室の「まちづくりオーラル・ヒストリー」調査と同様の手法をとっていることも注目される。

１９９５年に出版された本書は理論と実践の両側面を兼ね備えた意欲的な著作で、ジェンダー、社会階層、人種、民族など、アメリカが抱える都市問題を背景に、現場に立脚した目線から、都市に暮らす多様な市井のひとびとの生き様を丹念に洗い出している。そうした地道な作業を通して、社会に共有された記憶を育み、次代へ伝える都市景観について、「場所」という概念を基軸に据えた理論のもとで実践を展開したものだった。

(2) 景観保存の考え方

「場所の力」の第1章は１９７５年のニューヨークタイムズ紙上における都市社会学者と建築評論家の景観論争を題材に取り上げている。

都市社会学者ハバート・J・ギャンズは、当時のニューヨーク市ランドマーク保存委員会の決定した保存すべき建築リストを議論の俎上にのせて、

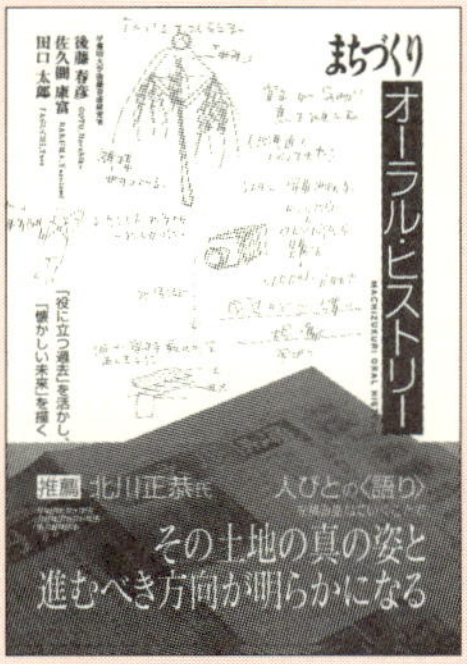

「まちづくりオーラル・ヒストリー」表紙
後藤春彦・佐久間康富・田口太郎著（水曜社）

「場所の力」表紙
ドロレス・ハイデン著（学芸出版社）

富裕層の豪華な邸宅や有名建築家の作品が保存建築として指定される傾向があることを指摘した。彼は、一般庶民の建物の存在をないがしろにした指定方針は、豪華さや壮大さをことさらに誇張したもので、過去をゆがめ現実を無視したものであると批判した。一方、建築評論家のアダ・ルィーズ・ハクスタブルは、偉大な建築に対して、それが富裕層のための建築であることを理由に批判することや、それらをエリートの文化的な道楽とみなすことは誤りで、それは歴史の歪曲であり、これらの建物はかけがえのない文明の重要な一部であると反論した。

両者は互いの言葉を理解しようとはしなかった。都市社会学者の語る「建築」とは都市におけるすべての建物や市街地環境全体を意味するもので、建築評論家の語る「建築」とはプロフェッショナルな職能訓練を受けた建築家が美学的意図をもって設計した作品のみを意味した。さらに、議論が激昂した原因は二人の間にある根本的な価値観の隔たりであった。都市社会学者は社会史を取り上げようとしたのに対し、建築評論家は芸術文化の議論に固執していた。都市社会学者は、納税者の金はすべての市民に公平に使われるべきであると唱えたのに対し、建築評論家は専門家の鑑定によって価値づけされた美学上の遺産にこそ税金が投入されるべきだと反論した。

両者とも各自の主張を深く掘り下げることはなかった。都市社会学者は貧しいひとびとの暮らした街区や過去の苦い記憶を保存することや、それらに歴史上の解釈を与えることの意味を提起しなかった。他方、建築評論家は市民の介在や社会的解釈を抜きにして税金を支出することの正当性はいかに保障されるのかという点を明らかにしなかった。結局のところ、二人は同時に両者の考えを実現し得る機会を探し出す努力を払わなかったのである。

都市社会学者が守ろうとしている都市のバナキュラーな建物群がうまく保存されたならば、結果としてそれらは、建築評論家が守ろうとしている建築作品の背景として、社会的経済的な文脈を持ち得たかもしれない。あるいは建築評論家が擁護する富裕層の建築が、それらを建設した石工や大工の技術、さらにはそれらを維持管理してきたメイドや庭師の技術という形で解釈されれば、都市社会学者が望むような都市の労働者階層のひとびとの歴史を映し出すこともできたと、著者ドロレス・ハイデンは都市景観に刻まれた社会的経済的文脈の存在について指摘している。

また、都市景観を「地と図」の関係から眺めれば、優れた建築作品の保存は「図」に着目したものであり、社会史の視点からのバナキュラーなまち並みの保存は「地」に着目したものになぞらえられる。都市景観には、安定した「地」と洗練された「図」の間の良好な関係が求められるものである。建築学を専攻するドロレス・ハイデンは、「図」にのみ目が行きがちな建築分野に対して厳しいスタンスをとりながらも、「建築と社会」の良好な関係、あるいは「景色と地域」、すなわち景観のあるべき姿を示している。

(3) 社会の記憶を育む力

ドロレス・ハイデンは「場所の力」について、『ごく普通の都市のランドスケープに秘められた力であり、共有された土地の中に共有された時間を封じ込め、市民が持つ社会の記憶を育む力』と述べている。

１９９０年代以降、アメリカではパブリック・ヒストリーや公共文化について大きな議論が巻き起こった。現在、都市景観の魅力が薄れるにつれて、都市景観をパブリック・ヒストリーと公共の文化を表現する資源として活用しようとする社会的な要求が高まっている。

パブリック・ヒストリーや建築保存のプロジェクトがひとびとのアイデンティティの醸成に何らかの貢献ができるとしたら、それは一体何であろうか。公共の場所において社会史をテーマとして取り上げる際には、どのような市民参加のプロセスや技術が必要とされるのであろうか。こうした点について、ドロレス・ハイデンは著書の中で自らの実践例を紐解きながら問題提起をしている。

市民が都市空間に対して自らのアイデンティティを求める運動は必然の要求である。アイデンティティは人間の記憶と分かちがたく結びついている。それは、例えば生まれ育った場所、住んできた場所に関わる個人の記憶と、その個人の家族、隣人、仕事仲間などの集団的あるいは社会的な記憶、すなわち、パブリック・ヒストリーである。都市景観はこれらの社会の記憶を収めるアーカイブとしての役割を担っているのである。

「再開発」や「都市再生」を繰り返してきた過去数十年の結果が示すことは、都市景観が痕跡もなく破壊される時、社会集団の重要な記憶が失われるということである。その一方で、市民とともに彼らの多様な歴史的背景に働きかけるプロジェクトを立ち上げ、場所の文化的重要性を認めながら、それを市民参加の過程の中で議論すれば、さほど多額ではない資金の投入で公共空間に社会的意味を付与し、それを発展させることができるということも教えてくれる。

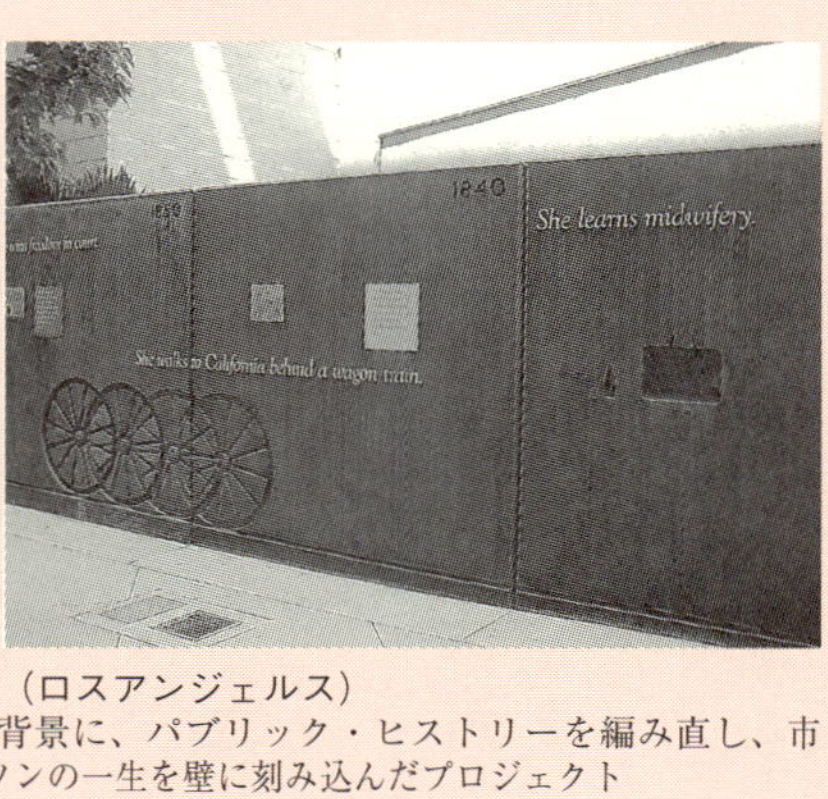

壁に刻まれた都市の記憶／ビディメイソン・パーク（ロスアンジェルス）
ジェンダー、社会階層、人種、民族等の都市問題を背景に、パブリック・ヒストリーを編み直し、市民や芸術家との協働により、黒人奴隷だったビディメイソンの一生を壁に刻み込んだプロジェクト

都市景観に刻まれた歴史、すなわち、パブリック・ヒストリーは、新たな都市保存へのアプローチの基礎となり得る。これは従来の建築保存の基礎を成してきた審美的なアプローチとは本質的に異なるものである。

パブリック・ヒストリーに着目した景観デザインの新しいアプローチは、市民のみならずデザイナー、芸術家、作家達の参加も得て、場所の歴史上の際立った意味を表現する都市芸術の創造に役立つ。これこそが場所を公共に開放するとともに都市社会の多様性を認める景観デザインにほかならない。それは表層の奇抜なデザインのみを追求した建築、あるいは不動産投機によってもたらされたバブル建築や、「都市再生」の名のもとでの都市の経済合理性の追求にのみ傾倒した都市破壊とは全く異なるものである。

浪費的な投資の対象として、世界各地で「都市改造」と「再開発」に明け暮れた前世紀末の数十年間は、都市景観が損傷を受け、多くの市民や共同体の重要な記憶が消し去られることを教えてくれた。今日のわが国の「都市再生」も非常に大きな危険性をはらんでいる。「パブリック・ヒストリーとしての都市景観」という視点から警鐘を鳴らさなくてはいけないことが少なからずみられる。

(4) 都市空間の社会的意味を高める

場所とは均質に広がる数学的な3次元の空間とは異なり、そこには付加された意味の疎密や強弱がある。建築という行為のみならず、ひとびとの生活の営みは空間を場所化する行動に他ならない。空間に手を入れ、使い込んでいくことにより、さまざまな意味が派生し、そこに記憶が蓄積されていき、空間は場所と呼ぶべきものとなる。場所とは社会的な記憶の源泉であり、記憶の糸が紡がれた織物のような存在であり、人間の五感へ働きかけてくる力が内在している。私たちはいつも「場所の力」を感じて生きている。景観はどんな言語表現よりもはるかに饒舌に場所の社会的な記憶を語る力を有している。同時に、「場所の力」は現代に生きる多様なひとびとや地域社会を相互に結びつけることも可能とする。今日、社会の絆としての都市生活の意味や可能性を市民自らが発見できる場所、さらに、その「場所の力」を顕在化するための仕事が、歴史家や芸術家も巻き込んだ、より多くの分野の専門家と市民の参加によるコラボレーションに求められている。

個人的な記憶だけではなく、私たちが、家族、隣近所のひとびと、仕事の仲間、地域の共同体とともに蓄積してきた社会的な記憶こそが「場所の力」の源泉であり、景観とはこうした場所にまつわる社会的な記憶、すなわち、パブリック・ヒストリーの宝庫である。

わが国の景観政策は明治以降、「美観」と「風致」という上意下達の政策として扱われてきた歴史がある。すなわち、それはコントロールされる対象であった。景観法も諸刃の剣でもある。現在でもいわゆる狭義のデザインの対象として都市景観の美醜のみが議論に取り上げられることがままある。一方で、都市のアイデンティティを「その都市らしさ」という曖昧な表現で説かざるを得ないもどかしさを感じることも多かった。しかしながら、場所に内在する社会的な記憶を顕在化するものとしての明解な位置づけを景観に与えることは、多様な現代社会において共通の文化的な帰属意識の内から形成される一種のアイデンティティとしての「文化的市民権」を構築していく上で見過ごすことのできない重要なものである。

積層する有形無形の多様な遺産に配慮しながら場所の社会的意味を高めることは可能である。それは場所の文化的重要性を認知する社会的プロセスを伴ったまちづくりの展開に他ならない。市民の社会的な記憶を育み、過去と未来をも共有できるような「場所の力」を模索する実験的なこころみも進んでいる。芸術家も自己陶酔的な閉ざされた世界にとどまることなく、現実の社会へその活動領域を広げつつある。こうした動きはより一層大きな潮流になり、伝統的な建築・都市計画・ランドスケープなどの領域によるコラボレーションが今後ますます主流になることは必至だと考えられる。

2 多元的な社会空間

(1) ガバナンスの時代の将来像を描く

私たちが生きる日本の現代は人口曲線のピークを越え、未曾有の人口減少社会へ転じた。私たちは、今、右肩上がりの都市化をドライビングフォースとする拡大再生産型社会の終焉に立ち会ってしまったのである。

市民社会の成熟がすすむ過程で、多様な主体の参画による「ガバナンス」の時代が到来している。今、私たちは、こうした市民参加のまちづくりに依拠する都市計画のさらにその先を展望する時代に立っている。参加のまちづくりを繰り返しすすめることによって、市民一人ひとりの生活像とそれらが積層した社会の像がおぼろげながらも視界に入ってきた現在、市民と社会を取り結ぶ、言い換えるならば、市民と社会によって共有されるべき「まち」の将来像をより具体的に描くことが希求されている。

近代の計画論は、「住む、働く、憩う、移動する」を都市の基本機能に位置づけた『アテネ憲章』（1928年）を紐解くまでもなく、ゾーニングに代表される機能論で組み立てられてきた。そこには集積のメリットという「規模の経済」による論理がつよく働いている。当然、それによって表出する画一的で魅力に乏しいクローン型の都市像には多くの批判が集中してきた。

現在、都市・地域に暮らす人間のアクティビティの舞台としての場所の質が問われはじめている。まちづくりの成果を景観として表現していく「景観まちづくり」の機運も各地で高まりだした。そこには市民と市民を結ぶ、「関係性の経済」が働きはじめているとも言えるだろう。バーチャルな世界が展開する情報化時代であるからこそ、身体感覚的に認知可能でリアルな将来像の共有が希求されているのである。

(2) 複数の場所をむすぶ

市民参加の大きなうねりは3次元の均質な数学的空間の中から特徴ある場所をあぶりだすことに成功した。近年、世界各地で場所の固有性を活かした景観デザインやまちづくりの成功例が誕生している。しかしながら、複数の場所をむすびつける作業に関する経験蓄積は乏しいと言わざるを得ない。

たとえば、登録文化財や近代化遺産などを活かしたまちづくりは場所性の発見・評価・利活用の好事例であるが、都市の中の特徴的な部分の保存にと

BIG DIGプロジェクト（ボストン）
都市高速道路を地下化して地上を緑地として解放した

「景観まちづくり論」表紙
後藤春彦著（学芸出版社）

どまっており、こうしたプロジェクトが都市構造を改革するほどの大きな影響力を与えた事例はまれである。言い換えるならば、場所性を活かす方法や技術はこの四半世紀でかなりの経験蓄積を得たが、それは一部の場所に限定されており、場所から場所へ連鎖的に波及するまでに至っていない。

たとえば、米国のボストンでは「BIG DIGプロジェクト」と名付けられた、都心部の約13㎞を走る高架の高速道路を拡幅・地下化し、上部空間を公園等として整備することにより、ボストンの都市競争力を高めることに成功したプロジェクトだが、高架の高速道路によって分断されていた複数の場所をむすびつけることにも成功している。

また、これに刺激を受けてソウルでは高架の都市高速道路を撤去し、旧市街地の中心を流れる約6㎞の清渓川を再生した。これもまた、多様な性格をもつ場所を自然軸によってむすびつけた事例として位置づけることもできるだろう。

さらに、ニューヨークでは廃線となって環境悪化が危惧されていた高架貨物鉄道を撤去せずに遊歩道にリニューアルする「ハイライン」と呼ばれるプロジェクトがすすみ、高層ビルを縫う様に走る歩行者専用の空中デッキがいくつもの場所をむすびつけることに成功している。

都市を静的で固定的な機能と空間としてとらえるのではなく、流動的で多様性に満ちた現代社会の産物として、また、変化し続ける場所の集積としてダイナミックに都市をとらえるようになってきている。遍在する複数の場所、あるいは、積層する複数の場所を相互に上手に関係づけ、より大きなひろがりへと展開することへの挑戦が世界各地ではじまっている。

ハイライン・プロジェクト（ニューヨーク）
配線になった高架鉄道を遊歩道として活用した

清渓川プロジェクト（ソウル）
高架道路を撤去して、再生された清渓川、ソウル都心に楽しく歩ける自然軸が挿入され、いくつもの場所が関係づけられた

3 場所の再生産

(1) 社会的関係性

東日本大震災は、地元に生きるひとびとの暮らしによって刻まれた記憶で満ちあふれていた「場所」を一瞬にして、空疎な「空間」に初期化してしまった。こうした悲しみに対峙して、その後もめげずに新たな記憶の上書きをつづける社会的な関係性を地域が維持できるか否かが大きな試練として被災地に突きつけられている。

場所は社会的な関係性によって維持されてきたばかりでなく、場所が社会的関係性を生み出し、また、社会的関係性が場所を再生産してきた。この場所と社会的関係性の相互補完にもとづく場所の再生スパイラルを社会的行為の視点から構築することが求められている。

例えば、哲学者の内山節は東北復興への提言として、

『私は復興の主体は「人」でもないし、「自然」でもないのだと思う。ましてや国の予算でもないし、「ゼロからの復興」としか事態を把握できない専門家たちでもない。主体は関係なのである。自然との関係、人と人との関係、「ご先祖様」を含む死者との関係、地域の文化や歴史との関係…。これらの関係が、ひとびとを動かす。あるいはこれらの関係に突き動かされて、ひとびとが復興への歩みを開始する。ただし多くの場合は、この関係という主体を、ひとびとは、この関係とともに生きている「私」の主体と錯覚

するのだが。』

と記している。

内山の言う、自然との関係、人と人との関係、「ご先祖様」を含む死者との関係、地域の文化や歴史との関係を私は社会的関係性と呼んでいる。ここで注目する必要があるのは、この関係性そのものが復興の主体だと内山が明言している点にある。

これは人やモノや情報の関係性の集積として地域を読み解こうとするアクターネットワーク理論とも繋がるもので、複数のアクター間に生まれるインターサブジェクティビティ（間主観ないし間主体）と呼ばれる新たな主体となり得る関係性の存在が注目されている。

⑵ 場所の再生産

こうした考え方の背景として、地域に息づく「知識」や「価値観」なるものを再発見し、共有し、空間言語へと翻訳するプロセスの差異によって、結果として生成される場所の質に大きな違いがあることが明らかにされてきたことが指摘できる。

社会的関係性によって刻まれた記憶で満ちあふれていた「場所」を空疎な「空間」に変えてしまうのは東日本大震災のような激甚災害だけではない。産業革命以降、近代は場所を空間化してきた。無垢で純粋な「空間」を創造することが近代化の鉄則だった。そのために、場所から空間を抽出する（場所を空間化する）ための方法として、都市計画ではゾーニングと呼ばれる土地の機能を均質化する手法が採用された。ゾーニングは法のもとに、無垢で純粋な空間を生み出した。この空間は、あたかも真っさらなキャンバスの下地のごとく切り貼りと上書きを可能とし、これによって都市も工業製品のように大量生産大量消費の対象となることが可能であると錯覚されるに至った。

(3) ジェイコブス、ルフェーブル、トゥアン、そしてドロレス・ハイデン

① **ジェーン・ジェイコブス**

1960年代、こうした都市の近代化を厳しく批判したのがアメリカ人ジャーナリストのジェーン・ジェイコブスだった。彼女は著書「アメリカ大都市の死と生」の中でつぎのように述べている。

『立派な暮らしの価値をおしはかるいくつかの試金石—学校、公園、小ぎれいな住宅、あるいはそういったもの—が、すぐれた近隣住区をつくるのだと考えられる風潮がある。もしこれが本当なら、人間の生活なんて何と簡単なものだろう!』

規格化された住区モデルのコピー&ペーストによって近隣住区は場所の個性を喪失させてしまった。ジェーン・ジェイコブスの近代都市に対する指摘は「人間不在」による場所の喪失への警鐘だった。これにより、場所の概念化がはじまり、「かけがえのない場所」、「原風景」、「都市のイメージ」が論じられる契機となった。

② **アンリ・ルフェーブル**

フランス人社会学者のアンリ・ルフェーブルは、物理的空間と社会的行為をむすびつけた。特に、場所の表現における芸術家の役割(五感を駆使して場所を理解しようとする美学)や、既成の政治的枠組みに異を唱えて「対峙

する場所」を創出する市民活動の役割（場所を多様な主張が交錯するテリトリーとして理解しようとする政治学）を論じた。

③　イーフー・トゥアン

中国生まれのアメリカの地理学者イーフー・トゥアンは、人間は自分の幸せを左右するような、かけがえのない場所に愛着を抱くもので、ある個人にとっての場所の意味とは周囲の物理的環境への生物としての反応であると同時に、ある種の創造された文化でもあると唱えた。これらは、18世紀の建物の苔むしたレンガ、大草原のひろがり、ヨットひしめく小さな港町の活気などといった画一化された陳腐なイメージを否定し、場所の本質的な特性を論じたもので、今日の文化的景観の議論の嚆矢にあたる。

④　ドロレス・ハイデン

前掲の建築・都市史家のドロレス・ハイデンは、社会的弱者の歴史は、場所に刻み込まれ、景観となって表出すると主張し、パブリック・ヒストリーとして景観を解読することをこころみ、場所の社会史を構築し、前掲のルフェーブルの指摘した美学的アプローチと政治学／社会学的アプローチから場所に接近することに成功した。

場所の概念化、場所で振る舞われる社会的営為、場所への愛着、場所に宿る社会史など、ここに参照した4人の言説は、場所の再生産を語る上で欠かすことのできない思想を提示している。

いかに、傷ついた被災の現場において社会史を刻むか。すなわち、個人の記憶を刻むことを重ねていく作業を通じて、間主体による間主観的な価値観をうみだし、地元の知恵を蓄え、場所を再生産することができるか。社会的行為を伴う景観としてそれを可視的に表現することができるか。そのプロセスを通じて社会関係資本（絆や縁）を高めることができるかが問われている。

〈参考文献〉

後藤春彦「景観まちづくり論」学芸出版社　２００７年
ドロレス・ハイデン（後藤春彦ほか訳）「場所の力」学芸出版社　２００２年
後藤春彦「場所の力〜場と時が持つ意味・力」地方自治職員研修（公職研）第５１６号　２００４年
Patsy Healey "Spatial Planning and City Regions : European evolutions" 早稲田まちづくりシンポジウム資料　２００５年
Patsy Healey "Urban Complexity And Spatial Strategies" Routledge ２００７年
ル・コルビュジェ（吉阪隆正訳）「アテネ憲章」１９２８年（鹿島出版会　SD選書　１９７６年）
E・レルフ（高野岳彦・阿部隆・石山美也子訳）「場所の現象学―没場所性を超えて」筑摩書房　１９９１年（ちくま学芸文庫　１９９９年）
内山節「復興の大義―被災者の尊厳を踏みにじる新自由主義的復興論批判」（農文協ブックレット）農山漁村文化協会　２０１１年
Jane Butzner Jacobs（ジェーン・ジェイコブス）"The Death and Life of Great American Cities（アメリカ大都市の死と生）" １９６１年
Henri Lefebvre（アンリ・ルフェーブル）"La Production de l'espace（空間の生産）" １９７４年

Yi-Fu Tuan（イーフー・トゥアン）"Topophilia: a study of environmental perception, attitudes, and values（トポフィリア―人間と環境）" １９７４年
Yi-Fu Tuan（イーフー・トゥアン）"Space and Place: The Perspective of Experience（空間の経験―身体から都市へ）" １９７７年
Dolores Hayden（ドロレス・ハイデン）"The Power of Place：Urban Landscapes as Public History（場所の力　パブリック・ヒストリーとしての都市景観）" １９９７年

第3節 「生活景」の発見

はじめに

１９９０年代半ばより、わが国の研究者の関心は、景観の「図」となる象徴的なランドマークの創出や保全のみならず、景観の「地」を構成するような「生活景」の発見や解読に向けられ、わが国では、近年、生活環境周辺から失われつつある景観をとりあげた研究が増えてきている。従来の審美学的景観論や都市空間の精緻な形態解析ではすくいあげることのできなかった「生活景」の再評価が全国各地で進められている。

北原理雄は2000年の日本建築学会の都市計画・農村計画部門の研究協議会において、

「日本の風景の貧困は、私たちの社会が『生活景』を見失ってしまったことに大きく起因している。」

と問題提起を行っている。

日常の暮らしの営みを映す「生活景」は最も身近な景観である。目に見えるもののみならず、背後に存在する営々と受け継がれた生活の記憶や蓄積、その上に培われた地域の文化等を包含しているところに「生活景」は大きな意味をもっている。

一方、わが国は、2005年から2007年にかけて「人口静止社会」となり、2008年以降は継続して人口が減少した「縮減社会」を迎えている。これまで常に新しい価値観を生み出してきた団塊の世代は人生の最終ステージにのぼろうとしている。家族の形態も大きく変化し、核家族が生活の基本単位ではなくなっている。もはや生活変化をトレンドで読むことは意味を失い、大きな変局点に私たちは立たされていることは明らかである。

「縮減社会」の入り口で、暮らしの具象として捉えられてきた「生活景」を再定義し、新たな価値付けを行い、地方分権・住民自治の拡充を目指した時代の「生活景」のあり方を再定位する必要に迫られている。

歴史的な変局点
右肩上がりの時代を終えて、日本社会はどこへ向かってすすむのか

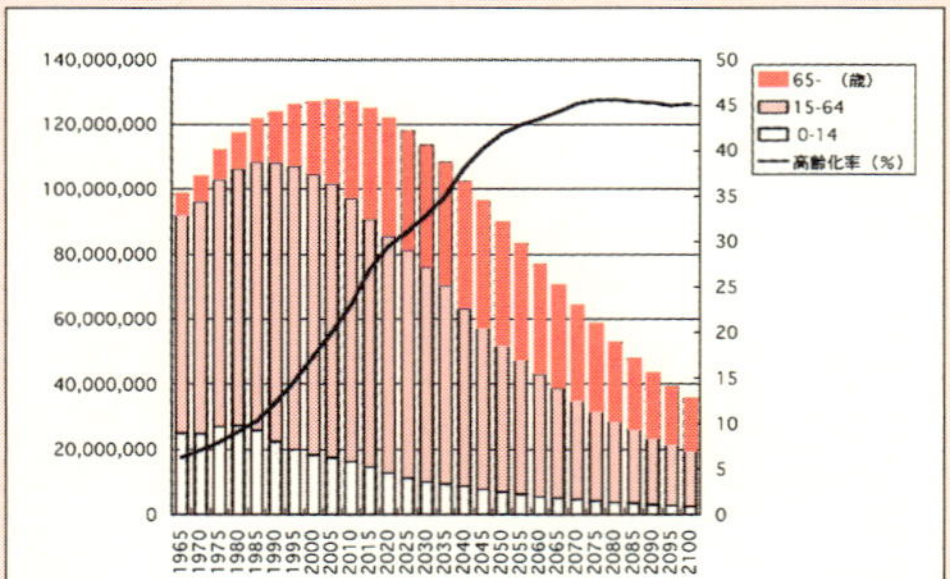

わが国の人口の推移
2008年、わが国の人口は減少に転じた

1 「生活景」を読む

(1) 「生活景」とは何か

「生活景」とは景観の一部であり、「人間をとりまく生活環境のながめ」にほかならない。「生活景」に着目することによって、景観の基本的な特質である地域と景色が表裏一体の関係にある「相互依存性」が理解しやすいものとなる。この点が「生活景」の特長であり、だからこそ、「生活景」は身近な景観なのである。

「生活景」とは、地域のひとびとの生活の営みが色濃くにじみ出た景観である。すなわち、特筆されるような権力者、専門家、知識人ではなく、無名の生活者、職人や工匠たちの社会的な営為によって醸成された自生的な居住環境の可視的表象である。ここで用いる生活とは広義にとらえ、寝食空間にとどまることなく、生産・生業、信仰・祭事、遊興・娯楽のための空間もひろく含むものである。言い換えるならば、地域風土や伝統に依拠した生活体験に基づいてヒューマナイズされた視覚的環境の総体である。

「生活景」は、分業・専門化がすすんだ現代に生きるひとびとにとっては懐かしさ、人情味や人間らしさを感じさせる場所の文脈的な表現であり、さらに、生活の知恵や技術、地域の記憶を後世に送り届け、追体験を可能とするイメージ・メディアでもある。

「生活景」に期待される役割を列挙するならば、以下の4点に集約される。

生活景／エイコン通り（ボストン）
懐かしさや人情味、人間らしさを感じさせる場所の文脈的表現

生活景／うるおいのある水路
生活の営みが色濃くにじみ出た景観

生活景／苔むした石段
生活景とは人間をとりまく生活環境のながめ

① 景観の「地」の形成

持続的な社会経済システムが内在する「生活景」は、広範囲において安定した景観の「地」を形成することを可能とする。

② 景観の規範の可視化

また、「生活景」は見えない社会経済システムやその循環などに基づく「景観の規範」を可視化することができる。

③ 地域社会の記憶のアーカイブス

さらに、「生活景」は地域社会の「記憶のアーカイブス」の役割を果たすものである。

④ 地域アイデンティティの表現

そして、冒頭に紹介した、群がることによって出現する地域性と川添が述べたように、「生活景」は「地域アイデンティティの表現」の重要なメディアとなるものである。

(2) 「生活景」の経済学的価値

一方、「景観は儲からない」との批判がある。特に、観光的資源にもならないような「生活景」には経済学的価値は全くないのだろうか。経済学者の丸尾直美によれば、「生活景」には下記に示すような5点の経済学的価値が認められるとのことである。

① 空間的時間的外部性が大きい財である

「生活景」は、「生活景」を構成する家や生け垣などの所有者のみならず、近隣のひとびとにも、将来この地に暮らすひとびとや、訪問者にも恩恵をもた

生活景／ハロウィンの飾りつけ
生活の知恵や技術、地域の記憶を後世に送り届け、追体験を可能にするイメージメディア

生活景／なりわいの風景
無名の生活者や、職人、工匠たちの社会的な営為によって醸成された景色

らす財である。

② 豊かになるにつれて限界効用が逓増する上級財である

「生活景」は、社会が貧しい時代には評価されないが、豊かになり物質的要求が充足されてくると、その価値がより高く評価される財である。

③ 非可逆財である

「生活景」は、いちど破壊されると、もとの姿の価値に復元することが難しい財である。

④ 地位財ではない

「生活景」は、地位や財力を得た人だけが個人的に所有し享受できるものではなく、だれでもが所有し享受できる財である。

⑤ 市場や政府が替わって供給できない財である

「生活景」は、そこに暮らしているひとびとの「生活」なくしては成立しない。市場がどんなに投資をしても、政府がどんなに権力を行使しても供給することのできない財である。

生活景を巡るツアー
まち歩きを通じて、生活景は発見され、価値付けされる

生活景／町家とマンション
高層マンションの出現によって生活景に不協和音が生じる

2 「生活景」のポテンシャル

(1) 変わりゆく「生活景」

「生活景」の具体的なイメージを想い描くならば、庶民の暮らしの営みが色濃く溢れ出していると感じられる下町の路地空間がひとつのステレオタイプにあげられる。わが国の経済成長が緒につき、団塊の世代が子ども時代を過ごした昭和30年代に「生活景」の典型的な時代を見ることは誤りではないが、ノスタルジックな感傷にひたっている一方で、現実の「生活景」は日々変貌している。

北原理雄は前掲の日本建築学会研究協議会において以下のように述べている。

「生活景」はきわめて身近で日常的なものであるため、徐々に進行する変化を見過ごしたり、突然の景観阻害要因の侵入に対処できない場合が少なくない。また、日常風景を相対化して見る習慣のない住民は、その可能性や問題点を明確に意識していないことが多く、維持・向上の取り組みが自発的に起こりにくい。そこで環境のマネージメントを積極的に図る方策が必要になってくるが、専門家も行政もまだ必要な知識とトゥールを十分に共有できていないのが現状である。

今日、「生活景」を下支えしている地域やその背後にある社会が大きな変化をみせている。特にその変化は過去と現在を結ぶトレンドでは到底把握できないものになっている。さらに、その変化の度合いもグローバルで、よりダイナミックなものになっている。

「生活景」は空間的にも時間的にも集積することによってその価値を維持してきたが、現実の都市空間に目を転じると、今日ではこうした「生活景」が全国各地で危機的な状況に曝されていることが、学会においても多数報告されている。

特に、既成市街地における高層マンションの出現が象徴的であるが、郊外地域においても維持管理が行き届かない空き地や空き家等、安定した「生活景」の崩壊は至るところで発生している。その背景には、地域社会システムの変化などの課題が見え隠れしている。産業革命以降の拡大成長社会から縮減社会へ大きく舵を切りはじめたことにより、その変化もトレンドでは読めなくなっている。今後、「生活景」はますます大きな変化の波にさらされることが危惧される。

「生活景」は単に保全・継承されるものではなく、積極的に「生活景」を育んでいく市民の日常的な努力が試されているものでもある。「生活景」は時とともに変わりゆくものであり、この変化を止めることはできない。しかし、連歌の様に、時を超えた相互依存関係が綿々と続いていくものだという認識も必要なのではないか。その意味では、いくつもの主観的な価値観にもとづく生活のひとコマ、ひとコマが集積し、間主観的な価値評価を編み出していくことが望まれる。

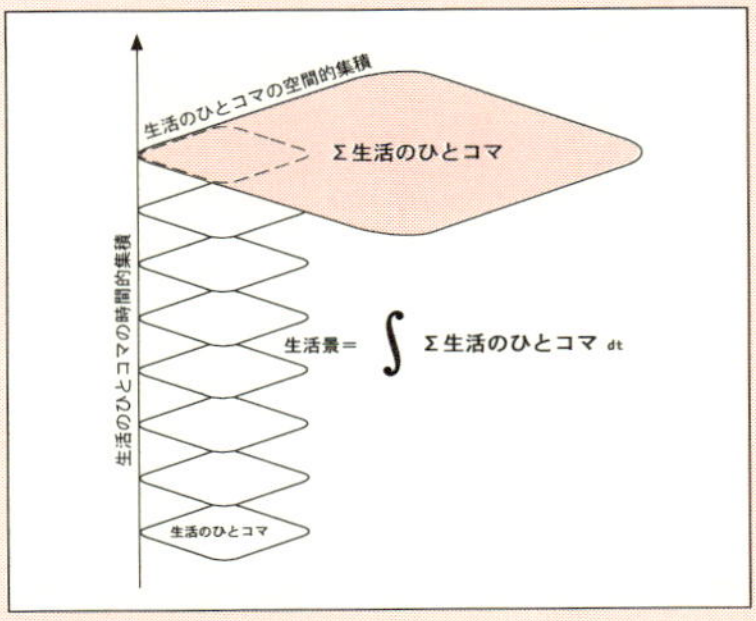

生活シーンの集積
生活景は生活シーンのひとコマ、ひとコマが時間的にも空間的にも集積したもの

（2）積層する「生活景」

「生活景」は時間軸上を不可逆的に変化しているとの認識について大方の了解を得られるだろう。しかしながら、その変化をいかに読むかがポイントとなる。

私の「生活景」の変化の理解は、A→B→Cと単純に変化するのではなく、A→（A＋B）→（A＋B＋C）と、前時代を引き継ぎながら、その上に新たな層が重ねられていくようなシームレスな変化である。もちろん、再開発等で根こそぎ破壊されることによるドラスティックな変化が都市の部分空間で見られることはしばしばあるが、総体的に俯瞰するならば、上記の理解の方が文脈的に解読しやすい。

①「おいしい生活。」

１９８２年、糸井重里は「おいしい生活。」という広告コピーを西武百貨店のために書いた。

『8階にある宝飾品売場も、地階にあるたくあんも、欲しいという意味ではおんなじように価値があるというのが、そこにこめたメッセージでした。それまでの「より良い」生活に対して「おいしい」生活を、という提案だったんです。』

と本人自ら回顧している。

ここで、糸井は生活の価値付けを「より良い」という客観的な相対評価から、「おいしい」という主観的な絶対評価に変えてみせたわけである。この、「おいしい生活。」は今から振り返ってみれば、70年代後半から80年初頭にか

年代	生活像		社会背景	家族形態	評価スタンス	生活景要素
2000	いくつもの生活（像）	共生 相互支援 パートナーシップ 共発的発展モデル （多元多発的連携のもとでの自律）	情報化社会 ユビキタス（偏在）社会 縮減（少子高齢）社会	ネットワーク家族 単身世帯	間主観的 自己実現の欲求	新しい公共、NPO、テーマ縁、オタク、自閉、引きこもり、インターネット／携帯電話、オートロックマンション、コンビニ、自動販売機、エキナカ、MXD、GMS/SuC、インターネット商店街、家、シャッター商店街、懐かしい未来（記憶の共有）、都市再生、脱開発、市民自治、地域主権
1980	『おいしい生活。』 （糸井重里／パルコ）	生活提案 内発的発展モデル （能力開発、社会的障害の克服）	消費社会 （安定成長）	粒子家族	主観的 尊重の欲求	ライフスタイル、QOL、コンピュータゲーム、ウォークマン、個室、マーケティング、パルコ（専門店ビル）、ニュータウン、再開発、博覧会、まちづくり、むらおこし
1960	より良い生活	生活向上 外発的発展モデル （規模拡大と集約化）	産業社会 （経済成長）	核家族	客観的 愛情の欲求	三種の神器（白色家電）、3C、マスメディア、TV、百貨店、商店街、公団（DK、水洗便所、シリンダー鍵）、アパート、団地、社宅、木密、スプロール、公害、住宅双六、ふるさと
戦後	生きるための生活	生活改善	共同社会 （戦災復興）	大家族	因習的 安全に対する欲求 生理的欲求	血縁・地縁、バラック、長屋、路地、縁側、井戸端会議、回覧板、町内会、向こう三軒両隣、焼け跡・市場

積層する生活景

けての大きな時代の転換期をみごとに言い当てていたように思う。

まさに、「大きいことはいいことだ」（1967）という価値観で進んできたわが国の経済成長は、1973年のオイルショック以降、急激にかげりをみせはじめた。同時に、1970年代の後半には、わが国の都市化も沈静化した。これを契機に、内発的発展論が台頭し、全国でまちづくり、むらおこしが一斉にはじまり、大きな価値観の変化がもたらされたのが「おいしい生活。」の時代であった。

②　家族の形態の変化と「生活景」

「おいしい生活。」以前の、産業社会の経済成長を支えたのは核家族と呼ばれる戦後に誕生した小さな単位の家族である。昭和31（1956）年、経済白書は「もはや戦後ではない」と謳い、核家族は、三種の神器（白黒テレビ・洗濯機・冷蔵庫）に代表される具体的な目標によって示された生活向上、すなわち「より良い生活」を目指した。

核家族以前の因習的な大家族の時代とは異なり、一生懸命に努力を積めばいつかは報われる時代の到来であった。核家族の暮らしは横丁や団地の風景を背景に、NHKの「プロジェクトX」に紹介されるような、日本の経済成長を支える無名のひとびとの挑戦の物語を育んだ。近年、団塊の世代のリタイアを目前に昭和30年代が脚光をあびつつある。

この時代の「生活景」が現代の「生活景」の基底にあり、われわれが想い描く「生活景」のステレオタイプを構成している。

一方、その後、核家族は求心力を失い、個々人の欲求充足が価値観の変化を促し、「おいしい生活。」に代表される消費社会を迎えた。これは戦中の「節約・倹約」の価値観を払拭することを意図した「消費は美徳」のスローガンとは異なる個人レベルの幸福の追求であった。すなわち、一人ひとりのライフスタイルが重視され、それ以前の客観的事実のリアリティとは対照的な個々人の主観的な価値意識が意味をもつことになった。

現在、少子高齢化と人口減少がすすむ縮減社会を背景に、単身世帯が多数を占めるようになり、家族像は親子四人の核家族のすがたから、離れて暮らす家族像へと変貌を遂げている。情報機器に支えられたユビキタス社会は、遍在する個人をゆるやかにとりむすぶネットワーク家族の可能性を提示している。こうした家族の形態の変化を受けて、「生活景」も大きく変容しているに違いない。

しかしながら、その変化はすでに述べたように、前の「生活景」に次の「生活景」が積層していくような感覚に近いものがある。

③「生活景」の評価のスタンス

「より良い生活」が「客観」的評価であるのに対し、「おいしい生活。」が「主観」的評価にもとづくものであることは既に触れた。

それらに対して、現在の生活像は「間主観」的評価に委ねられていると指摘できる。間主観性とは、もともと、哲学者のフッサールが「個人個人の主観だけではなく、それら複数の人の間で相互に成立する社会認識がどうつくられているかが重要である」という発想から唱えたIntersubjektivität（独）と呼ばれる概念である。

間主観性は歴史的・社会的に形成される社会的協働の産物であり、特定の主観においてのみ、ある事態が知覚されたり、意味をもったりするのではなく、複数の主観で共通に、その事態の知覚や意味が成立するものである。

景観は一個人の主観の私有物ではなく、複数からなるひとびとの主観の共有物であり、美の基準は間主観的ではあるが客観的なものだとは限らない。多様な利害関係者の参画によるガバナンス社会を指向するわが国のまちづくりにおいて、間主観的な構造によって現れる諸現象は、社会文化的な形成物であり、諸関係の結節（複合的統一体）として理解される。

こうした遍在する「生活景」へのまなざしはきわめて現代的である。同時に、生活環境の随所に八百万の神々の存在を感じとってきた日本人の伝統的な感覚にも馴染みやすいものであるに違いない。

3 「生活景」の景観デザイン戦略

(1) 「生活景」を強調することに意味

① 縮減社会への移行による「生活景」の変化

少子高齢化と人口減少という「縮減社会」を背景に、社会システムのシフトチェンジが迫られている。さらに、家族規模が縮小し、核家族から単身世帯に世帯類型のマジョリティが移行したことにより、ライフスタイルそのものが大きく変化している。すなわち、今日では、家族は社会の最小単位ではなく、個人と社会が家族というフィルターを介さずに直結しはじめている。これらによって「生活景」も自ずと変化しつつある。共同社会、産業社会、消費社会、情報化社会に呼応するように、家族型が、大家族、核家族、粒子家族、単身世帯（ネットワーク家族）へと変化したことを背景に、目指すべき生活像も、生理的要求に対する「生きるための生活」から、客観的評価にもとづく「より良い生活」へ、そして、主観的評価にもとづく「おいしい生活。」へ、さらに、間主観的評価による「いくつもの生活」へと変化した。

この延長上で、縮減社会のライフスタイルと生活像、さらに「生活景」が議論される必要が生じている。

②「地」となる景観へのまなざし

2004年の景観法は基本理念において良好な景観を国民共通の資産とし、その保全と創出を掲げた。これを契機に、各地で景観形成の取り組みは確実に進んだが、地域のランドマークとなり得るような「図」となる特徴的な景観の保全が主流で、「地」となる景観、たとえば、規範が乏しく、コンセンサスを得にくい一般市街地における景観形成の取り組みはまだ不足している。特に、街なか居住や郊外居住などの誘導すべき生活像に対する合意形成の経験蓄積はきわめて乏しいと言わざるを得ない。

一方、「生活景」からのボトムアップ的な視点は、近代都市計画の手法である、機能分割、要素分解などの微分的発想とは異なる、総合的・包括的な積分的発想による生活像やそれらの集積した社会像の編集などへの新たな展開を予感させるものとなっている。

③　地域アイデンティティの醸成

社会のグローバル化への大きなうねりの中で、地域固有の社会システムは以前にまして見えにくくなってきている。前掲の景観法の基本理念には、地域の個性及び特色の伸長や地域の活性化に資するよう、景観形成への取り組みをすすめなければならないとしている。先にも述べた様に本来、景観は地域と景色のふたつの概念を含むもので、きわめてローカルなものであるはずだが、景観形成が社会のグローバル化に抗するまでの力を有するには至っていない。

日常生活に密着したレベルの景観である「生活景」が地域のアイデンティティを再認識する素材として果たすべき役割は大きい。同時に、身近な生活環境に根ざしたまちづくりの成果を新しい「生活景」として表現していく取り組みは、「生活景」とまちづくりの相互依存の関係をひとびとにわかりやすく理解させるとともに、地域アイデンティティの醸成にも効果的だといえる。

(2) 「生活景」と「住民自治」

まち歩きや建築探偵などの試みは部分空間の発見と価値付けや、間主観的な鑑定眼の涵養においては効果的であったが、さらにそれをすすめて、部分空間から全体を構築していくような取り組みは少なく、経験蓄積も不足している。今、求められている仕事として、いくつもの「生活景」を育みながら、大局観をもって全体像を編みなおしていくような編集的な作業がイメージされる。シナリオの共有の方法、布石となるプロジェクトの打ち方、比較案のシミュレーションによるプロセスデザインの方法、ステークホルダーを巻き込んだガバナンス型の布陣の組み方など、景観デザインの進め方の技術も問われる。

そして、「生活景」にもっとも期待することが、「住民自治」との連携である。「生活景」はそれ自体がさまざまな価値を有していることはこれまで述べた通りだが、優れた「生活景」は、コミュニティによる景観の日常的な維持管理によって育まれるものである。住民自治の表現として「生活景」を位置づけることが可能で、われわれが良いと判断する「生活景」の背後には地域をマネージメントしている住民自治の存在を無意識のうちに読み取っているのではないか。「住民自治」のすすんだ成熟社会の表現として「生活景」が担うべきことは多々あると思う。

わが国のまちづくりの将来を展望するならば、住民自治の再生と強化が喫緊のテーマであり、住民自治とわれわれ建築系都市計画分野の研究領域をむすぶものとして「生活景」は位置づけられる。

(3) いくつもの「生活景」を編集する

「生活景」は随所に遍在している。特に、戦災を受けた都市の多くは、戦後の焼け跡、昭和30年代頃の風景を基底に据えながら、時代ごとの風景を積み重ね、地域の歴史的文脈や共通の記憶を宿した景観を形成している。

見失われてしまった「生活景」の再発見、新しい「生活景」の価値付けを行いながら、まちづくりのルールにこれを反映していかなければならない。また同時に、さまざまな分野や領域とのコラボレーションのもと、いくつもの「生活景」を編集し、文脈の通った都市景観としてまとめあげることが景観デザインには求められているのである。

いくつもの遍在する住民自治をインテグレートし、空間戦略を描く上において、住民自治の表現としての「生活景」に着目することにより、プロトコ

景　観	生活景
都市計画 都市像	まちづくり 生活像
「図」となる景 大きな力の集中 記念碑的記録	「地」となる景 小さな力の集合 界隈的記憶
コントロール	マネージメント
公共性	実用性
匿名性	無名性
成文法的	不文法（慣習法）
客観的	間主観的
外発的	内発的（共発的）
トップダウン	ボトムアップ
規制／規制緩和	対話／共働
団体自治	市民自治

生活景とまちづくりの親和性

ルを導くことができるのではないだろうか。

〈参考文献〉

後藤春彦「景観まちづくり論」学芸出版社　２００７年
北原理雄「『生活景』をめぐる論点と研究動向」日本建築学会大会都市計画・農村計画部門研究協議会資料　２０００年
後藤春彦「積層する『生活景』」日本建築学会大会都市計画部門パネルディスカッション資料　２００６年
後藤春彦「『生活景』研究のポテンシャル」日本建築学会大会都市計画部門パネルディスカッション資料　２００７年
浜渦辰二「フッサール—間主観性の現象学」創文社　１９９５年
糸井重里「ほぼ日刊イトイ新聞」www.1101.com/marugoto1/03.html.

第４節

共発的まちづくり

はじめに

わが国で「まちづくり」という表現が盛んに使われるようになったのは

1970年代後半だと言われている。すなわち、1973年のオイルショックを契機に高度経済成長に翳りが見えはじめた頃である。同時代には、国内外で「内発的発展論」も登場し、まちづくりの理論的背景が構築された。わが国のまちづくりの黎明期にこの時代を位置づけることができる。

人口の推移を眺めると、1970年代後半は都市化（都市人口比率）の伸びが衰えをみせる時期で、1977年には「定住圏」を掲げる第三次全国総合開発計画が策定された。すなわち、高度経済成長以来の農村から都市への大きな人口の流入に翳りがみえた時期に、「地方の時代」「文化の時代」が謳われ、内発的発展論をバックボーンに「まちづくり」がデビューした。

1「まちづくり」の過去と未来

(1) 3つの「まちづくり」の流れ

①「まちづくり」の背景

はじめに、「まちづくり」という用語について整理しておく必要がある。近年、「まちづくり」なる言葉は一般用語として定着してきたことは事実である。日常会話でもよく使われる。新聞記事の検索をみても使用頻度は年々増加してきており、特に、地域住民の活動が活発化する中で多用されるようになってきた。しかしながら、いまだに広辞苑をはじめ辞書には取り上げられていない用語であるということもうひとつの事実である。

何故だろうか。その理由の一つとして「まちづくり」の概念がとても曖昧であることが指摘できるだろう。今日使われている「まちづくり」の言葉の背景には、第一に「居住環境からの発想」、第二に「地域振興からの発想」、第三に「開発事業からの発想」の大きく三つの流れがあると思われる。

②　居住環境からの「まちづくり」の発想

第一の流れは、都市計画の中でも居住環境、すなわち住まいの延長上に集まって暮らす舞台としての「まち」を位置づけ、居住環境の改善を主たるテーマとするものである。

したがって、取り組みのテーマを限定して、「福祉のまちづくり」や「防災のまちづくり」など、まちづくりに枕詞がつくことも多い。住まいからの発想ゆえ、その主体がまちに暮らす住民であることは明らかであり、住民参加が重要な手法に位置づけられ、住民の主体的な運動として展開している。ここで主に、対象となる「まち」は都市の住宅系の土地利用を意味するものだったが、近年、環境問題への関心の高まりから、その対象も都市近郊の森林や水辺など、郊外の自然環境を含むものへと拡大している。

③　地域振興からの「まちづくり」の発想

一方、第二の流れは、都市化の反動として顕在化した過疎社会におけるシマおこし、ムラおこしに端を発するもので、地域社会の衰退の悪循環を断ち切り、かつての活力を地域社会がいかに取り戻すかがテーマとなる。以前は、一村一品をはじめとして、地域の特産品づくりなどの単発的な産業おこしに特化しがちであったが、昨今では地域が受け継いだ伝統文化を後世に伝える内発的活動による潜在的可能性の発掘を基礎に、経済的自立性と文化的独自性の追求に変わってきている。

近年では、過疎の農山漁村のみならず、シャッター通り商店街などと揶揄される都市部の中心市街地の空洞化対策へもこのまちづくりの流れは波及している。大型商業施設の郊外出店規制を目指した中心市街地活性化法、改正都市計画法、大店立地法を「まちづくり三法」と、まちづくりを冠して呼ぶのも興味深い。こちらは地域社会全体、あるいは、市町村という行政区域そのものを「まち」と位置づけているため、総合的かつ体系的に課題を把握することが求められている。

これら、第一と第二のふたつの流れは、コミュニティの観点から見れば、前者が未成熟なところに新しいコミュニティを育て上げていく動きなのに対し、後者は閉鎖的に硬直化した既存のコミュニティを解体再生していく傾向が伺える。しかしながら両者には共通点も多く、相互に影響を及ぼしながら、まちの価値を創造再生する住民運動として成長を遂げてきている。たとえば、両者のまちづくりの主体は、あきらかに住民主導へ移行し、ハードだけでなく社会の制度や仕組みなどのソフトを含めた総合的なものとなっている。

④ 開発事業からの「まちづくり」の発想

そして、第三の流れは、国土開発や都市開発など各種の開発事業をまちづくりと呼ぶものである。かつては画一的な事業に終始しがちであったが、昨今では道路や公園などの都市基盤の整備や再開発などでも豊かさや潤いなどが追求されるようになり、これらの開発事業もまちづくりの範疇に取り込まれている。批判的に言えば、第三の流れは土建国家の産み落としたまちづくりで、基地も原発も河口堰もまちづくりの対象となり、選挙の争点や住民投票のテーマとしてその是非を問われることも多い。

事業の対象はハードそのものではあるが、事業から波及する各種の利権の分配や斡旋など地域経済を左右する様な生々しい問題も見え隠れし、開発事業＝経済振興という短絡的な図式になりすぎている感は否めない。さらに近年、開発事業に対する税金の無駄遣いも批判にさらされることが多くなってきた。

「まちづくり」という語感を好まないひとびとの嫌悪感も実はこの第三の流れに宿っているように伺える。

(2) ガバナンス社会における新しい公共

① 「まちづくり」とは

このように、「まちづくり」という言葉は、各人各様に使用され、その概念が大きく膨らんでしまった。また、少々手垢がつきすぎて、新味を失っていることも事実であろう。「まちづくり」が21世紀中も生命力を持続できる言葉か否か、厳しい瀬戸際におかれているのかもしれない。

さて、本章では、「まちづくり」を「地域で暮らしを営むひとびとが、地域固有の社会関係資本を活かして、地域社会に立脚した豊かな生活（ＱＯＬ）を追求する活動とその成長過程」の意味で用いることとする。

② 新しい公共を育む

２００５年の「平成の大合併」は縮減社会の幕開けを告げるものとなった。さて、私たちはどこへ向かって、いかに旅をつづけようとしているのだろうか。

私たちの社会システムを旅になぞらえるならば、20世紀の旅は「新幹線」型であった。目的地が明確で、そこへ向けてなるべくまっすぐに線路を引き、大量かつ高速で効率よく列車を走らせようというものだった。しかしながら、21世紀の今、私たちは明確なゴールを共有しているわけではない。どこへ向かってすすむべきなのか、先行きが不透明な時代に生きている。

私は「新幹線」に代わって、21世紀の旅は「七福神の宝船」による旅をめざすべきではないかと説いている。大海原にあって、海図もなく、ある人は右、またある人は左へすすめという異なる意見を対話によって調整しながら、ゆるやかに乗員の合意を取り付け、ゆっくり舵取りをするのが現代の社会システムに対する感覚ではないだろうか。もちろん船頭多くして船が山に登ることは避けねばならないが、乗り合わせたひとびとは七福神のように個性豊かで何らかの才に秀でており、上手くお互いが連携することによって大きな力を発揮することになる。

「新幹線」をガバメント型の例えとするならば、「七福神の宝船」はガバナンス型の例えである。すなわち、緩やかで主体的な成員の参加とネットワーキングをもとに、ボトムアップ的な合意形成や秩序形成によってすすむ社会である。ガバナンス社会においては公共セクターと市民セクターの明確なパートナーシップによる、新しい地方自治のフォーメーションが求められている。

2 内発的発展をこえて

(1)「外発的発展」と「内発的発展」

「低生産性」と「周縁性」という地方の地域が抱える課題を効率よく克服するために、戦後、日本は外発的発展モデルですすんできた。それは政府の「所得倍増計画」（1960）を受けた「全国総合開発計画」（1962）や「新全国総合開発計画」（1969）に顕著に現われていると言える。「外発的発展」の理念は地域の外部からの資本導入による「規模拡大」と「集約化」による経済的な発展であり、その目的は「産業化・専門化」「労働の促進」と「資本の流動化」だった。

こうした外発的発展モデルはバランスを失した都市や地域を生み、3つの〝D〟、すなわち、「依存型の発展」(dependent development)、「歪んだ発展」(distorted development)、「破壊的な発展」(destructive development) に陥るとの批判を受けることになった。

工場誘致を例にあげるならば、「依存型の発展」とは本社機能などの意思決定の場が地域の内部ではなく外部にあることによって自律的な発展が望めないものである。また、「歪んだ発展」とは特定のセクターや経済行為のみに特化した発展をみせることで、「鉄冷え」のように産業構造の変化が地域を直撃する危険性をはらんでいるものである。さらに、「破壊的な発展」とは地域固有の文化環境を無視した発展で、たとえば地場産業従事者がペイの高い新しい誘致工場に就職することにより、地場の産業ネットワークが弱体化し、結果的に地域の没個性化に拍車をかけることになる。

1970年代のはじめ、まさに日本列島改造の嵐が吹き荒れる中、日本の経済成長は人口の過疎過密による不均衡な状況を生み出した。この時代、わが国の都市と農山村地域は決定的な乖離をみせた。すなわち、地域間の所得格差が拡大し、生産性の高い都市が「中心」、一方、生産性の低い地方が「周縁」に位置づけられ、地方都市や農山村は自信を喪失し、危機的な状況に陥っていたのだった。

つぎに、オイルショック（1973年）を契機に近代化が陰りを見せはじめた70年代の中頃から、国内外で「内発的発展論」が同時発生的に台頭した。わが国では早くから、比較社会学者の鶴見和子が、グローバルスタンダード化がすすむ近代化の対極に地域固有の発展を位置づけ、「内発的発展論」を提唱した。同様に、経済学の立場や、その他、地方自治、地域開発・地域経営などの分野からもさまざまな「内発的発展論」が唱えられるようになった。これらはちょうど、「第三次全国総合開発計画」（1977年）と機を一にするもので、この時期に、経済成長のみならず人間居住の総合環境として地域を経営していく考え方が打ち出されたのは画期的であった。

内発的発展モデルに基づくまちづくりはサスティナブルな発展を理念に掲げ、「能力開発」や「社会的障害の克服」などの人間成長を目指すものだった。「ディスカバー・ジャパン」（1973年）のかけ声のもと、近代化の中で消えていくふるさとの風景に光をあてた町並み保存運動や「重要伝統的建造物群保存制度」（1975年）が地域の潜在的資源を活かしたまちづくりの方向性を示した。従来の国が主導する制度とは異なり、地元主体の地域資源発掘型の取り組みで、その成果が具体的に歴史的な町並みなどの景観として表象されるといった分かり易さが「内発的まちづくり」の推進力となった。

しかしながら、１９８０年代後半になると、東京圏への高次都市機能の一極集中と人口の再集中がこれまでに増して高まり、東京をはじめとする都市部の規制緩和に端を発する地価高騰が生み出したバブル経済のもと、その歪みが地上げや乱開発というかたちで全国に蔓延し、多くの歴史的な町並みや自然環境が破壊されたことは記憶に新しい。バブル経済とリゾートブームの影響は日本列島津々浦々へと飛び火して、巨額の民間投資をあてこむ手荒な外発的手法も再登場した。日本列島の各地に残された当時の開発の爪跡は未だに癒えていない。

今日では「内発的発展論」に対しても、あまりにも理想的であり現実的なものなのかとの批判があがっている。また、どんな地域にも外発的な力と内発的な力が存在するのであり、外発的な力と内発的な力の相互作用を求めるべきではないかと指摘されている。

(2)「外発」「内発」から「共発」へ

英語の語源に照らして「外発」と「内発」を整理するならば、“Exogenous”の訳とされる「外発」とは、「外側より計画／組織化されたできごと」であり、逆に、“Endogenous”の訳とされる「内発」とは、「内側より計画／組織化されたできごと」と定義される。同様に、“Spontaneous”の訳である「自発」とは「計画／組織化されないできごと」と定義することができる。そして、新たに、「内外の両側面より計画／組織化されたできごと」を「共発」と呼んでみたい。

3 ハイブリッドな共発的発展へ

(1) 「共発的まちづくり」とは

ここで提唱する「共発的まちづくり」とは自律的な生命体のアナロジーで説かれるものであり、生態系のように、他者との社会的な関係のもとで自ら生成する系である。その意味では、従来の地域主義を優先し、生産の三要素と呼ばれる土地と資本と労働の三要素をすべて地域の中で賄おうとする理想的な「内発的発展論」とも一線を画するものである。

すなわち、地域内に閉じた発展のモデルではなく、他都市や他地域との協調・連携のもとで地域の自律を探るものであり、市民がこれまで地域を育んできた実績やその社会的記憶、さらには市民独自の問題解決能力をもとに、多元多発的なガバナンスをめざすものである。

「共発的まちづくり」とは、地域固有の文化や生態系にもとづく自律的な社会発展をめざすもので、「新しい公共の誕生」「社会資源の発見」「社会資本の形成」「社会システムの創発」とつづく、一連の取り組みである。

① 市民の自発的な運動の展開　「新しい公共の誕生」

草の根の市民による自発的なまちづくり運動を育て、市民が自らの身近な

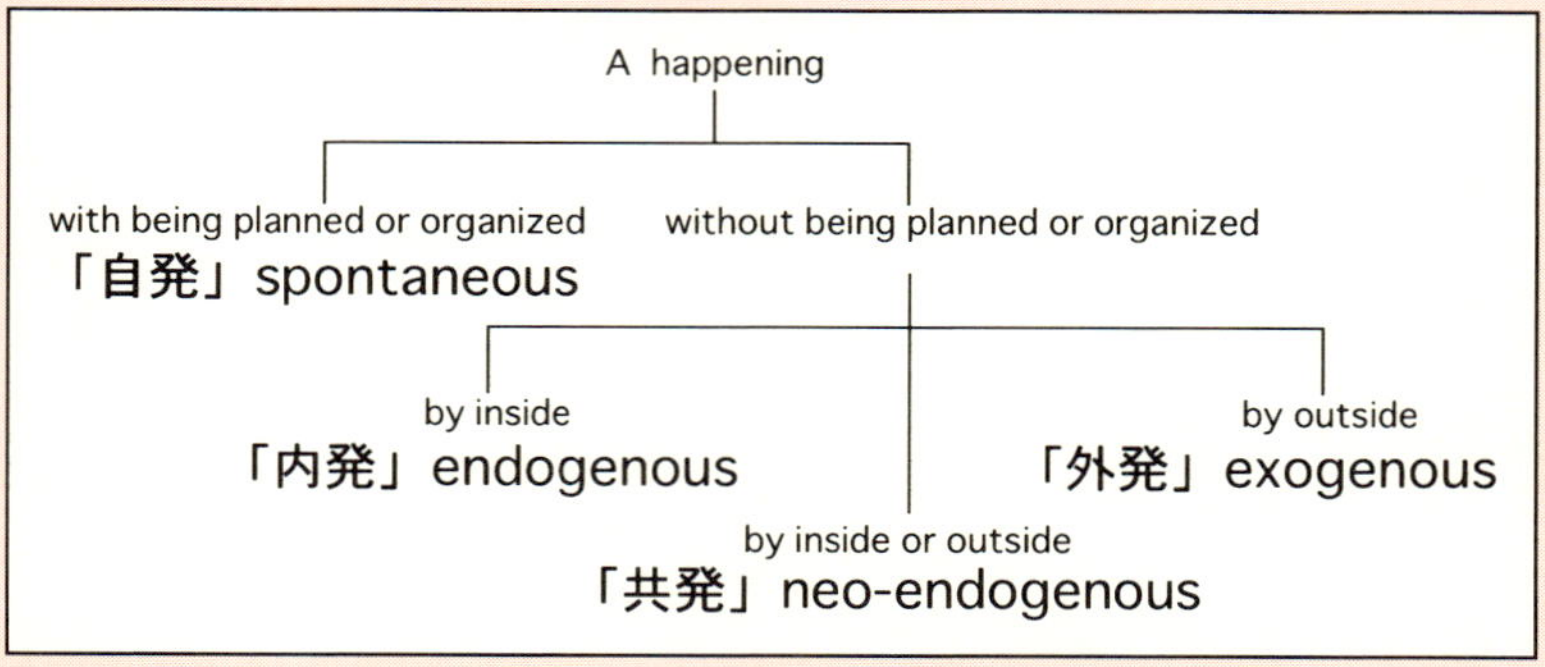

自発・外発・内発・共発
「共発」とは内外の両側面より計画／組織化されたできごと

まちの歴史を振り返り、再評価し、それに立脚したまちづくりの新しい方向性や将来像を共有することの積み重ねによって、「新しい公共」と呼ばれる様な、従来の行政に代わってまちづくりを担う組織が誕生することが期待されている。

② 社会に開かれたまちづくり情報　「社会資源の発見」

「新しい公共」と呼ばれる新たなまちづくりの担い手が育つことにより、これまでのまちの見方とは異なる視点を得ることができる。多様な目でまちを再評価することにより、これまで何げなく見過ごしていたものの中からも、いろいろなまちの宝物が発見されるようになる。それはまさに「社会資源の発見」とも言えるものである。

③ ネットワークのしくみづくり　「社会資本の形成」

持続的にまちづくりをすすめていくためには、社会資源を再生産するしくみとして、制度やネットワークが必要になる。これらがまちづくりにおける「社会資本」と呼べるものである。

④ 住民自治と景観デザイン　「社会システムの創発」

さらに、3つのステップの延長上に、新しいガバナンス型の「社会システム」が位置づけられる。本書の主題に即して展望するならば、新しい公共としての役割を果たす住民自治が団体自治を補完し、まちづくりの成果を景観として表現しながら、まちの経営に責任をもつ社会である。

「共発的まちづくり」の特徴は、

ア生態的特徴に適合した比較的小規模な範域を単位とする

イ自然環境に依拠した共存共生型社会システムを形成する

ウ地域の文化遺産を再発見し、世代をこえて継承活用する
エ生産から消費への一方向通行を改め、持続的に循環する
オ経済成長のみならず人間成長を含む自律的規範を有する
カ市民の自発的な参加と対話にもとづいて意志決定をする
の6項目にまとめられる。

「共発的まちづくり」をすすめる際に、計画が担保されるべき3つの公共性、すなわち、行政的公共性、市民的公共性、市場的公共性がある。それらは、各々、合理主義、実用主義、市場主義を基礎とするものである。

わが国のまちづくりは、前述のようにオイルショックを経て、1970年代の後半にはじまったが、当初は役所が主導する行政的公共性を中心とするものだった。それが90年代から市民的公共性も加わり、2000年に入ってようやく市場的公共性も加わった。「共発的まちづくり」では、主体が、行政・市民・市場と多元化してきている。同様に単純な計画システムだけではなく、参加と対話、調整など、その手法も複雑に組み合わされることになってきている。

(2) EUにおける共発的発展による新しい地域社会のイメージ

どんな地域にも外発的な力と内発的な力が存在する。両者の相互作用を前提とすることが重要である。

①地域資源を有効に使い、価値付けを行う。
②地域に利益を還元する（成果を景観として表現する）。
③地域のニーズや能力に依拠した活動を行う。

など地域の内発的な力を高めていくことと同時に、

④地域外からの介入を分散化しながらも、戦略的に地域外との連携体制を構築する。

ことが必要である。

したがって、まちづくりの活動も固定的なものではなく、地域外とも連携した動的なものになるにちがいない。

近年ではＥＵでも、「新たな内発的発展（Neo-Endogenous Development）」と呼ばれる共発的な発展モデルが提示されている。

こうしたＥＵの都市・地域間連携を前提とした共発的発展モデルは、当初は、環境問題等への対応を背景とするもので、環境政策の一環として「サステイナビリティ」が開発の前提に掲げられてきた。しかし今日では、環境問題のみならず、雇用・移民・社会的不平等などの社会問題やエネルギー問題の解決をはかりながら、社会・経済を持続的に発展させ、将来にわたってＥＵが国際的な地位を維持することを都市・地域の基本戦略に位置づけている。この推進のためＥＵでは国の枠組みを越えて都市・地域レベルの連携をはかる事業が多数実施されている。たとえば、各地域固有の産業を育成・強化し、かつ、相互に結ぶという経済活性化を目指し、広域スケールの交通網整備をはじめ、情報通信・エネルギー供給等のインフラネットワーク形成による都市・地域構造の再編について、国境を越えた圏域ですすめられている。また、都市と農村の新たな関係の構築や自然および文化資産の持続可能な保全・開発とマネージメントなど、環境計画と空間計画の統合が試みられている。

さらに、ＥＵが直接小さな自治体を支援したり、複雑であった施策・計画体系を簡素化して新たな市民協働システムを構築するなど、さまざまな主体のパートナーシップの構築・強化がはかられ、共発的発展を下支えする環境が整いつつある。

〈参考文献〉

後藤春彦「景観まちづくり論」学芸出版社　2007年
後藤春彦+後藤春彦研究室「まちづくり批評」ビオシティ　2000年
後藤春彦・佐久間康富・田口太郎「まちづくりオーラル・ヒストリー」水曜社　2005年
後藤春彦「私たちはどこにいるのか?『吉阪隆正曼荼羅』絵解きによる〈まちづくり〉の現在」季刊まちづくりNo.5（学芸出版社）2004年
後藤春彦「ハンディブック建築　第4章　都市計画」オーム社　1996年
公文俊平「21世紀は「共発的近代化」の時代」産經新聞　正論　2005年2月15日
村上佳代、後藤春彦「英国の条件不利地域（Highlands and Islands）における地域づくりの民営化とその戦略」日本都市計画学会学術研究論文集　別冊35　pp. 949-954　2000年

第5節 スペーシャル・プランニングとシティ・リージョン

はじめに

近年、ＥＵ各国では、シティ・プランニングをスペーシャル・プランニングと呼び替えている。計画の対象が「都市」ではなく、「空間」に変化したことを意味するが、ここで言う「空間」とは物理的な空間と社会的な空間をあわせもつものである。同時に、都市と周辺の農村を一体の「空間」として扱うように変化してきており、スペーシャル・プランニングは、シティ・プランニングに比べて広範囲な領域におよぶものである。すなわち、スペーシャル・プランニングは、土地利用等の物理的な事象を対象とするこれまでの都市計画や地域計画ではなく、社会空間の総体を構築していくことをめざすものである。従来の計画が全体から部分へ区画していく「微分型」だったのに対して、スペーシャル・プランニングは異質なものを統合していく「積分型」の計画である。

縮減する社会を迎えたわが国でも、都市化の圧力を物理的にシャットアウトする時代は終焉を迎え、都市と農村の相互補完関係を高めていくことをめざした議論がはじまっている。都市と農村の区分を解き放ち、「シティ・リージョン」と名付けられた有機的でダイナミックに流動する社会空間の構築を目指すことが望まれている。

(1) 都市・地域計画の役割の変化

従来の都市計画や地域計画は、個別の都市や地域の成長と産業化を前提とするものであった。計画システムは福祉国家としての重要な政策のひとつに位置づけられ、国家レベルでの法的根拠を有するもので、貧困と環境悪化の克服をめざし、制御や規制とプロジェクトが組み合わせられ、不足を解消し、充足させていく方法がとられた。しかしながら、縮減を前提に地球環境に相応する脱産業化をめざす都市計画や地域計画は、計画的に縮減をすすめながら、その空隙にエコロジカルな提案をインフィルしていく感覚にちかいものがある。自ずと、地方分権の重視、そして、地方自治の強化が指向されることになる。

さらに、人口フレーム方式から経済的需要に基づいた計画フレームへの転換も進んでいる。2008年にノーベル経済学賞を受賞したポール・クルーグマンが空間経済学を説いたように、社会空間を基盤に経済戦略が議論されはじめている。

都市・地域間の経済競争力の維持向上をめざしつつも、単一な目的ではなく、文化・環境の再生や社会的正義の継承などを目指した空間戦略が描かれようとしている。その中でも、住民自治の強化と都市・農村連携は、前者が人間のネットワーク、後者が空間のネットワークとも読み替える事が可能で、極めて重要なパラダイムに位置づけられる。

こうした背景のもと、EUでは前掲のように、シティ・プランニングからスペーシャル・プランニングへ計画概念が変化してきている。これは都市の成長をめざした機能の物理的空間への適正配置をめざす計画から、社会関係によって出現する社会的空間の質をより高いものとすることをめざす計画への変化とも理解することができる。すなわち、伝統的な「計画」の立案からシームレスな環境像や空間像の「枠組み」の提示へ変化しているのである。

(2) 空間概念のパラダイムシフト「スペーシャル・プランニング」

情報化社会および高流動性社会の進展が距離を克服したことにより、「空間」の概念は大きく変化しており、都市計画にもその影響は及んでいる。すなわち、実在主義的で絶対的な「空間」概念から、関係性に依拠した相対的な「空間」概念へ変化している。距離を克服した新しい関係性によってむすばれる複数の場所は、現代的な社会性を帯びながら発展していくことだろう。

都市計画の対象とする都市においても、距離によって規定されていた古い秩序による機能的配置論は役に立たないものになってきている。

そうした中でＥＵではスペーシャル・プランニングについての議論が盛んである。スペーシャル・プランニングとは、複数の場所という地理的まとまりがトポロジカルに繋がる広域的な社会空間を戦略的に構築し、多元的政策の展開をこころみるもので、その特徴を以下の４点に見いだすことができる。

①　社会空間

細分化された福祉国家の機能的サービスを統合し、社会・経済・福祉・教育、環境などの広汎にわたる政策の横断的な相互調整をはかる概念として「空間」を位置づける。

② 階層性のないネットワーク

地方分権社会を背景に、国境さえも容易に越えていくことのできる階層性をもたないネットワークが、場所と場所、地域と地域をむすぶ。

③ シティ・リージョン

高流動性社会による都市と農村の連携を背景に、「シティ・リージョン」と呼ぶ自律単位として、都市とその周辺に広がる農村地域を一体的に捉える。

④ 空間の質

計画の枠組みを「人口」ではなく、「空間」の質にもとめ、新たな社会資本形成や価値創造をめざす。

「場所」と「空間」は都市計画、まちづくりにおいて極めて重要な概念であるが、決して、固定的なものではなく、ダイナミックに変化しているものである。そしてその変化は、計画的か否かにかかわらず、つねに景観となって私たちの前に表出されるものでもある。

(3) スペーシャル・プランニングへの期待

ＥＵの地域間連携を前提としたシティ・リージョンを単位とする発展モデルは、地球規模での地域間競争の激化や様々な社会問題や環境問題等への対応を背景とするサステイナビリティに関する戦略に基づいている。特にＥＵでは環境政策のみならず、雇用・移民・社会的不平等などの社会問題やエネルギー問題の解決をはかりながら、社会・経済を持続的に発展させ、将来にわたって国際的な地位を維持し続けることを基本戦略に位置づけている。この推進のためＥＵでは国の枠組みを越えてシティ・リージョンレベルの連携をはかるスペーシャル・プランニングにもとづく事業が実施されている。

スペーシャル・プランニングを積極的に推進する多くのEU諸国では、バランスがとれた多核的な都市・地域システムへの再編、都市と農村の新たな関係の構築、インフラと地域へのアクセスの均等性の担保、自然および文化資産の持続可能な保全・開発とマネージメントなどがすすめられている。さらに、各地域・自治体の主体性・責任によってプロジェクトがすすめられ、EUが基礎自治体を直接的に支援するなど、市民参画も含む地元のさまざまな主体のパートナーシップの構築や強化がはかられている。

このように、スペーシャル・プランニングは狭義の物理的な空間計画のみならず、様々な歴史・文化、社会・経済、そして自然環境が相互に複雑に呼応しながら変化し続ける社会空間に対する計画として位置づけられている。そのため、環境計画や経済・産業計画を施策・計画・事業面で具体的に関係づけ、諸領域を統合するとともに、計画達成のための実効的な戦略とプログラムが明示されている。

スペーシャル・プランニングとは、空間を舞台に時間と人間が織りなす社会的空間を対象とするもので、時間と人間と空間のみっつの「間」の計画なのである。

土地を区画し機能を割り当てる「微分」型ではなく、社会関係性にもとづき物理的空間と社会的空間をシームレスに統合していく「積分」型のアプローチをとるものであり、単一主体のみの内部完結型ではなく、周辺領域もふくめた多主体間の関係に依拠するものである。したがって、主体の多元化のための調整機能がより重視されることになる。

スペーシャル・プランニングのめざすべき目標は生活の質（QOL）の向上であり、連結性・連続性、社会的機会の公平性・公開性、持続可能性などの広い概念としての社会的空間の質の向上である。

日本はグリーンベルト等で明確に都市と農村が区分されていないことが教条的に課題であるとして指摘されてきた。しかし、かつて世界最大の人口を抱えたと言われる江戸でさえ、切り絵図を広げてみれば、多くの農地が点在していた事が伺える。そして現在でも、都市の郊外には生産緑地が点在している一方で、農村生活は都市化しそれを支える都市的なインフラが希求されている。このように、都市の中にも農的な土地利用が存在し、農村においても都市化がすすむ日本において、都市と農村を切り分けて思考することは意味をもたない。そして、今後、わが国の縮退社会の進行とともに、大小様々な空隙が都市にも郊外にも農村にも発生することが予想されている。

都市的な土地利用と農的な土地利用を明確に区分するのではなく、異質なものがパッチワーク状の入れ子になっていることを前提に、シティ・リージョンと呼ばれる都市と農村を一体的な計画単位として扱う時代が来ている。

(4) 新たな計画的圏域「シティ・リージョン」

21世紀の成熟社会に入り、先進諸国では社会背景の変化に呼応すべく行政の計画単位や枠組の見直しがすすめられている。しかも新たな単位や枠組はフレキシブルで、そこには企業や市民も含むさまざまなプレイヤーが参画する場の形成が意図されている。

わが国でも計画パラダイムが大きく変化する時代の節目を迎えている。その象徴的な事象が人口減少による縮減社会の到来である。これによって量的な拡大を是とする時代が終焉し、質的向上への転換を余儀なくされている。

行財政の効率化をめざし市町村合併が推進されたことにより基礎自治体の範域は拡大する一方で、有効的な手段が講じられないまま中心市街地も周辺農山村部も弱体化が深刻化している。これを受けて、地方制度調査会では自治体間の相互連携による機能補完が打ち出され、「連携協約」制度の創設など、地方自治法の改正もすすんだ。同時に、団体自治を補完する住民自治の役割が期待されている。すなわち、計画システム自体も抜本的な変革を求められることになった。

「シティ・リージョン」とは、都市や周辺地域の連携によるあらたな計画的圏域であるが、その設定によって意味するところが異なる。例えば、都市的土地利用と農的土地利用を一体的な計画単位として扱うこと。あるいは、都市とその周辺の町村からなる都市圏を一体的な計画単位として扱うこと。さらには、複数の都市圏の中心都市が連携した広域圏を計画単位として扱うことなどの差異があげられる。しかし、いずれもモビリティの増大により生活圏が拡大したことを背景に、圏域内の機能の相互補完による集約化とネットワーク化が戦略的に試みられていることは同じである。近代の計画原理にのっとって、単純に土地利用の純化をめざすのではなく、異なる性格の土地利用をあわせて一体的な空間像を描くことが希求されている。

一方世界へ目を転じると、そうした傾向はより顕著なものとなっている。特に、国境を越えた都市間競争が激化するＥＵでは、積極的に行政区画をこえた広範囲の圏域を「シティ・リージョン」と位置づける動きが活発化している。都市や農村がどのようなアライアンスを結び、戦略的な計画的圏域を構築するのかが地域の将来を左右すると指摘されている。

私も参加した総務省「地域の元気創造有識者会議」では、再配分の論理による「国土の均衡ある発展」から脱して、「個性を活かし自立した地域をつくる」ことをめざす元気創造の論理のもとに、従来の基礎自治体の枠をこえて地域の機能を連携し、広域経営を展開する計画的圏域について議論してきた。人口5万人以上の中心市と近隣の市町村が協定を結び、圏域としての定住、自立、発展を目指す「定住自立圏構想」をさらに強化して、雇用、教育、医療をはじめとする地域に暮らし続けるための条件を整えた「シティ・リージョン」を構築することが期待されている。

最後に、「シティ・リージョン」の設定に向けて3つのポイントを指摘しておく。第一に、高流動性社会における最適で効率的な投資圏域としての「範域の設定」。第二に、明確なガバナンスの存在する「意思決定機構の設定」。第三に、有限責任会社や特定目的会社、NPOなど、「新しい公共サービスの担い手と仕組みの設定」である。そしてこれらの設定には、土地の履歴や地域固有の文化蓄積などが大切な役割を果たすことを忘れてはならない。

こうした計画的圏域としての「シティ・リージョン」ごとに圏域資本が醸成され、協働のガバナンスとコミュニティが育まれることが望まれる。

(5) 都市の再定義とシティ・リージョンの再編

英国ニューカッスル大学名誉教授で著名な都市計画理論家のパッツィ・ヒーリーは、つぎに示す様に「都市」の再定義をこころみている。

「都市とは物理的な対象ではなく、うごめくひとびとが絡み合う、流動的で拘束されることのない集合体である」

彼女の述べる「拘束されることのない集合体」は、一見、矛盾を含むようにも思われる表現だが、複数の場所がダイナミックにむすびつく生き生きとした都市像を想起させてくれる。このような空間概念のパラダイムシフトは21世紀の都市計画システムに大きな影響を与え、その変革を迫る事になるだろう。

従来、たとえばＤＩＤ（人口集中地区）のように、都市は物理的で固定的な空間と機能で定義されていたのに対して、彼女は、社会的に流動する人間の関係性に着眼して都市を再定義してみせた。

都市を人間の存在そのものとして捉えること。これは１９６０年代から、『アメリカ大都市の死と生』を著した前掲のジェーン・ジェイコブスの近代都市計画批判の基底にあったことではあるが、20世紀後半のモビリティとインフォメーション技術の加速によって、一気に「あたらしい都市」の理解が現実的なものとなった。

流動する人間、それらの関係性によって、場所は統合され、社会空間へと発展していく。同様に、「社会資本」から「社会関係資本」へ、すなわち、人間関係やそこから生じる知識こそが、シティ・リージョンの資本となった。また、「土地所有意識」から「空間共用意識」への転換が求められている。そしてこれらに呼応するように、アーバンビレッジやニューアーバニズムに代表される身体感覚をもとにヒューマンスケールで実感できるシティ・リージョンの基礎単位となり得る場所や固有の近隣コミュニティの価値が再評価されはじめている。

私は、それらが可視化されたものを前掲のように「生活景」と呼んでいる。いくつもの場所に即した近隣コミュニティと、大河のようなモビリティとインフォメーションの流動のダイナミズムの中に現代人の生活領域を位置づけるのがシティ・リージョンの素直な解釈ではないかと考えている。シティ・リージョンとは、ひとつの内部完結した自立的で固定的な存在ではなく、いくつもの場所が相互補完によって連携する流動的なネットワークや関係性として把握すべきとの理解が世界のあちらこちらで同時進行的に熟しつつあることを感じている。

高流動性社会を背景に、市町村などの自治体の範域を超えた社会的なネットワークとそこから生まれる規範や信頼を編集することが求められている。シティ・リージョンとは、固定的な都市の解体と地域の再編のあらわれとしてのガバナンスのあらたな範域である。シティ・リージョンを基点とするビジョンの構築が求められており、地域アイデンティティ、帰属意識、ライフスタイルなどの共有が期待されている。

(6) 先進事例　ドイツ3州をまたぐシティ・リージョン「ライン・ネッカー」

EU各地で、バランスがとれた多核的な都市・地域システムへの再編、都市と農村の新たな関係の構築、インフラと地域へのアクセスの均等性の担保、自然および文化遺産の持続的な保全・開発とマネージメントをめざした、戦略的な計画圏域としてのシティ・リージョン構築の取り組みがすすめられている。

ドイツには、地域計画等を目的とした政治単位として、Metropolregion（広域連合）と呼ばれる11のシティ・リージョンが存在する。その組み合わせは実に多様で、ひとつの州でひとつのシティ・リージョンを構成している例もあれば、ひとつの週に複数のシティ・リージョンが存在する例、シティ・リージョンが連担しておらず飛び地の例、ふたつのシティ・リージョンが一部で重なっている例、州をまたいでいる例など、地域や地元自治体の事情に従って、フレキシブルである。

その中のひとつ、「ライン・ネッカー（Rhein-Neckar）」は３州（バーデン＝ヴュテンベルク州、ヘッセン州、ラインラント＝プファルツ州）にまたがるシティ・リージョンで民間主導の計画的圏域として注目されている。圏域の人口は２３６万人、５６３７km²で、約２９０の基礎自治体からなる。ＧＤＰはＥＵの平均よりも高く、７２２億ユーロ（一人当たり3万ユーロ）。ドイツ最古のハイデルベルク大学やマンハイム大学などの名門大学が存在し、知の拠点を有している。地方分権のすすんだドイツでは、州ごとに憲法が存在するため、州を超えたシティ・リージョンの設定には困難を伴うが、ライン川とネッカー川が合流するこの土地は古くから文化的に一体な圏域で、地域開発を一体的にすすめることが１９６０年代末より進められてきた。21世紀に入ると、欧州での地域間競争が高まる中で、その存在を確かなものにしている。

特に、「ライン・ネッカー」がユニークなのはガバナンスの形態が３つの地域開発組織からなり、これらの協働を中心とした公民連携が進められていることである。

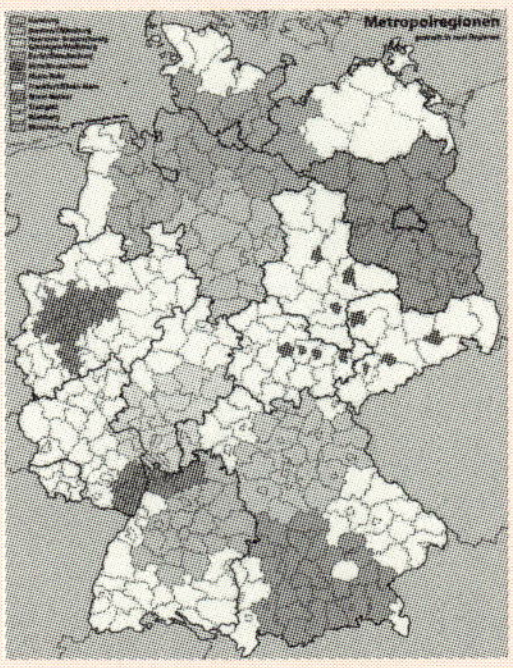

ドイツの11のシティ・リージョン（網かけで示される範域。黒線は州境界）

第一に、「地域計画連合」。３州間の契約を根拠とする政治的意思決定組織。地域計画の策定の他、交通計画、景観、エネルギー、文化・スポーツイベント、経済開発等の調整を行い、３州の計画体系を圏域としてひとつにまとめる機能を有する。

第二に、「未来協会」。経済人・科学者・政治家など６００人以上からなるシンクタンク組織。将来の計画のためのアイデアの提供や戦略的対話のためのマネージメント委員会を構成。理事会のメンバーには、州の大臣、地元自治体の首長、企業のＣＥＯ、大学の総長、ＴＶ放送局の局長などの顔ぶれが並ぶ。年会費３６０ユーロを支払えば誰でも参加可能。

第三に、「有限責任会社」。ジョイント地域開発プロジェクトの実行組織。地域連合、未来協会、商工会議所が株主であり、圏域内の民間企業がスポンサーである。自ら開発プロジェクトを実行するほか、他の組織の地域開発プロジェクトの調整・支援、広報・マーケティング等を実施する。２名の業務執行者は、地域連合の理事長と未来協会の経営責任者が兼任している。

このように、「ライン・ネッカー」は公民連携で州をまたぐ地域開発プロジェクトを州や基礎自治体、企業、大学などと協働で担っている。わが国の定住自立圏構想や自治体間の連携協約による機能補完など、基礎自治体の範域をこえて公共サービスを展開していく際にも、「ライン・ネッカー」のシティ・リージョンの仕組みは多いに参考になる。

〈参考文献〉

安藤光義、フィリップ・ロウ、後藤春彦ほか「英国農村における新たな知の地平 ―Centre for Rural Economyの軌跡―」農林統計出版　２０１２年

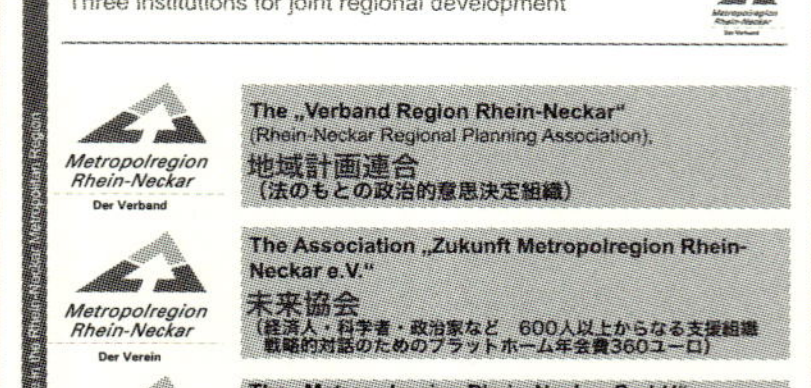

ライン ネッカー・シティ・リージョンの組織図
ラインネッカー・シティ・リージョンのガバナンスのための３つの組織

ラインネッカー・シティ・リージョンの位置図
ライン川とネッカー川が合流する３州にまたがるラインネッカー・シティ・リージョン

第6節

景観と自治

はじめに

景観はコミュニティを育み、コミュニティは景観を育む。両者の相互補完の関係が「景観まちづくり」そのものである。私たちは、良いコミュニティの不断の努力によって、美しい景観のたたずまいが支えられていることを伺い知ることができる。したがって、景観は自治のバロメーターとも言える。

本章のむすびにあたって、これまでのべてきたことを総括するとともに、多様な自治を高度化することによって、結果として景観がより魅力的なものとして出現すると同時に、景観の有する教育力によって自治の担い手であるコミュニティが育まれるような好循環を展望したい。

(1) 団体自治から住民自治へ

地方自治は憲法の基本理念である国民主権と人権保障の実現に基づくものであり、憲法に示された「地方自治の本旨」とは一般に「住民自治」と「団体自治」から構成されると説明される。

「住民自治」とは、住民の意思と責任に基づくもので、地方の運営はその地方の住民の意思によって行われるべきという概念である。一方、「団体自治」

とは、地方の運営は国とは別に独立した自治権を持つ地方統治機構（地方公共団体、地方政府等）により行われるべきという概念である。両者の関係は「住民自治」を実現する枠組みとして「団体自治」があるととらえることができる。

かつての小さな町や村はひとつのコミュニティであり「住民自治」と「団体自治」の二つの性格をあわせもっていた。しかしながら、地方行政の広域化により「住民自治」が「団体自治」にとりこまれる形で推移してきており、現在では「団体自治」による行政事務が肥大化した。その一方で、「住民自治」はきわめて脆弱なものとなってしまっている。

平成の市町村合併を契機に「住民自治」の充実が議論されることになったが、まだ住民自治の充実強化は実現していない。しかし、今後の人口減少に伴う税収の落ち込みは、即、公共サービスの低下を意味する。地方自治体等に限定されていた公共施設の管理を民間やコミュニティに委ねる指定管理者制度も導入されているように、市町村に替わって公共サービスを地域のコミュニティ組織やＮＰＯが担うことも期待されている。

「団体自治」では担うことのできない課題を近隣住民が力を合わせて解決する「住民自治」の実践例を増やしていくことが全国で求められている。特に、地域福祉や近隣環境などの課題についてはご近所の底力が有効に機能しそうだが、これまで市役所や町村役場が担っていた仕事を住民に押し付けることがあってはならない。住民自らが地域を経営しているという感覚をいかに醸成させることができるかが問われている。

(2) 誰がまちを経営するのか

現在、住民は「団体自治」に依存した状況で、行政に地域経営のほとんどを移譲してしまった感じがつよいが、戦前までは地域の大地主などの富裕層が地域経営の中核を担っていた。学校、警察、駅舎など、公共施設は富裕層の寄付によって建設されることが多く、外来からの文化人の招聘や伝統文化祭事の継承も、すべて富裕層の地域経営手腕によるものだった。自ずと隣接する地域間ではよい意味での競争意識が高まり、趣向を凝らした個性的なまちづくりがすすめられた。こうした民間が担ってきた地域経営意識を私は「旦那マインド」とか「町衆の心意気」と呼んでいる。

一方、戦後、占領軍による労働民主化・財閥解体などとともに、民主化政策の一環として実施した農地改革などが、結果的に「旦那マインド」や「町衆の心意気」さえも解体してしまったように思われる。あたかも国家という不在地主が富裕層の地域経営意識を奪取したかのようである。代わって国・県・市町村というピラミッド状のガバメント体制が地域経営にのりだし、統一基準のもとでの画一的な「公共事業」を全国一円に展開してしまった。地域の内部から独自の地域経営ビジョンや将来像を描くことは全く必要とされなくなってしまったのだった。

(3) 景観と自治

ランドマークや文化財などの評価の定まった景観を保全するために景観法は機能しているが、景観法が制定されて10年以上経っても、わが国の景観は良くなったとは実感できない。それは、景観法の及ばない景観の「地模様」を整えることができていないからである。

一方、普通のまちでも、路傍の清掃が行き届いていたり、庭木の手入れがされていたり、居心地の良い景観や心温まる景観体験をすることができる。これは、ガイドラインがあって景観ルールが明文化されているわけではなく、この豊かな景観を生み出している地域社会がきちんと機能している証左であり、すなわち、私たちはこのまちの自治力の高さを景観に見いだしているにちがいない。コミュニティは景観を育み、景観はコミュニティを育むという、幸福な好循環が見てとれる。

景観は一夜にしてできるものではない。景観を育む不断の住民の努力が欠かせない。これまでに景観を磨き上げてきたひとびとの努力によって、保護に値する「景観利益」がうまれる。景観は社会関係資本の視覚的表現であり、景観まちづくりとは将来にわたって共有されるべき都市像を発現させるものである。

自治という社会的協働を通した間主観的な評価の積み重ねによって、景観に対するまなざしは客観性を増すものとなる。

日本の景観が世界に誇れるような美しさを取り戻すためには、住民自治のもとで景観の地模様となる「生活景」を整えていくことが望まれる。これが叶わなくてはわが国の景観はけっして良くはならない。その一方で、持続的で安定していたはずの「生活景」が、地域社会の変化の大波を受けて、今日、危機的な状況におかれていることと、「生活景」にはかけがえのない価値や潜在的な可能性があることについて、多くのひとびとに深く理解いただきたい。

〈**参考文献**〉

後藤春彦、中村良夫、上原公子、セーラ・マリ・カミングス「景観をはぐくむコミュニティ、コミュニティをはぐくむ景観」コミュニティNo.141（地域社会研究所）２００８年

第6章

公共サービスの管理と評価
――質と量のコントロール

武藤 博己

はじめに

〈公共サービス〉という言葉を、最近、よく耳にするようになった。このような印象だけでは正確ではないので、〈公共サービス〉という言葉がどのように使われているのか、朝日新聞と毎日新聞の記事検索で調べてみた。

図表１に示されているように、朝日新聞では、１９８０年代は１年間に使われている回数は20回以下であったのが、90年代後半から徐々に増えていき、ピークは２００５年の１３２回であった。毎日新聞では、データがあるのは１９８７年からで、90年代後半から徐々に使われるようになり、ピークは２００６年の86回であった。両新聞ともほぼ同じような流れで使われており、２０００年代に入ってから、使われる頻度が高まったといえる。最近はピーク時と比べると頻度が下がっているものの、１９８０年代よりは高い水準で維持されており、〈公共サービス〉という語が定着したと考えられる。

なぜこのような動きをしたのかについて考えてみると、２００６年の「公共サービス改革法」（正式名称は「競争の導入による公共サービスの改革に関する法律」、通称「市場化テスト法」）の制定、そして２００９年の「公共サービス基本法」の制定をあげることができよう。法律が制定されることに伴い、様々な報道がなされ、その結果として〈公共サービス〉という語が用いられたのであろう。

では、行政の活動をそもそもサービスと捉える考え方はいつ頃から出てき

図表１ 〈公共サービス〉の頻度

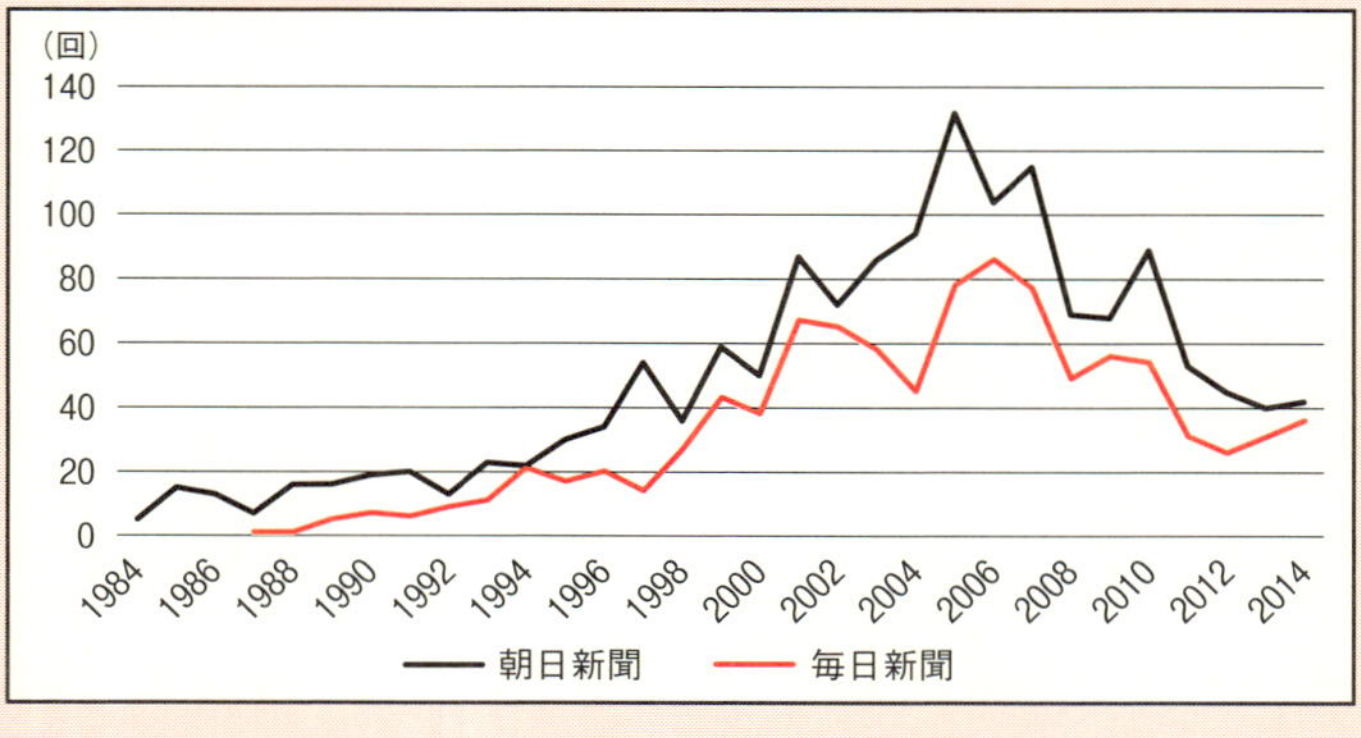

たのであろうか。すなわち、行政「サービス」とか公共「サービス」という言い方はいつ頃から一般化したのであろうか。以前は行政事務とか事務事業といわれることが多かった。民間企業の活動については、サービスという語が頻繁に使われていたし、サービス産業という言い方はかなり古いと考えられる。しかしながら、行政について、行政の活動を「サービス」と呼ぶようになったのは比較的最近のように思われる。その中でも福祉については、比較的早くから福祉サービスといわれていたように思われるが、教育については教育サービスという言い方は最近のように思われる。同じように、朝日新聞の記事データベースで、「教育サービス」と「福祉サービス」の使用頻度を調べてみた（図表2参照）。

「福祉サービス」は80年代から徐々に使われるようになり、90年代に入ってその数は大幅に伸び、ピークは１９９９年の５５８件であった。２０００年代に入ると、使用頻度は急激に落ちたものの、一定の水準を維持しており、定着したと考えられる。こうした背景には、１９９７年の介護保険法の制定があり、それに伴って、福祉サービスという語が頻繁に用いられるようになったといえよう。

それに対して、「教育サービス」は、80年代に使い始められたのは福祉サービスと同様であるが、ほとんど1桁の使用にとどまっており、２０００年代に入ってわずかに増え、ピークは２００３年の26件であった。現在も依然として低いままであり、定着したとはいえない状況である。

いうまでもなく、サービスというと民間企業によるサービスを思い浮かべるわけであるが、そこにはサービスを購入するという意味合いが含まれてく

図表2　福祉サービス・教育サービスの頻度

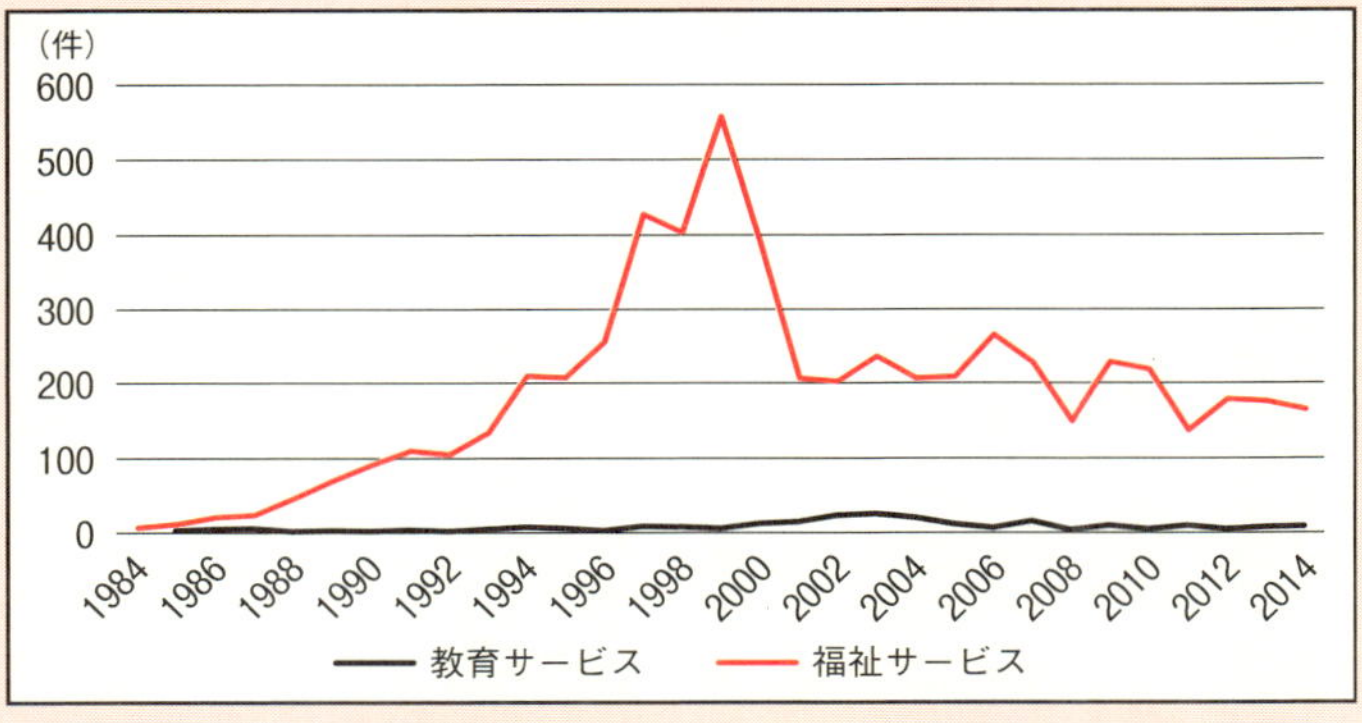

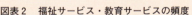

る。すなわち、市場における売買を前提とした概念としてサービスが用いられてきたのに対し、政府の提供する行政活動については、有料だとしても受益に応じた料金ではなかったり、無料であったりするため、購入するという意識はほとんどない。しかしながら、介護保険による介護サービスは購入に似た仕組みであり、また市場化テスト法や指定管理者制度によって推進された行政サービスにおける民間企業の参入は、行政サービスが民間企業によるサービスと類似したものという印象を広げ、90年代から行政サービスという言い方が定着してきたと考えられる。

さて、本稿では、こうした行政活動・行政事務を「行政サービス」「公共サービス」という言葉で表現されるようになったことを前提として、行政管理から公共サービス管理へというキーワードを中心に、現代の公共サービスをめぐる様々な問題を考察していきたい。

第1節

〈公共サービス〉とは何か

1 法律の規定

まず〈公共サービス〉の概念を正確に捉えておくことにしたい。〈公共サービス〉という語を法律名に用いているものとして、先に触れた「公共サービス改革法」と「公共サービス基本法」がある。

前者によれば、公共サービスとは、「国の行政機関等の事務又は事業として行われる国民に対するサービスの提供その他の公共の利益の増進に資する業務」であり、「施設の設置、運営又は管理の業務」、「研修の業務」、「相談の業務」、「調査又は研究の業務」、「その内容及び性質に照らして、必ずしも国の行政機関等が自ら実施する必要がない業務」、および「特定公共サービス」[1]とされている（2条4項）。

また、後者の「公共サービス基本法」によれば、公共サービスとは「次に掲げる行為であって、国民が日常生活及び社会生活を円滑に営むために必要な基本的な需要を満たすものをいう」として、国と自治体の事務・事業であって、特定の者に対して行われる金銭その他の物の給付又は役務の提供、また国と自治体が行う規制、監督、助成、広報、公共施設の整備その他の公共の利益の増進に資する行為、と定義されている。（2条）[2]

これらの法の規定から、法律でいうところの〈公共サービス〉とは、政府（国と自治体）の業務である、といえる。政府の業務であれば、一般的には政府サービスとか、行政サービスというべきである。ただ、公共サービス改革法には「その内容及び性質に照らして、必ずしも国の行政機関等が自ら実施する必要がない業務」とあり、その位置づけが少し難しいが、「自ら実施する必要がない」だけであって、政府が責任を有する業務であると位置づけられていると考えられる。このような公共サービスの捉え方は、公共サービスと行政サービスを混同するものであり、本書ではもっと広く公共サービスを捉

1　特定公共サービスとは、「国の行政機関等又は地方公共団体の事務又は事業として行われる国民に対するサービスの提供その他の公共の利益の増進に資する業務であって、第五章第二節の規定により、法律の特例が適用されるものとして、その範囲が定められているものをいう」（第2条第5項）として、職業安定法の特例となる業務（第32条）や国民年金法等の特例となる業務（第33条）が列挙されている。

2　公共サービス基本法の第2条の条文は、「国（独立行政法人（独立行政法人通則法（平成十一年法律第百三号）第二条第一項に規定する独立行政法人をいう。）を含む。第十一条を除き、以下同じ。）又は地方公共団体（地方独立行政法人（地方独立行政法人法（平成十五年法律第百十八号）第二条第一項に規定する地方独立行政法人をいう。）を含む。第十一条を除き、以下同じ。）の事務又は事業であって、特定の者に対して行われる金銭その他の物の給付又は役務の提供、二　前号に掲げるも

えておきたい。

2 〈公共サービス〉とは

それでは、本稿では、〈公共サービス〉をどのように捉えているのであろうか。図表3で示した公共サービスの枠の内側を〈公共サービス〉と呼ぶことにしたい。この図の一番外側にあるのは、〈市民社会サービス〉と名づけているが、「市民社会の存続に必要なサービス」という意味である。あるサービスが市民社会にとって必要か否かの判断は人によって分かれるであろうが、分かれたとしても問題はない。市場で提供されているサービスであり、必要だと考える人がいなくなり、購入されなくなれば供給者は市場から退出すればよいからである。しかしながら、都市型社会が進展し、自給自足力が低下し、地域社会における互助・共助が低下している今日の状況において、〈市民社会サービス〉への依存度がますます高まっている。

市民社会に必要なサービスのうち、市場に委ねるだけでは不足しがちになるサービスやなくなっては困るサービスなど、何らかの意味で支える必要のあるサービスが存在する。換言すれば、「公共的な提供が望ましいサービス」ともいえるが、これを本稿では〈公共サービス〉と呼んでいる。

福祉サービスの多くが〈公共サービス〉に含まれるが、介護保険や医療保険などの社会保険の仕組みによって、サービスを必要とする人々の購入力を高めた結果、市場で提供されている。だが、それは市場ではなく、疑似市場

ののほか、国又は地方公共団体が行う規制、監督、助成、広報、公共施設の整備その他の公共の利益の増進に資する行為」とされている。

図表3　直営サービス、行政サービス、公共サービス、市民社会サービスの関係

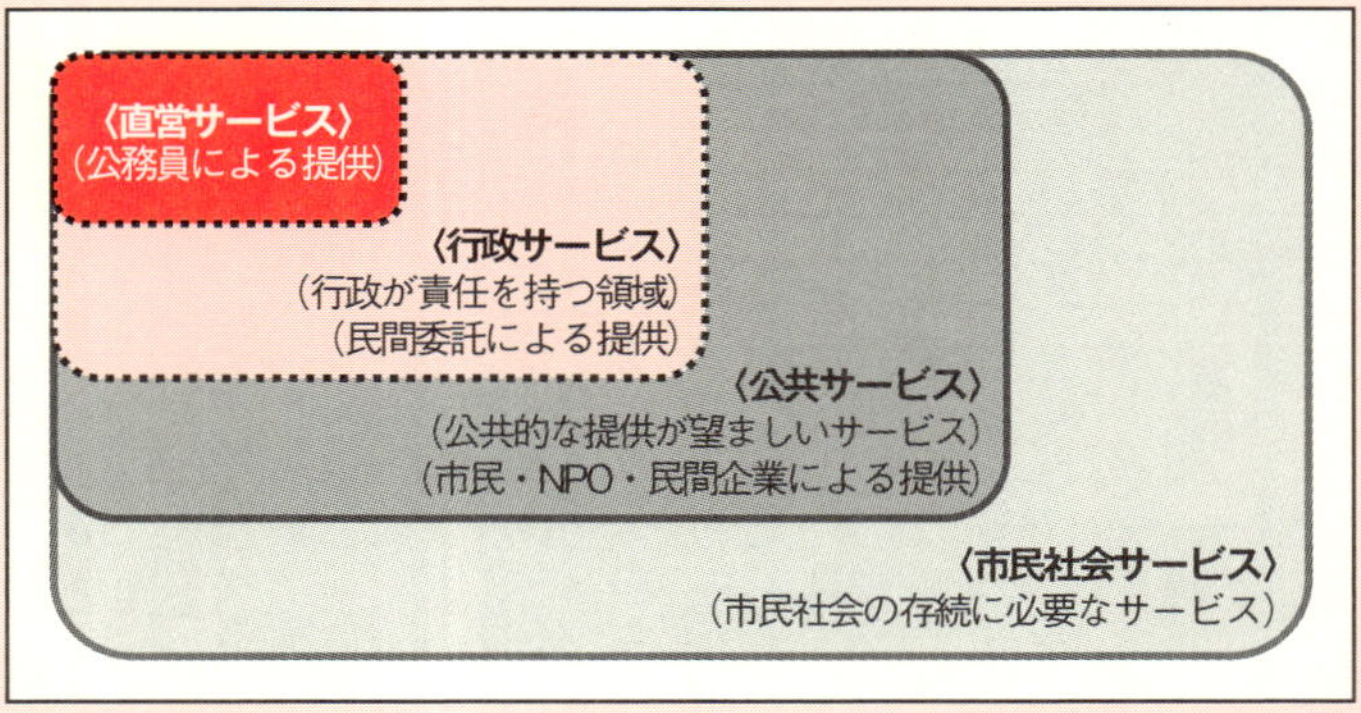

である。すなわち、社会保険や補助金、助成金、寄付金、労働の寄付である「ボランティア」等の仕組みや活動など、公共的に支えられている疑似市場サービスである。

この場合も、あるサービスが公共的に提供されることが望ましいか否かについての判断は人によって分かれる場合がある。あるサービスについて寄付やボランティア活動によって支える必要があると考える人は、そのサービスを〈公共サービス〉と判断しているのであろう。他方、支える必要はないと判断する場合には、個人として支援は行わないであろう。また、個人ではなく、たとえば民間の財団が資金を提供している場合は、少なくともその資金を出した団体は支援が必要なサービスと考えているわけであるから、その団体にとっては〈公共サービス〉と位置づけられているといえる。

重要なことは、政府がどのように判断するかである。政府の判断によって、公的資金が入るか否かの違いが出てくることになる。公的資金とは、税金からの補助金、助成金、負担金、委託金、出資金等、名称は多様である。たとえば、保育について、認可外保育施設[3]は自治体によって認可されていない保育サービスであるから、補助金がでることはなく、〈市民社会サービス〉と位置づけられるが、〈公共サービス〉には該当しないことになる。補助金が出ることになった認証保育所[4]の場合には〈公共サービス〉となる。この点については、後述する。公的資金を出す以上、自治体は公的資金の拠出の根拠・行政手続・監査が必要となる。

3　認可外保育施設とは、児童福祉法上の保育所に該当しない保育施設である。設置に当って、一定の要件を満たす場合には児童福祉法第59条の2による届出が必要とされる施設である。ベビーホテル、事業所内保育施設等と呼ばれる施設である。一部を除き公費は投入されず、すべて親の負担で運営されることが多い。自治体によっては利用者に助成するところもある。

4　認証保育所に準じた中間的な施設として、認証保育所がある。東京都が独自に始めた認証保育所は、従来の認可保育所では、設置基準などから大都市では設置が困難で、また0歳児保育を行わない保育所があるなど、都民の保育ニーズに必ずしも応えられていなかったため、東京の特性に着目した独自の基準を設定して、多くの企業の参入を促し事業者間の競争を促進することにより、多様化する保育ニーズ応えることができる新しい方式の保育所として、認証保育所制度が創設された（東京都福祉保健局ホームページ http://

3 〈行政サービス〉

〈公共サービス〉のうち、行政が責任をもって提供しているサービスが、〈行政サービス〉である。保育でいえば認可保育所[5]によるサービスである。このうち、私立保育所の経費については、親の負担や国からの補助金も含まれるが、行政が100％の責任を負っている。サービスの担い手は、公務員以外の市民であり、〈行政サービス〉の供給への市民参加という側面をもつことになる。民間委託した業務は、本来、行政が責任を持つサービスであるが、実施について民間に委託しているだけであるから、〈行政サービス〉に含まれることになる。指定管理者制度による公共施設の管理、また請負による業務や工事、ＰＦＩによる建設維持管理、特殊法人に対する委託業務、市場化テストによる委託業務等についても、行政が責任を持つサービスであるため、ここに含まれることになる。

〈行政サービス〉のさらに内側には、〈直営サービス〉がある。公務員によって提供されるサービスであり、保育サービスでいえば、公立保育所による保育サービスの提供である。サービスの担い手はいうまでもなく公務員であるが、非正規雇用の公務員による場合も多い。業務によっては、こうした非正規職員によって実質的に担われているものもある。独立行政法人は外部化された組織として位置づけられるが、公務員型の独立行政法人は〈直営サービス〉に含めることが適切であろう。非公務員型は〈行政サービス〉となるが、実態は公務員型とほとんど同じである。

www.fukushihoken.metro.tokyo.jp/kodomo/hoiku/ninsyo/ 参照）。
　現在では、東京都にとどまらず、多くの自治体で独自基準による認証保育所が認証されている。たとえば、横浜市では横浜保育室という名称を用いているが、名古屋市では託児室、川崎市ではおなかま保育室・認定保育園・かわさき保育室などの名称を用いている。また、堺市や浜松市では認証保育所の名称を用いている。

5　認可保育所は児童福祉法に規定される児童福祉施設である。国が制定した設備運営基準を参酌して都道府県が定めた基準（最低基準）を満たし、必要な職員を配置して、都道府県知事に申請して認可を受けた施設が認可保育所となる（公立の場合は届出）。区市町村が直営で運営する公立保育所と社会福祉法人などが運営する私立保育所があるが、どちらも公費により運営される。

なぜ公務員による直接的な提供が必要なのかについては、確実なサービス提供が求められるというサービスの性質を考える上で重要であるが、明確な説明はない。かつて「公権力の行使」については、公務員によることが必要だという議論があったが、すでに建築確認（指定検査機関）や公の施設の使用許可（指定管理者制度）など、民間人に公権力の行使を委ねている事例が存在しているため、この議論ではもはや説明がつかない。[6] どの業務を民間に委ねることができるかという問題は、きわめて政治的に解決する以外に方法はないといえる。

6　佐藤英善「私人による「公権力の行使」」『自治総研』2007年5月号コラム、宮﨑伸光「公共サービスの民間委託」今村都南雄編著『公共サービスと民間委託』敬文堂1997年所収、において、公権力の行使と外部化について論じられている。

第2節 〈市民社会サービス〉の提供システム

1 政府の規制、監督、助成、広報を受ける〈公共サービス〉

上でのべたように〈公共サービス〉を「公共的な提供が望ましいサービス」と捉えると、その範囲はきわめて広いことに気づく。〈行政サービス〉は公共的な提供が望ましいと政府が考えていることから〈公共サービス〉なのである。〈公共サービス〉の中には、行政からの「補助金」あるいは「規制、監督、助成、広報」（公共サービス基本法2条）を受けるサービスが含まれる。逆に言えば、まったく補助・規制・監督・助成・広報の対象とならないサービスを探すほうが難しいくらいである。

たとえば鉄道はどうであろうか。鉄道事業法によれば、「鉄道運送事業者は、旅客の運賃及び国土交通省令で定める旅客の料金の上限を定め、国土交通大臣の認可を受けなければならない。これを変更しようとするときも、同様とする」（第16条）とされ、政府による規制の対象となっている。また、直接的な補助金を提供する場合は、鉄道軌道整備法によって規定されている。[7]そのため、鉄道は公共サービスであるといえる。

電気事業はどうであろうか。電気事業法によれば、「一般電気事業者は、一般の需要（特定規模需要を除く。）に応ずる電気の供給に係る料金その他の供給条件について、経済産業省令で定めるところにより、供給約款を定め、経済産業大臣の認可を受けなければならない。これを変更しようとするときも、同様とする」とされ、政府による規制の対象となっている。そのため、電気の供給は公共サービスであるといえる。

タクシー事業はどうであろうか。道路運送法によれば、「一般乗合旅客自動車運送事業を経営する者は、旅客の運賃及び料金の上限を定め、国土交通大臣の認可を受けなければならない。これを変更しようとするときも同様とする」（第9条）とされ、政府による規制の対象となっている。しかしながら、道路運送法には、タクシー事業者に対する助成・補助に関する規定はない。自治体によっては特定の利用者に対して助成する場合がある。そうした意味で、タクシー事業が公共サービスであるかどうかについては、議論の余地があるともいえる。

7　鉄道軌道整備法の第3条「助成の対象とする鉄道」、第8条「補助」に次のように規定されている。

（助成の対象とする鉄道）
第三条　この法律の規定に基く助成の対象とする鉄道は、第一号若しくは第三号に該当するものとして国土交通大臣の認定を受けたもの、第二号に該当するもので当該改良計画につき国土交通大臣の承認を受けたもの又は第四号に該当するものとする。
一　天然資源の開発その他産業の振興上特に重要な新線
二　産業の維持振興上特に重要な鉄道であつて、運輸の確保又は災害の防止のため大規模な改良を必要とするもの
三　設備の維持が困難なため老朽化した鉄道であつて、その運輸が継続されなければ国民生活に著しい障害を生ずる虞のあるもの
四　洪水、地震その他の異常な天然現象により大規模の災害を受けた鉄道であつて、すみやかに災害復旧事業を施行してその運輸を確保しなければ

その他、福祉や医療などの身近なものも含めて、公共機関ではない民間企業によって供給されている〈公共サービス〉の範囲が存外と広いことに気づくであろう。〈行政サービス〉は〈公共サービス〉の全体を覆うものではなく、その一部をなすものでしかないのである。

2 〈市民社会サービス〉

では、民間企業によって提供されている〈公共サービス〉もたくさんあることがわかったが、市民社会の存続のために必要な〈市民社会サービス〉の多くは、民間企業によって提供されている。いうまでもなく、公共機関も同様に関わっている。たとえば鉄道については、都営地下鉄のように直営の鉄道もあれば、東武鉄道や名古屋鉄道、近畿日本鉄道、西日本鉄道のような私鉄もある。〈市民社会サービス〉の提供体制はこのように政府と民間企業・民間団体によって担われているが、どのように整理すれば、その全体像がわかりやすくなるのであろうか。４つの領域に区分して考えてみたい。

図表４の全体を〈市民社会サービス〉だと考えると、まず横軸は、右側に行くほど採算性が高く、あるいは収益性・営利性がある領域で、左側に行くほど採算がとれない、非収益性・非採算性の領域を意味している。すなわち、儲かるのはＡとＤの領域であり、儲からないのがＢとＣの領域である。

次に、縦軸については、上に行くほど利益の共通性が高く、ひとりひとりの消費に分割できないサービスを意味し、下に行くほどひとりひとりの個別

ば国民生活に著しい障害を生ずる虞のあるもの

２　前項の規定により承認を受けた改良計画を変更しようとするときは、国土交通大臣の承認を受けなければならない。

（補助）

第八条　政府は、第三条第一項第一号に該当するものとして同条の規定により認定を受けた鉄道の運輸が開始されたときは、当該鉄道事業者に対し、毎年、予算の範囲内で、当該鉄道の事業用固定資産の価額の六分に相当する金額を限度として補助することができる。

２　政府は、第三条の規定により改良計画の承認を受けた鉄道の当該改良が完了したときは、当該鉄道事業者に対し、毎年、予算の範囲内で、当該改良によって増加した事業用固定資産の価額の六分に相当する金額を限度として補助することができる。

３　政府は、第三条第一項第三号に該当するものとして同条の規定により認定を受けた鉄道につき適切な経営

のサービスとして消費が分割できるサービスを意味している。AとBの部分は公益性が高く、CとDの部分は私益性が高い。消費を分割できないという意味は、たとえば防空サービスのように、日本の空を守るということはひとりひとりに対するサービスではなく、日本全体に対するサービスとなるため、ひとりひとりから受益に応じた料金を徴収することができない。ところが、高齢者福祉サービスのように、ひとりひとりの状況に応じた個別のサービスをもある。それが下側の部分にあたるサービスである。こちらはひとりひとりから受益に応じてサービス提供を行うため、理論的にはサービスに応じた料金を徴収することができる。中間に位置するのが教育で、20人を1クラスとして授業を行うのであれば、集団に対するサービスとなる。

⑴ Aの領域は政府と民間企業が競合

Aの領域は、採算性があり公益性が高い部分であり、具体的には鉄道サービスや有料道路サービスがここに位置づけられる。鉄道は建設に膨大な初期資金がかかり、運行にも線路の保線や安全確保などのために多大な経費がかかり、それを利用した全員が負担する。そのため、料金はひとりひとりの受益に応じた正確な料金というよりも、鉄道を維持するために必要な経費を分担するという料金となる。したがって、このAの領域は、政府が行うことも理論的に間違いではなく、また民間企業が行うことも可能である。逆に言えば、政府のやっていることを民間企業に委ねる民営化が可能である。1980年代に国鉄民営化や郵政民営化などが行われたことは記憶に新しい。

有料道路については、国の直営の高速自動車国道や県が提供する有料道路、

努力がなされたにかかわらず欠損を生じたときは、当該鉄道事業者に対し、毎年、予算の範囲内で、当該鉄道事業の欠損金の額に相当する金額を限度として補助することができる。

4　政府は、第三条第一項第四号に該当する鉄道の鉄道事業者がその資力のみによつては当該災害復旧事業を施行することが著しく困難であると認めるときは、予算の範囲内で、当該災害復旧事業に要する費用の一部を補助することができる。

5　前二条の規定は、前項の規定により補助を受けた鉄道事業者（当該補助に係る災害復旧事業を完了した者及び第十四条の規定により当該補助金の全部を返還した者を除く。）について、準用する。

6　災害復旧事業の範囲、補助率その他の第四項の規定による補助に関し必要な事項は、政令で定める。

あるいは民間企業が提供する道路運送法に基づく一般自動車道・専用自動車道がある。採算のよいところに道路を建設して民間企業が運営するということは従来から可能なのである。ただし、災害などで被災するという不測の事態が生じると、災害復旧費が利用できない場合があり、経営が継続できない場合がある。

(2) Bの領域は政府が独占

次にBの領域について考えてみると、ここでは採算性がないため、営利を追求する民間企業が参入できない。経済学でいう公共財サービスがここに位置づけられるため、政府および政府関連組織がサービス提供の主体となる。具体例としては、裁判サービスや国防、防災、河川管理、一般道路等々のサービスがここに位置づけられる。

(3) Dの領域は民間企業が独占

Bの領域の対称に位置するのがDの領域である。ここは、採算性があり、ひとりひとりの受益が明確なため、料金を徴収することができることから、民間企業が独占する領域となる。政府がここに参入することは、民業圧迫として批判されることになる。

かつて貸本屋という民間事業が存在したが、公共図書館の充実とともに、なくなってしまった。行政が民業を排除した典型としてあげることができる。

また、採算性が悪い場合でも、消費者の購買力を高めて、市場的機能を発揮させている場合もある。上述した疑似市場（準市場）である。すなわち、介

図表４　〈市民社会サービスの提供システム〉

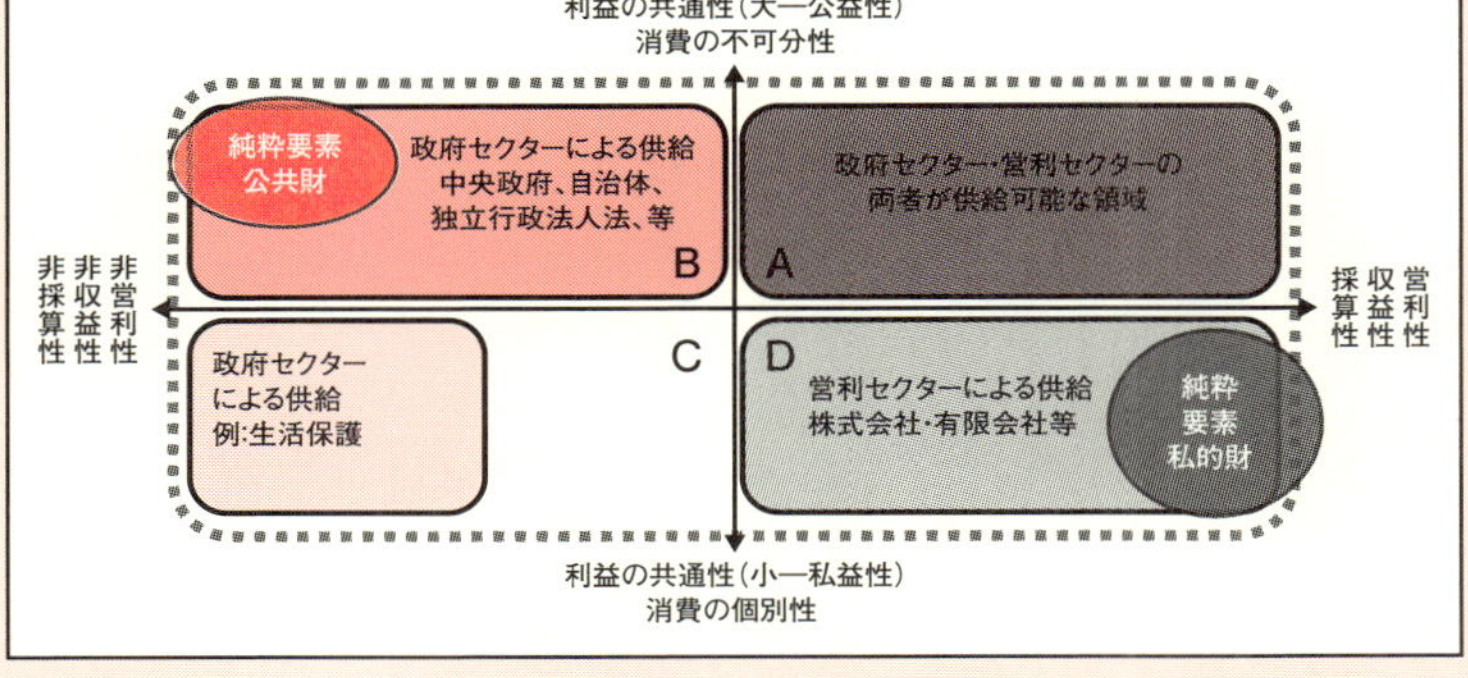

護保険は利用者の購買力を10倍に高めているため、民間企業が介護事業者として参入することができたのである。

(4) Cの領域の継続性が問題

さて、最後に残ったCの領域であるが、ここがサービスの継続性という意味では一番困難な領域である。採算が取れないため、民間企業は参入できず、ひとりひとりへのサービスとなるため、政府が自動的に入り込むことも難しい。従来は、家族、地域社会の互助・共助によって維持されてきたサービスであるが、核家族化の進展、独居老人・単身者の増加、地域社会の機能低下により、維持・継続の困難なサービスが増加している。

そうした結果として、地域社会に様々な問題が生じ、地域社会の存続自体が難しい状況におかれるような場合も存在している。

この領域におけるサービスを維持・継続できる仕組みとして、非営利の組織が不可欠であり、家族と地域社会が担った機能を維持・継続させることが求められている。

第3節

公共サービスの量の管理

1 民間企業における量の管理

さて、公共サービスを維持・継続・発展させるためには、公共サービスを適切に管理する必要があることはいうまでもない。公共サービスの管理には、量の管理と質の管理に分けることができるが、まず本節では、量の管理について、考察をすすめたい。

最初に市場におけるサービスの量の管理はどのように行われているのであろうか。各個人がそれぞれの利益を追求すれば、結果として社会にとって最適なサービス量が決まってくるのであり、それによって適切な資源配分が達成されるとするアダム・スミスの「神の見えざる手」の考え方が基本である。需要と供給をコントロールするのが価格の設定であり、価格の変動によって、需要と供給が相互に影響し合い、調整するメカニズムが生じると考えられている。こうした観点は、市場をマクロに見たときに適用できるが、現実には時間のズレや地域によるズレが生じ、需要が殺到し供給体制が追いつかない状況や需要の低下による生産過剰が生じることになり、価格の高騰や暴落がしばしば生じている。

とはいえ、消費者の選択がサービスの量に影響を及ぼすことは確かであり、消費者に選択されないサービスは市場から退出せざるをえないことも確かである。そのため、ある供給主体が、どのくらいのサービス量を生産すべきか、という問題に直面すると、市場のニーズ調査であるマーケティングや市場の購買力調査等を実施して、利益を最大化するためにはどのくらいの量を生産すべきか、あるいは生産過剰になって売れ残り、損失を出さないよう、生産量をコントロールする必要がある。すなわち、民間企業における量の管理は、市場の動向を予測しながら、過剰な充足にならないようにコントロールされているといえる。

2 行政における量の管理

他方、行政サービスにおける量の管理は、どのように行われているのであろうか。具体的に保育サービスと図書館サービスについて考えてみたい。

まず、保育サービスについての量の管理について、認可保育所の入所希望者がどのくらいいるのかについては、希望者が申請を出すため、ニーズ調査などはほとんど行われない。ニーズ調査が行われている場合でも、正確に需要を把握しているとは言い難い。該当する児童数と例年の申請数からおおよその数字を予測して、予算措置するものと考えられる。

その場合、その予測値が定員内であれば、苦情も出ずに済むが、定員割れがひどいと、赤字が膨らむことになる。逆に、定員がオーバーであれば、待機児童が出ることになり、入所できない親から苦情が出る。実態は、都市部では不足し、農村部では余剰があるため、問題は都市部である。

定員が不足する場合、予算に余裕があれば、認可保育所あるいは認証保育所を増設して、定員を増やすことになるが、予算に余裕がない場合にはそれができず、待機児童が増えることになる。すなわち、保育という公共サービスの量は、予算により管理されるということになる。予算は、いうまでもなく、首長の提案と議会の議決によって決定される。

このように考えると、行政サービスとしての保育は、予算によってコントロールされているとしても、市民社会サービスとしての保育を考えると、認可外保育施設の保育サービス量は行政のコントロールの外に置かれている。待機児童になった場合、認可外保育施設のサービスを利用することになる。認可外保育施設としては、どのような体制で供給量を予測しているのであろうか。待機児童がゼロになれば、希望者も減少するだろうから、供給体制を縮小し、逆に待機児童が増えれば、希望者増を予測して、供給体制を拡大することになる。事業者としては、市場の動向に注意し、それに敏感に対応して、経営していくことが求められている。ただし、認可保育所を希望しない、あるいは利用できない親もいることから、一定数の利用者は期待できるものの、待機児童の状況に大きく依存することになる。逆に言えば、行政が待機児童を出せるのは、認可外保育施設があるからであるといえよう。保育サービスの量の管理は、いうまでもなく、自治体における認可保育所のみならず、認可外保育施設も含めて行われることが求められる。

次に、公立図書館のような無料[8]のサービスについては、どのように量の管理が行われているのであろうか。図書館の場合、すべて予算でコントロール

8　図書館法によれば、「公立図書館は、入館料その他図書館資料の利用に対するいかなる対価をも徴収してはならない」（法第17条）とされている。私立図書館は有料でもよい。

されていると考えられる。レファレンス用の図書や貸出用の図書の購入、施設の改築等の図書館の予算は、例年の予算要求にならって行われる。利用者が殺到するとか、市民からの購入希望などが多くなることもあろうが、そこが重視されて図書購入費が増えることもほとんどなく、予算の余裕や厳しさが図書館予算をコントロールする。では、図書館政策の革新はどこから生まれるのであろうか。

図書館に対するトップのリーダーシップの変化や市民からの図書館への要望、図書館の老朽化などにより図書館の新設が問題として浮上した場合などには、自治体の図書館政策自体が議論されることになる。こうした特別の変化がある場合には、その変更を実現するための新規の予算要求が行われるであろう。しかしながら、そうした場合を除いて、無料のサービスであるため、利用者が少なくても、増やそうという施策はほとんど採用されず、管理経費の削減がもっとも重要な図書館施策となる。無料のサービスであることから、予算に余裕がなければ、図書館政策の革新が生まれる余地は小さい。逆に言えば、図書館担当者の意識改革が図書館政策の改革となろう。

第4節 公共サービスの質の管理

1 民間企業における質の管理

次に公共サービスの質の管理について、考えてみたい。まずは、民間企業における質の管理について考察する。民間企業の製品は、価格に幅を持たせることができるため、高額商品から格安商品まで、市場のニーズに即して生産し、販売することが可能である。すなわち、それなりのコストをかけて高品質の商品を開発することも市場が許容する限り可能となる。

たとえ、格安商品であろうとも、安全衛生等の最低基準をクリアする必要がある。そのための技術的な資格を有する職員を配置し、製品の開発を行い、欠陥のない商品を販売することが求められる。すなわち、法的にも社会的にも、このようなミニマムの基準をクリアすれば、いくらでも格安商品を開発・販売することが可能であり、逆に高品質の商品を開発・販売することも可能である。したがって、質の管理は法的・社会的規制をクリアすれば、市場の選好によって、質が管理されることになる。

民間企業のサービスで同価格帯の商品については、質の競争が展開される。ここでの質を評価する基準は多様であり、一概に論じることはできないが、消費者の選好に結果することは確かである。そのため、品質管理については、民間企業では従来から真剣に取り組まれてきた。当初は「カイゼン」運動で知られているQCサークルなどの現場における品質管理（QC：quality control）が重視されていたが、やがて民間企業の経営戦略の中に品質向上を位置づけ、顧客満足度と結びつけた総合的品質管理（TQM：total quality management）として定着してきた。これを生産のプロセスでみると、PDCA（plan-do-check-act）となり、品質のみならず、生産過程の全体の改善手法として、導入されている。

2 行政における質の管理

行政サービスにおける質の管理について、考えてみる。行政においても「品質管理」の語を用いている場合もあるが、行政におけるサービスの公平性、それに伴う画一性などの制約から、行政サービスの品質管理はコンプライアンスなどの最低基準の確保を目的にして用いられることが多いようであるが、顧客満足度の向上に活用されている事例はあまり見つからない。[9]

行政サービスにおける質の管理について、具体的に考えてみる。まずは保育サービスを例に考えると、いくつかの側面に分解することができる。①事業主体への規制、②サービス提供者への規制、③施設の規制、④サービス内容の規制という4つの側面があろう。これらの規制は、認可保育所と認可外保育所では異なるので、まずは認可保育所からみてみよう。

認可保育所は、前述の通り、児童福祉法に規定される児童福祉施設である。

9　そもそも行政サービスにおける顧客満足度はどのように考えるべきであろうか。主観的な判断であり、どのように測定するのか、そして客観化するのかはきわめて困難な課題である。民間企業の商品やサービスに関しては、受益・選好に応じて、料金を変更して顧客満足度を高めることは可能である。すなわち、顧客に対する異なったサービスを提供し、その対価としての異なった料金を徴収することが可能である。しかしながら、行政サービスについては、「公平性」という価値観が強く影響し、異なったサービスを提供することは困難であり、異なった料金を徴収することは不可能である。介護保険は人によって異なったサービスを提供するが、それは要介護度が異なるからであって、また組み合わせが異なる介護サービスを提供することはあっても、そこに異なった料金を適用することはできない。筆者は個人的には「市民満足度」よりも「市民納得度」のほうが行政サービスを考える上では役立つ概念ではないかと考えている。

認可保育所の①事業主体への規制であるが、保育サービスの事業者については、認可制となっている。したがって、認可保育所と呼ばれるわけであるが、認可を受けるためには、②～④の規制をクリアしなければならない。②サービス提供者への規制は、サービスを提供する者は保育士の資格を取得した者でなければならない。③施設の規制は、最低基準[10]（施設の広さ、保育士等の職員数、給食設備、防災管理、衛生管理等）として知られている。④サービス内容の規制は、「保育所保育指針」によって保育内容が定められている。ちなみに、幼稚園については、「幼稚園教育要領」が定められているが、満3歳児以上の保育内容の項目については、2001年以降は統一された内容となっている。こうした規制をクリアした事業者が都道府県知事に認可され、認可保育所となる。このように認可保育所に対する規制は、事前規制が中心となっており、これによって保育の質を確保する体制となっている。

　保育所の利用料については、所得に応じた保育料制度となっている。すなわち、親の収入が多ければ保育料も高く、収入が低い場合には保育料も低くなるという制度が一般的である。また、預ける子どもの数によっても異なり、第1子の利用料と第2子の利用料が異なり、第3子になるとすべての所得階層で無料となったりする。換言すれば、保育料は受益に比例しないため、そもそも顧客満足度を比較することが困難である。ということは、利用者が保育の質をコントロールすることは難しい。もちろん、利用者としての要望を提出することは可能であるが、それを質のコントロールとして機能させることは難しい。

　認可外保育施設は、児童福祉法第59条に基づいて、都道府県知事に指導監

10　巻末資料「保育所の設備運営基準」を参照のこと。

督する権限が与えられているが、事故が生じた場合などには機能するものの、通常の場合は行政の指導にとどまり、質のコントロールは事業者に委ねられている。子どもを預けている親としては、利用料に見合ったサービスを求める権利があるが、それが質のコントロールにつながることは少ない。多くの場合は認可保育所に入れるまでの一時的な利用であり、利用料の安いほうへ移るのは当然のことである。

次に、公立図書館サービスの質の管理はどのようになされているのであろうか。図書館法には、「図書、記録その他必要な資料を収集し、整理し、保存して、一般公衆の利用に供し、その教養、調査研究、レクリエーション等に資することを目的とする」（第2条）と目的が示され、「図書館奉仕」がその仕事であるが、その内容として、「図書館は、図書館奉仕のため、土地の事情及び一般公衆の希望に沿い、更に学校教育を援助し、及び家庭教育の向上に資することとなるように留意し、おおむね次に掲げる事項の実施に努めなければならない」（第3条）として、次の9項目が掲げられている。

一　郷土資料、地方行政資料、美術品、レコード及びフィルムの収集にも十分留意して、図書、記録、視聴覚教育の資料その他必要な資料（電磁的記録（電子的方式、磁気的方式その他人の知覚によつては認識することができない方式で作られた記録をいう。）を含む。以下「図書館資料」という。）を収集し、一般公衆の利用に供すること。

二　図書館資料の分類排列を適切にし、及びその目録を整備すること。

三　図書館の職員が図書館資料について十分な知識を持ち、その利用のための相談に応ずるようにすること。

四　他の図書館、国立国会図書館、地方公共団体の議会に附置する図書室及び学校に附属する図書館又は図書室と緊密に連絡し、協力し、図書館資料の相互貸借を行うこと。

五　分館、閲覧所、配本所等を設置し、及び自動車文庫、貸出文庫の巡回を行うこと。

六　読書会、研究会、鑑賞会、映写会、資料展示会等を主催し、及びこれらの開催を奨励すること。

七　時事に関する情報及び参考資料を紹介し、及び提供すること。

八　社会教育における学習の機会を利用して行つた学習の成果を活用して行う教育活動その他の活動の機会を提供し、及びその提供を奨励すること。

九　学校、博物館、公民館、研究所等と緊密に連絡し、協力すること。

また、図書館法には司書についての規定があるが、司書を置かなければならないわけではない。また、「文部科学大臣は、図書館の健全な発達を図るために、図書館の設置及び運営上望ましい基準を定め、これを公表するものとする」（第7条の2）とされている。この「公立図書館の設置及び運営上の望ましい基準」は2001（平成13）年7月に文部科学省告示として示された。そこには、「館長となる者は、司書となる資格を有する者が望ましい」と書かれているが、義務づけはしていない。

そもそも公立図書館の設置主体は自治体であるため、「公立図書館の設置に関する事項は、当該図書館を設置する地方公共団体の条例で定めなければならない」(第10条)とされている。自治体の条例が図書館の質をコントロールする手段となる。

　現実はどのように質のコントロールがなされているのであろうか。図書館の質を向上させるためには、図書館の実態を把握し、市民のニーズを調査し、予算の範囲内で市民ニーズに実態を近づけることが必要である。こうした作業は、行政評価と呼ばれているが、行政サービスの量と質の管理には、こうした評価活動が不可欠なのである。次に、そうした観点から行政評価について考察する。

第5節 公共サービスの管理のための行政評価

1 なぜ行政評価は必要か

　民間企業は、その商品を市場に出すことを通じて、企業自体が評価されている。企業が市場での商品販売に依存する限り、市場における評価の対象とされ、そこでの評価が下がれば、企業としての存続自体が危うくなる。市場は商品の売買の場であり、すなわち消費者の判断・評価の場であり、消費者から選択されない商品は市場から淘汰され、企業の評価へとつながっていく。

それに対して行政は、こうした市場が存在しないため、消費者の評価に代わる仕組みを意図的に導入しないと、非効率なあるいは効果のないサービスが継続されてしまう。予算の査定や計画の進捗管理など評価に近い活動がまったくないわけではないが、消費者による最終判断に相当する評価はない。行政は評価を導入しなければならないのである。

では、消費者評価に代替する行政の評価とはなんであろうか。いうまでもなく市民評価である。納税者であり、行政サービスの受益者である市民による評価こそ、行政評価にとってもっとも重要な評価である。

2 市民評価のための「評価レポート」

市民が評価を行うためには、判断するための材料が必要である。行政による評価とは、市民が評価するための材料づくりに他ならない。では、市民はどのような視点から行政を評価すべきであろうか。

市民が行政を判断するためには、①その行政活動が何のために行われているのか（目的）、②そのために何をしようとするのか（目標）、③具体的に何をするのか（活動）、④それはどのくらい経費がかかるのか（コスト）、⑤効率的に行われているか（効率性）、そして⑥当初の目的は達成されているか（有効性）、という情報が必要である。

逆にいえば、行政の説明責任は、行政のこうした情報を公開し、説明することによって、責任を果たすことになる。評価シートには、こうした情報を盛り込もうとして、小さな枠に多くの文字が書き込まれ、グラフなどを加えながら、工夫がされている。しかしながら、A４で二頁程度の評価シートでは最低限必要な情報も盛り込まれないことが多い。説明責任を果たすという意味では、評価シートでは不十分である。そのため、筆者は、事務事業単位の評価シートではなく、施策単位での評価レポートを作成すべきだと提言してきた[11]。

行政が行う評価は、すべての事務事業を対象とすることが一般的であるため、評価レポートでは事務処理が煩雑となることから、評価シート方式がとられていると考えられる。しかしながら、市民にとって重要な施策については、評価レポートを作成して、市民のための充実した判断材料をつくる必要がある。

また、こうした評価資料は議会でも活用されるべきである。評価の判断を議論することも重要であるが、その判断の材料となった考え方やデータの収集方法等についても、議会における質疑を通じて、評価そのものが改善されていくことになるし、政策の見直しにも通じていくため、そうした議論を議会に期待したい。また、市民の側でも、評価についての意見交換や議論が行える仕組みが必要であろう。市民の自主的な評価が育っていくことを期待したい。

11　筆者は、１９９８年度から３年間、財・東京市町村自治調査会で、「市町村における政策評価制度」の研究プロジェクトにかかわった。そこでの報告書として、『市町村における政策評価制度——第二次研究会報告』、２０００年、『昭島市における政策評価研究報告』、２００１年、『政策評価における住民との協働方法—第三次研究会報告』、２００１年、がある。その後、２００１－０４年度から中野区外部評価委員会にかかわり、豊島区外部評価委員会に２００５－０６年度にかかわった。また、２０１０－１２年度は狛江市外部評価委員会にかかわり、２０１１－１３年度は千代田区外部評価委員会にかかわった。さらに、２００９年から現在まで、佐倉市の行政評価にかかわっている。

これらのうち、施策評価レポートを作成できたのは、２０１１－１２年度の狛江市であった。

3 目的・目標と効率性――誰にとっての効率性か

さて、評価レポートに記載すべき情報は、行政活動の①目的、②目標、③具体的活動、④コスト、⑤効率性、そして⑥有効性である。このうち、明確にわかるのは、③と④である。①や②は明確なようで、実は明確でない場合が多い。なぜなら、継続している事業であることが多いため、なぜその事業を実施しなくてはならないかを考える機会がほとんどないからである。しかしながら、行政は何のために活動するのかを考えることは出発点である。何を問題と考え、その解決のために行政が行うべき役割を考え、そのためには具体的に何をなすべきか、という①と②を再確認し、それを市民に伝えることは、行政の説明責任の第一歩であるといえよう。

また、⑤や⑥の記述も容易ではない。⑤効率性とは、入力と出力との関係において、相対的に少ない入力（たとえば費用）で大きな出力（たとえば事業量や便益）を得ることが望ましいという価値観である。効率性判断は、入力と出力を確定すれば、客観的な数値として示される定量的な判断となる場合が多く、またそれが望ましいともいえる。その際、入力を予算とするか作業量とするか、また出力を事業量とするか便益とするかによって、違った側面が強調できる。

ただし、誰にとっての効率性かを考えることも重要である。たとえば、保育サービスについてみると、サービスを受ける保護者の立場からの入力とは保育料であり、出力は子どもが受ける保育サービスである。したがって、保護者からみた高い効率性は、安い保育料で長時間の保育を受けることになる。それに対し、保育の管理者にとっての効率性は、単純化すれば、入力が一般財源（＋補助金＋保護者負担）であり、出力が保育サービスの総量（保育児童数と保育時間）である。また、納税者の立場からは、入力は住民の支払う税金の総額であり、出力は自己を含めた地域社会全体の受益となろう。

4 有効性指標を考える

評価レポートの記入に関してもっとも難しいのが、⑥有効性指標である。有効性とは、社会的効果と言い換えられるが、社会にとってどのような効果があるのかという判断基準である。たとえば、道路については、ある特定の部分が渋滞し社会的損失が大きいと判断される場合、道路の拡幅やバイパスの建設によって渋滞を解消し、社会的損失を減少させ、利用者の便益を拡大することが社会的効果である。

また少子化や核家族化の進展により、お年寄りの介護が困難となりつつある現状において、介護サービスの必要な家庭に必要な量と質の介護サービスを提供することが高齢者介護の一次的な（直接的な）目的であり、さらに介護に関しては安心して老後を迎えられるという安心感を提供し、お年寄りが健康で快適な生活を享受できる社会をつくることが二次的な（間接的な）目的となろう。この一次的な目的については、介護が不足していないかどうかを判断すればよいが、二次的な目的は、数量的に表現することが難しいため、一次的な目的を測定する活動指標から類推して判断しなければならない場合もある。

この有効性については「結果のよしあしを直接的に評価する概念」と説明されている（西尾勝、１９９０：２６９）。すなわち、社会的効果は、評価する主体がその属する社会にとっての効果を主観的な観点から直感的に判断することである。各人にとっての効果ではなく、社会全体にとっての効果である。したがって、当然のことではあるが、人によって評価は異なることになる。とはいえ、誰にとっての社会的効果かという問いへの答は、社会にとっての効果であるから、どのような立場に立とうと、社会の捉え方が同一であれば、同一の判断に到達する場合も多い。渋滞によって不利益を被る人々にとって、社会にはそうした不利益を被る人々が多いと考えれば、渋滞の解消は社会的効果の高い事業と判断されよう。誰でも要介護になりうるという前提に立てば、介護サービスの不足によって一部の要介護のお年寄りが不利益を被っている場合、介護サービスの充実は社会的効果の高い事業であろう。

5 評価の難しさが評価疲れの一因

こうした情報を評価レポートの枠に記入するという作業はなかなか困難な知的作業である。ところが、これが担当者に丸投げされたことが、担当者の評価疲れをもたらした大きな原因ではないかと考えている。効率性や有効性指標の選択を担当者だけに任せず、企画・財政や外部有識者・市民の協力を求めて、よりよい指標をつくっていくべきである。

また、いい指標が思いついてもデータがない、という場合が多々ある。実はこれが評価疲れの最大の原因ではないかと思っている。こうしたデータは、新たに市民アンケートなどで収集する必要があり、思いついただけでは指標として書き込めないため、計画的にアンケート等によるデータ収集を行う必要がある。

さらに評価をどのように活かすかという問いかけについても、困難な状況にある。たとえば、評価と予算の関係をみると、評価が高ければ、予算を削減できるのか、あるいは予算を増大すべきなのか、画一的に判断することはできない。評価を活かすのは難しいのである。政策の見直しに活かすべきであるとしか言えない状況にあるが、そこがそもそも重要であると筆者は考えている。

6 保育評価

さて、具体的な施策に即して行政評価（政策評価）を考えてみたい。公共サービス（行政サービス）の評価を考える上で重要な点として、受益と負担が一致しないため、利用者の選択は機能しないことを踏まえておく必要がある。また、無料サービスは過剰に要望され供給される可能性があり、有料サービスは貧しい人には過少になる可能性がある。

上述した評価の要素を再掲すれば、①行政活動が何のために行われているのか（目的）、②そのために何をしようとするのか（目標）、③具体的に何をするのか（活動）、④それはどのくらい経費がかかるのか（コスト）、⑤効率的に行われているか（効率性）、そして⑥当初の目的は達成されているか（有効性）、の6点であり、順番にみていきたい。

ただし、2012年の児童福祉法等の改正により、保育関係の規定が変更され、2015年4月より施行されることとなっている。変更点としては、児童福祉法第24条等の「保育に欠ける」という用語が「保育を必要とする」に変更されたこと、また子ども・子育て支援法第19条に基づく「保育の必要性」の認定制度が始まること等である。こうした制度変更は今後の保育サービスに大きな影響を及ぼすことは確実であるが、本稿では評価は事後評価が基本であると考えていることから、ここでは旧制度に基づく保育サービスの評価について考察することにしたい。

保育の政策目的・目標はなんであろうか。児童福祉法には、「すべて国民は、児童が心身ともに健やかに生まれ、且つ、育成されるよう努めなければならない」（第1条第1項）とあり、また「すべて児童は、ひとしくその生活を保障され、愛護されなければならない」（同第2項）と明記されている。ここから、「児童の健やかな成長、生活の保障」が児童福祉法の目的であることがわかる。では保育行政（保育サービス）の目的は何か。児童福祉法の第24条には次のように述べられている。（横線は筆者）

児童福祉法
第24条　市町村は、保護者の労働又は疾病その他の政令で定める基準に従い条例で定める事由により、その監護すべき乳児、幼児又は第三十九条第二項に規定する児童の保育に欠けるところがある場合において、保護者から申込みがあつたときは、それらの児童を保育所において保育しなければならない。ただし、保育に対する需要の増大、児童の数の減少等やむを得ない事由があるときは、家庭的保育事業による保育を行うことその他の適切な保護をしなければならない。

② 前項に規定する児童について保育所における保育を行うことを希望する保護者は、厚生労働省令の定めるところにより、入所を希望する保育所その他厚生労働省令の定める事項を記載した申込書を市町村に提出しなければならない。この場合において、保育所は、厚生労働省令の定めるところにより、当該保護者の依頼を受けて、当該申込書の提出を代わつて行うことができる。

③ 市町村は、一の保育所について、当該保育所への入所を希望する旨を記載した前項の申込書に係る児童のすべてが入所する場合には当該保育所における適切な保育を行うことが困難となることその他のやむを得ない事由がある場合においては、当該保育所に入所する児童を公正な方法で選考することができる。

④ 市町村は、第二十五条の八第三号又は第二十六条第一項第四号の規定による報告又は通知を受けた児童について、必要があると認めるときは、その保護者に対し、保育所における保育を行うこと又は家庭的保育事業による保育を行うこと（以下「保育の実施」という。）の申込みを勧奨しなければならない。

⑤　市町村は、第一項に規定する児童の保護者の保育所の選択及び保育所の適正な運営の確保に資するため、厚生労働省令の定めるところにより、その区域内における保育所の設置者、設備及び運営の状況その他の厚生労働省令の定める事項に関し情報の提供を行わなければならない。

第39条　保育所は、日日保護者の委託を受けて、保育に欠けるその乳児又は幼児を保育することを目的とする施設とする。

②　保育所は、前項の規定にかかわらず、特に必要があるときは、日日保護者の委託を受けて、保育に欠けるその他の児童を保育することができる。

ここからもわかるように、保育行政の目的は、児童が「保育に欠ける」状況に陥らないようにすることである。前述したように、２０１５年4月からは、「保育を必要とする」に変更されるが、実質的には同じ意味となろう。では、②目標はなんであろうか。法に明記されてはいないが、「保育に欠ける」状況にならないためには、「待機児童を出さないこと」であると言い換えることができよう。ただし、「保育に欠ける」という状況については、次の規定がある。

児童福祉法施行令

第27　法第二十四条第一項の規定による保育の実施は、児童の保護者のいずれもが次の各号のいずれかに該当することにより当該児童を保育することができないと認められる場合であつて、かつ、同居の親族その他の者が当該児童を保育することができないと認められる場合に行うものとする。

一　昼間労働することを常態としていること。
二　妊娠中であるか又は出産後間がないこと。
三　疾病にかかり、若しくは負傷し、又は精神若しくは身体に障害を有していること。
四　同居の親族を常時介護していること。
五　震災、風水害、火災その他の災害の復旧に当たつていること。
六　前各号に類する状態にあること。

この規定を受けて、各自治体が条例・規則で詳細を定めている。求職中も上記の6号に該当するものとして、保育所の入所の申込みができるものとされているが、待機児童が多い地域では、パートタイマーや求職中の保護者はフルタイム労働に比べて保育所への入所の優先順位が低く扱われることが多いようである。

次に、③具体的に何をするのか、どのような活動を行っているのか。保育事業の中心は認可保育所による保育である。たとえば、筆者も子どもを預けた経験のある市川市を例として取り上げたい。市川市は人口４７２、９９３人（２０１５年2月28日現在）で、０－４歳児の人口は２０、３７１人である。認可保育園では、⑴直営の保育園が21園、定員2、３９５人、⑵社会福祉法人が運営している保育園（指定管理者制度を活用した公設民営園）が7園、定員７４８人、⑶私立保育園が40園、定員3、２４６人、となっており、総定員は6、３８９人である（市川市資料による）。

市川市の待機児童数は、２０１４年4月1日現在２９７人、前年の２０１３

図表5　狛江市における保育所運営費　2010年度

項　　目	運営経費合計	公立保育所	私立保育所
総事業費（千円）	1,428,368	1,051,273	377,095
児童一人当たり負担額（円/月）	140,968	139,219	146,046
国負担額	17,077	13,974	26,082
都負担額	14,922	8,536	33,461
市負担額	90,420	98,590	66,705
保護者等負担額	18,549	18,119	19,797

年4月1日現在では、336人であった。ただし、この数字は国の計算方法で出した数字のようで、担当者にインタビューしたところ2014年4月1日現在で749人だそうである。この数字は市川市の計算方法で、申請書を出した人で受け入れてもらえなかった人数である。ちなみに、2015年3月1日現在では、1、518人に増えている。4月1日になれば、卒園する児童があり、新たに入園できる子どもがでるため、待機児童数は減ることになる。待機児童の割合はどちらの数字を使うかによって異なるが、2014年4月1日現在297人だとすると乳幼児数の1・5%、保育所総定員の4・5%となり、749人だとすると乳幼児数の3・6%、保育所総定員の11・7%となる。これらの数字は、かなり多いと感じる。

市川市では、認可保育所だけでなく、多様な保育ニーズに対応するために、家庭保育員制度（ファミリー・まま制度、12施設、定員37人）、一時預かり・特定保育（公立・私立（社会福祉法人等の運営）の保育所で実施）、病後児保育（4施設）、簡易保育園、ファミリーサポートセンター等を実施（補助）している。

簡易保育園とは、市川市では特定の認可外保育施設のことであり、「市川市・船橋市・松戸市・浦安市・鎌ヶ谷市・東京都葛飾区および江戸川区の認可外保育施設（以下「簡易保育園」という）に入園している」（市川市ホームページより）場合に保護者へ補助金を交付する制度である。補助金額は、3歳未満児が月額21、000円、3歳以上児が月額10、200円である。市川市内では、37の施設が対象とされている。しかしながら、「簡易保育所」という名称は認可保育所に比較して簡易なサービスを提供しているような印象

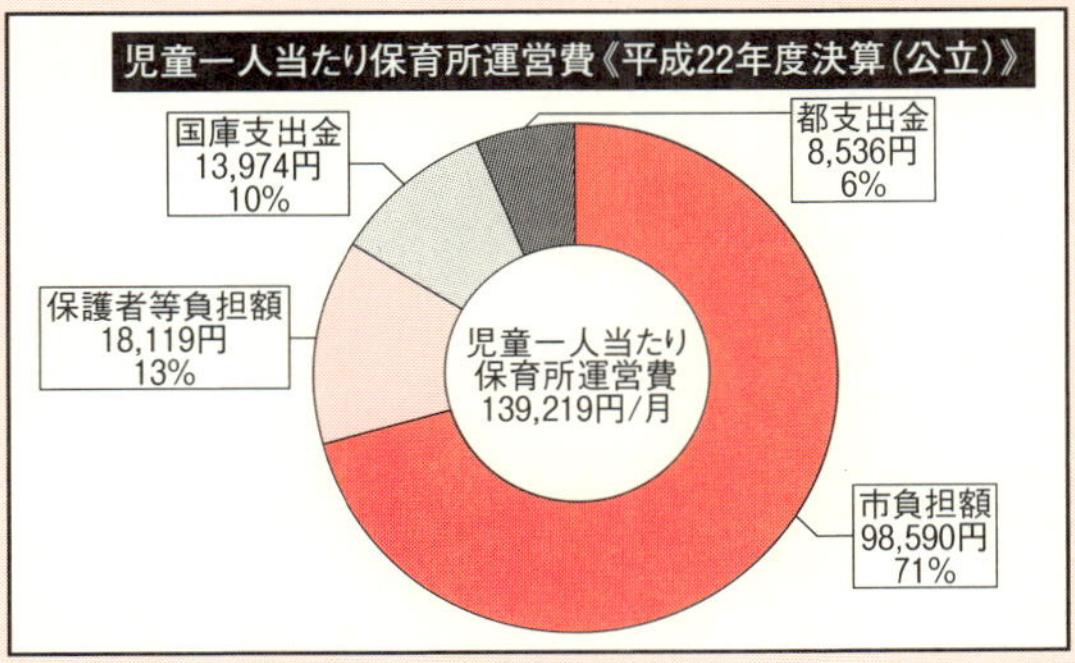

出典：狛江市施策レポート（2011）

を与え、好ましくないと考えられる。

次に、④それはどのくらい経費がかかるのか（コスト）。保育にかかる経費の全体像は、予算書をみても、素人ではよくわからない。筆者がかかわった狛江市を例として、「保育施策レポート」から保育サービスのコストについて、次のように示されている。

児童一人当たり139、219円が保育コストであるが、そのうち、市の負担が98、590円（71％）、保護者負担額が18、119円（13％）、国庫支出金が13、974円（10％）、都支出金が8、536円（6％）となっている。

市川市についても、担当者に問い合わせて数字を出してもらった。児童一人当たり127、803円が保育コストであるが、そのうち、市の負担が83、369円（65・2％）、保護者負担額が24、928円（19・5％）、国庫支出金が11、089円（8・7％）、県支出金が8、427円（6・6％）となっている（2013年度決算ベース）。

次に、このコストのデータから、⑤効率的に行われているか（効率性）である。これだけのデータでは、なんとも判断できないが、他市との比較ができれば、効率的かどうかの判断材料となる。ただし、保育コストについては、乳幼児の年齢によってコストは大きく異なるため、年齢別で比較する必要があろう。また、公立か私立かによっても異なるであろう。こうしたことを考慮しながら、保育サービスの効率性を判断することが必要である。

最後に、⑥当初の目的は達成されているか（有効性）についてである。保育サービスの目的は、待機児童数ゼロであることから、待機児童数をみることが有効性となる。市川市の待機児童数は右にみた通りであるが、狛江市の待機児童数の変化については、図表6のようなグラフになっている。平成26（2014）年度には、認可保育所の定員増が計画されているため、待機児童が解消されることになっていた。しかしながら、実態は2014年4月1日現在の待機児童数は99人であった。横浜市が待機児童数ゼロになったが、応募者が殺到し、ゼロの記録は維持できなかったことは周知のことである。

狛江市の人口77,923人（2014年1月1日現在）、0－4歳児の人口3,018人、2014年の待機児童数が99人であるから、乳幼児数の3・2%が待機児童数となっている。市川市とほぼ同等の待機児童率であることがわかる。

さて、行政サービスとしての保育については、以上のようなデータでほぼ全体像が示されたかと思うが、公共サービスとしての保育を把握しようとすると、行政のデータでは不十分なことが判明する。すなわち、認可外保育施設についてのデータがほとんどないことであり、自治体の地域でどのように公共サービスが提供されているのかの実態は不明である。児童福祉法の対称はすべての児童であり、保育に欠けるか欠けないかにかかわらず、すべての「児童の健やかな成長、生活の保障」が確保されなければならない。このことから考えると、地域におけるすべての保育サービスを含めた量と質の管理はできていないことがわかる。

また、保育に欠けるという概念について、保育サービスの重要なキーワードとして機能していることがわかるが、保育サービスの基本としてそれでよいのだろうかという疑問が生じてくる。保育に欠けなければ、保育を利用できないという制度は、ユニバーサル・サービスにはなり得ないことを意味し

図表6　狛江市の待機児童数（2010年）

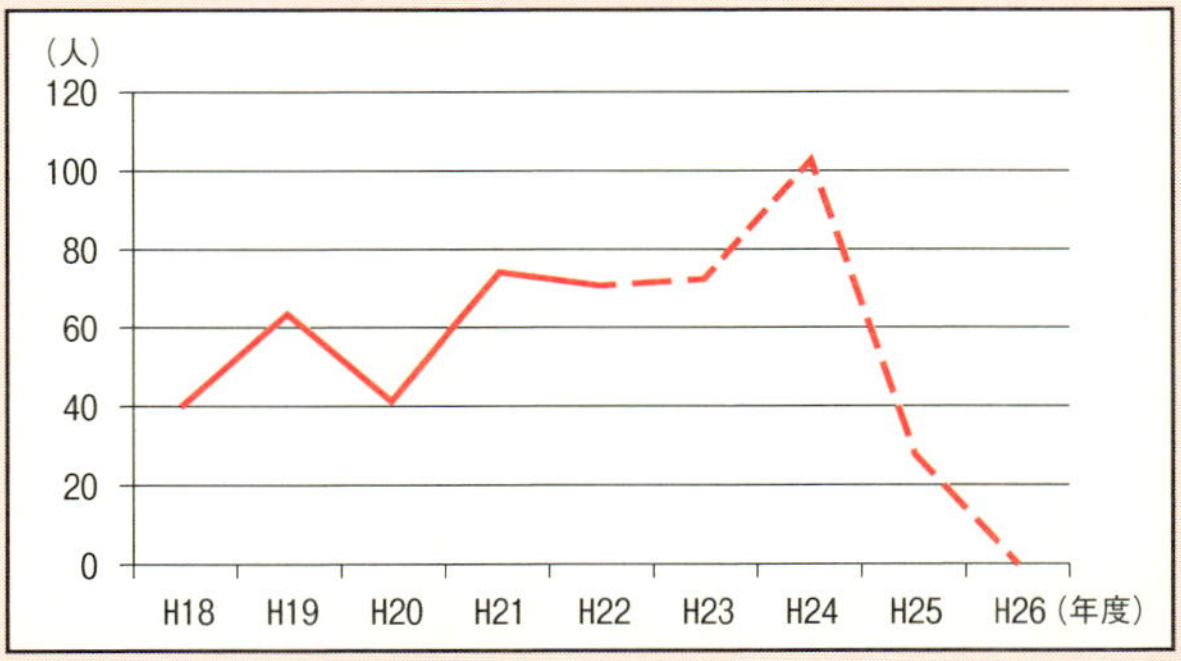

出典：狛江市施策レポート（2011）

ている。保育サービスの提供に自治体の負担が大きいからであろうが、利用したい親を排除する行政サービスは公平性に欠けるように思われる。

医療が必要かどうかは、本人が判断する。介護が必要かどうかは、要介護認定によって医学的な見地から判定される。保育サービスについては、親が判断し、収入に見合った負担を求める制度とすることが必要なように感じられる。その意味では、２０１５年４月から始まる「保育の必要性」に関する認定がどのように実施されるのかが重要である。

7　図書館評価

次に、図書館評価について、考えてみたい。保育サービスと同様に、評価の6つの要素を考察しよう。図書館の①目的と②目標については、すでに述べているが、再度、確認しておこう。図書館法によれば、図書館は、「図書、記録その他必要な資料を収集し、整理し、保存して、一般公衆の利用に供し、その教養、調査研究、レクリエーション等に資することを目的とする」（第2条）とされているが、具体的にすることは「図書、記録その他必要な資料」の収集・整理・保存であり、それを「一般公衆の利用に供」することである。その結果として、一般公衆の「教養、調査研究、レクリエーション等に資する」ことを期待しているが、それは利用者が判断することである。②目標については、明記されていないが、この目的を達成するために、公立図書館を設置し、管理運営すること、そして図書館法第3条に規定する9項目の活動を行うことである。これらの規定を踏まえて、各自治体の条例がそれぞれの図書館について規定している。

③活動については、上記の9項目に類似しているが、ここでは、『平成25年度 市川市立図書館評価報告書』に基づいて、その評価項目[12]からその活動内容をみてみたい。

1．学びを支える図書館（施策の方向：身近に図書館が利用できるよう、図書館ネットワークの整備）

――⑴登録者数の拡大（登録者数）、⑵図書館未設置区域への自動車図書館の巡回（利用者数）、⑶利用者の利便性を高める、電算システムの整備

2．情報拠点としての図書館（施策の方向：①様々な市民の学習要求に応えられる蔵書の収集と維持、②ＩＣタグによる蔵書管理）

――⑷図書資料の更新（受入冊数）－①、⑸ビデオからＤＶＤへの移行（中央・駅南でのＤＶＤ受入点数）－①、⑹それぞれの障害に適した資料の充実（各種資料の受入点数）－①、⑺効果的な蔵書管理による魅力的な棚揃えの実現（ＩＣタグ付与進行状況等）－②、⑻案内・回答機能の向上を通じた、市民の調査活動の積極的支援（レファレンス件数）－③、⑼国立国会図書館主催の「レファレンス研修」及び県教育委員会主催の研修等への職員の継続的な参加（一人当たり年2回の参加を目標とした人数）－③

3．子どもの成長をサポートする図書館（施策の方向：①発達に応じた豊かな読書のための環境の整備、②教育センターや学校図書館との連携）

――⑽子どもの知識欲を満たす資料や、蔵書の核となる資料の更新（受入

12　多くの図書館評価でみられる貸出冊数を評価項目に掲げていない点が、市川市の図書館評価のすぐれた点だと評価することができる。

冊数）－①、⑾様々な年齢層に対する読み聞かせの会を実施（全館での参加者）－①、⑿子どもや周囲の大人が本を選ぶ参考となるブックリストの作成と配布－①、⒀新指導要領に即した学校ネットワーク用図書の更新（受入冊数）－②、⒁中学校向け学級文庫の運用開始と小学校向け学級文庫の更新（受入冊数）1－②、⒂教育センターや学校図書館との連携の推進（貸出依頼の受付件数）－②

4．地域の文化を育む図書館（施策の方向：市川市の歴史・文化の保存と継承）

――⒃地域行政資料の収集と整理（受入冊数）、⒄地域行政情報のホームページからの発信、⒅市民の著作物（特別コレクション含む）の収集と整理（受入冊数）

5．連携や協働で多様なサービスを展開する図書館（施策の方向：①市民ボランティアとの連携の強化と活動のバックアップ、②市内外の関係機関とのネットワークの充実による質の高いサービスの提供）――⒆「市川図書館友の会」との連携（連携回数）2－①、⒇障害者サービス団体への障害者向資料の作成の依頼（依頼による作成点数）－②、㉑大学附属図書館への紹介状の発行（発行回数）－②、

6．まちづくりを支える図書館（施策の方向：①市民生活に必要な情報の取得と積極的な発信、②議会図書室との連携）

――㉒行政各部署と連携した、地域や行政に関わる特集展示の実施（実施回数）－①、㉓地域行政資料の収集と整理（受入冊数）－①、㉔議会図書室と連携した議員の調査研究のサポート－②

以上のような様々な活動を行っており、図書館で市民が読書したり調べ物をしたりして、教養を高める場として図書館の役割は重要である。貸出のような従来から行っている業務は継続する必要があり、レファレンスのように市民からの問い合わせにわかる範囲で対応することも必要である。ここに掲載されていないものの、小学校の図書館との連携など、地道な活動もあろう。ここでは、様々な活動が行われていることをおさえておくことが重要である。

次に、④経費（コスト）についてみてみたい。ここでも市川市を例として取り上げたい。市川市の図書館の経費は、3億4817万9千円である。教育費120億円のうちの2・9％を占めており、その教育費は市の一般会計予算1311億円の9・1％を占めている。市川市の人口472、900人であるから、一人当たりの図書館費は736円である。その他、図書館費の内訳は図表7の通りである。

図書館予算について、市川市に隣接する浦安市も調べてみた。2013年度の浦安市の図書館の経費は、6億4552万円（前年度は6億3699万円、以下同じ）である。教育費105億円（108億円）のうちの6・2％（5・9％）を占めており、その教育費は市の一般会計予算630億円（622億円）の16・6％（17・4％）を占めている。浦安市の人口162、839人（159、788人）であるから、一人当たりの図書館費は3、964円（3、986円）である。自治体によって図書館経費はずいぶんと異なるものである。

⑤効率性については、どのように考えればよいであろうか。図書の購入について、発注から受入、貸出までにいたる時間が平均でどのくらいかかって

図表7　市川市の図書館費（2014年度）

	平成26年度当初予算額	細　節		平成25年度当初予算額
総　計	348,179			349,321
7．賃　金	73,961	◎非常勤職員等雇上料	73,961	71,717
8．報償費	78	◎報償金	28	37
		◎講師謝礼金	50	
9．旅　費	10	◎職員旅費	10	13
11．需用費	102,179			101,525
		◎消耗品費	82,651	
		◎定期刊行物費	10,645	
		◎印刷製本費	1,529	
		◎光熱水費	3,034	
		◎自動車修繕料	317	
		◎施設修繕料	4,000	
		◎医薬材料費	3	
12．役務費	23,446			21,964
		◎通信運搬費	3,987	
		◎手数料	19,459	
13．委託料	96,552	◎委託料	96,552	97,765
14．使用料及び賃借料	30,188			32,573
		◎使用料	3,228	
		◎賃借料	26,960	
18．備品購入費	12,892			14,500
		◎事業用機械器具費	9,327	
		◎図書費	3,565	
19．負担金補助及び交付金	8,815	◎負担金	8,815	9,227
27．公課費	58	◎自動車重量税	58	0

出典：市川市立図書館『市川市の図書館2014』、p.32

いるのか、貸出にかかる事務量はどのくらいか、返却から書架への収納は平均でどのくらいかかっているのか、外部図書館からの図書の移送はどのくらい時間がかかるのか、貸出期限を過ぎた図書の返却の通知から実際に返却されるまでの平均的な日数等のデータを出すことよって、効率的な運営が行われているかどうかの判断材料にはなる。しかしながら、受入図書が多くなれば、いくら効率的に受入を処理しても、受入業務にかかる事務量は増大してしまう。新規図書の購入増は事務量の増大をもたらしてしまう。だからといって、図書の購入をしないわけにはいかない。こうした意味で、図書館の効率性はなかなか難しい課題であることがわかる。

最後に、⑥図書館の有効性である。そもそも図書館の有効性とはなんであろうか。保育については、待機児童数をゼロにすることであることは明白であるが、図書館の場合には、その指標を考えること自体がきわめて困難である。市川市の図書館評価では、次のように総合結果が示されている。

総合結果

平成25年度は、特に、2.「情報拠点としての図書館」では集密書架の一部設置により効率的な蔵書管理を進めることができ、研修参加については全館的に積極的に行い、レファレンスサービスの充実につながった。また、4.「地域の文化を育む図書館」では新規特別コレクションの設置を行い、地域行政資料の受入冊数においては全館で寄贈資料を活用し、大幅に目標値を超え、成果を上げることができた。

一方、図書館登録者数は目標値を下回っており、図書館を利用したことのない市民に対して魅力的なイベントがＰＲできるような方策が必要である。また、ＤＶＤの資料費が予算配分されなかったため評価外としたが、図書館として各種資料の収集についての優先順位をどのように考えるか明確にし、限りある資料費を十分活かせるような資料の選定をしていくことが課題である。

総合的には、平成24年度に引き続き全ての項目がＢ判定以上だったため、平成25年度も６つのミッションにおいて目標は概ね達成でき、一定の成果を上げることができたといえる。

前述の通り、図書館法には、「図書、記録その他必要な資料を収集し、整理し、保存して、一般公衆の利用に供し、その教養、調査研究、レクリエーション等に資することを目的とする」（第２条）と述べられ、「一般公衆」の「教養、調査研究、レクリエーション等に資する」ことが有効性であると考えられる。とするのであれば、図書館利用者の意見をアンケートで聞くことが必要である。利用者に、「教養、調査研究、レクリエーション等に」役だったのかどうかを尋ねるのである。

このような質問を利用者に尋ねると、役だったという回答は多くなるはずである。役立たないのであれば、わざわざ図書館まで行かないからであり、役立つという信頼感が図書館の利用者になっている理由であろう。とすれば、図書館に行かずに、役立たないと考えている市民に向かって、図書館を利用してみてください、と広報することが重要である。さらにいえば、できるだけ多くの市民が役立つ図書館だと感じてもらうことが重要となる。市川市の総合結果にも、「図書館を利用したことのない市民に対して魅力的なイベントがＰＲできるような方策が必要である」と述べられているが、図書館を利用したことのない市民に呼びかけ、その市民に役立つと感じてもらえるような活動を行う図書館が市民に役立つ図書館である。なるべく多くの市民が少なくとも年に1回は図書館に来て、調べ物をしたり、本を借りたりすることを指標とすべきではないだろうか。すなわち、「絶対利用者数の割合」を図書館評価の指標として設定し、利用者の拡大を図ることである。たとえば、市民の30％が図書館を利用する、というのが絶対利用者数30％である。

この絶対利用者の割合が、役立つ図書館と考えている市民の割合に近似すると考えられるため、図書館の有効性を示す1つの指標となりえるであろう。

第6節 おわりに

さて、公共サービスの管理は、公共サービスの政策プロセスの中で実現される。このプロセスは、①問題の発見、②公共的問題の選択、③問題解決手法の追究、④調整、⑤決定、⑥執行、⑦評価、⑧フィードバック、というＰＤＣＡサイクルを詳しくした8つのプロセスである[13]。

このプロセスのうち、公共サービスの質と量の管理に関して重要なものは、⑦評価である。この評価の段階において、行政サービス・公共サービスにつ

13　政策過程をどのようなプロセスで表すかについて、多様な見解がある。もっとも簡略なものが、プラン・ドゥ・シーの3段階であり、ＰＤＣＡは4段階である。大森彌は、ＰＡＤＩＥＦ（Problem-Alternatives-Decision-

いて、①行政活動が何のために行われているのか（目的）、②そのために何をしようとするのか（目標）、③具体的に何をするのか（活動）、④それはどのくらい経費がかかるのか（コスト）、⑤効率的に行われているか（効率性）、そして⑥当初の目的は達成されているか（有効性）、の各項目が点検される。このことにより、公共サービスの状況が把握され、次のフィードバックの段階へ進み、改善が行われる。そこで、量の不足や質の低下が確認される場合には、適切な対応が求められる。

本稿では、保育サービスと図書館サービスについて、具体的な評価を試みた。保育の量的な目標値は、待機児童ゼロである。実質的にゼロにするためには、すべての児童の状況を把握する必要がある。認可外保育施設が行政の積極的なコントロール外に置かれているため、その実態が不明となっている。公共サービス管理という視点からは、認可外保育施設を含めた地域におけるすべての保育サービスを対象として、量と質の管理を考える必要があることを指摘した。

図書館の目標値は、市民がどのような図書館がよい図書館だと考えるかは人によって異なるので、多くの市民の意見を集約して、決める必要がある。なるべく多くの市民が少なくとも年に1回は図書館に来て、調べ物をしたり、本を借りたりすることを指標とすべきではないだろうか。すなわち、「絶対利用者数の割合」を図書館評価の指標として設定し、利用者の拡大を図ることが重要であると指摘した。

このような行政活動の評価を他の領域でも実施し、それを施策レポートとして公表し、市民の評価とともに、議会での評価を踏まえ、自治体として政

Implementation-Evaluation-Feedback）の6段階を提唱している。
松下圭一は、1争点選択、2課題特定、3目的設定、4選択肢の設計、5原案決定、6合意手続、7制度確認、8執行手法・準則、9執行手続、10進行管理、11評価・改訂の11段階を提唱している。

策の改善に活かすことが今日の行政に求められているのである。

〈参考文献〉

大森彌（１９８６）「日本官僚制の事案決定手続き」、日本政治学会編『現代日本の政治手続き』、岩波書店

財・東京市町村自治調査会（２０００）『市町村における政策評価制度――第二次研究会報告』

財・東京市町村自治調査会（２００１）『政策評価における住民との協働方法――第三次研究会報告』

財・東京市町村自治調査会（２００１）『昭島市における政策評価研究報告』

西尾勝（１９９０）『行政学の基礎概念』、東京大学出版会

野田遊（２０１３）『市民満足度の研究』、日本評論社

松下圭一（１９９１）『政策型思考と政治』、東京大学出版会

武藤博己（２００２）「政策評価の手法開発」、松下圭一他編、『自治体の構想３・政策』、岩波書店、pp.93-115

武藤博己（２００２）「自治体の政策評価と住民参加」、『TOMORROW』第16巻第2号、2002年3月号、pp.118-125

武藤博己（２００３）『入札改革――談合社会を変える』、岩波新書

武藤博己編著（２００４）『自治体経営改革』、ぎょうせい

武藤博己（２００９）「行政活動の評価と説明責任」、『地方自治職員研修』２００９年7月号、pp.14-16

武藤博己編著（２０１４）『公共サービス改革の本質』、敬文堂

ホームページ関係

狛江市施策レポート（２０１１）

https://www.city.komae.tokyo.jp/index.cfm/36,37853,c,html/37853/20120307-174753.pdf

狛江市外部評価委員会提言（２００１）

http://www.city.komae.tokyo.jp/index.cfm/36,37898,c,html/37898/20120620-143028.pdf

資料

○保育所の設備運営基準（２０１5年3月末までの規定）

児童福祉施設の設備及び運営に関する基準、第五章 保育所

（設備の基準）

第三十二条　保育所の設備の基準は、次のとおりとする。

一　乳児又は満二歳に満たない幼児を入所させる保育所には、乳児室又はほふく室、医務室、調理室及び便所を設けること。

二　乳児室の面積は、乳児又は前号の幼児一人につき一・六五平方メートル以上であること。

三　ほふく室の面積は、乳児又は第一号の幼児一人につき三・三平方メートル以上であること。

四　乳児室又はほふく室には、保育に必要な用具を備えること。

五　満二歳以上の幼児を入所させる保育所には、保育室又は遊戯室、屋外遊戯場（保育所の付近にある屋外遊戯場に代わるべき場所を含む。次号及び

第九十四条第二項において同じ。)、調理室及び便所を設けること。
六　保育室又は遊戯室の面積は、前号の幼児一人につき一・九八平方メートル以上、屋外遊戯場の面積は、前号の幼児一人につき三・三平方メートル以上であること。
七　保育室又は遊戯室には、保育に必要な用具を備えること。
八　乳児室、ほふく室、保育室又は遊戯室（以下「保育室等」という。）を二階に設ける建物は、次のイ、ロ及びハの要件に、保育室等を三階以上に設ける建物は、次のロからチまでの要件に該当するものであること。
イ　建築基準法（昭和二十五年法律第二百一号）第二条第九号の二に規定する耐火建築物又は同条第九号の三に規定する準耐火建築物（同号ロに該当するものを除く。）であること。
ロ　保育室等が設けられている次の表の上欄に掲げる階に応じ、同表の中欄に掲げる区分ごとに、それぞれ同表（省略――引用者）の下欄に掲げる施設又は設備が一以上設けられていること。
ハ　ロに掲げる施設及び設備が避難上有効な位置に設けられ、かつ、保育室等の各部分からその一に至る歩行距離が三十メートル以下となるように設けられていること。
ニ　保育所の調理室(次に掲げる要件のいずれかに該当するものを除く。ニにおいて同じ。)以外の部分と保育所の調理室の部分が建築基準法第二条第七号に規定する耐火構造の床若しくは壁又は建築基準法施行令第百十二条第一項に規定する特定防火設備で区画されていること。この場合において、換気、暖房又は冷房の設備の風道が、当該床若しくは壁を貫通する部分又はこれに近接する部分に防火上有効にダンパーが設けられていること。

(1) スプリンクラー設備その他これに類するもので自動式のものが設けられていること。

(2) 調理用器具の種類に応じて有効な自動消火装置が設けられ、かつ、当該調理室の外部への延焼を防止するために必要な措置が講じられていること。

ホ　保育所の壁及び天井の室内に面する部分の仕上げを不燃材料でしていること。

ヘ　保育室等その他乳幼児が出入し、又は通行する場所に、乳幼児の転落事故を防止する設備が設けられていること。

ト　非常警報器具又は非常警報設備及び消防機関へ火災を通報する設備が設けられていること。

チ　保育所のカーテン、敷物、建具等で可燃性のものについて防炎処理が施されていること。

（保育所の設備の基準の特例）

第三十二条の二　次の各号に掲げる要件を満たす保育所は、第十一条第一項の規定にかかわらず、当該保育所の満三歳以上の幼児に対する食事の提供について、当該保育所外で調理し搬入する方法により行うことができる。この場合において、当該保育所は、当該食事の提供について当該方法によることとしてもなお当該保育所において行うことが必要な調理のための加熱、保存等の調理機能を有する設備を備えるものとする。

一　幼児に対する食事の提供の責任が当該保育所にあり、その管理者が、衛生面、栄養面等業務上必要な注意を果たし得るような体制及び調理業務の受託者との契約内容が確保されていること。
二　当該保育所又は他の施設、保健所、市町村等の栄養士により、献立等について栄養の観点からの指導が受けられる体制にある等、栄養士による必要な配慮が行われること。
三　調理業務の受託者を、当該保育所における給食の趣旨を十分に認識し、衛生面、栄養面等、調理業務を適切に遂行できる能力を有する者とすること。
四　幼児の年齢及び発達の段階並びに健康状態に応じた食事の提供や、アレルギー、アトピー等への配慮、必要な栄養素量の給与等、幼児の食事の内容、回数及び時機に適切に応じることができること。
五　食を通じた乳幼児の健全育成を図る観点から、乳幼児の発育及び発達の過程に応じて食に関し配慮すべき事項を定めた食育に関する計画に基づき食事を提供するよう努めること。

（職員）
第三十三条　保育所には、保育士、嘱託医及び調理員を置かなければならない。ただし、調理業務の全部を委託する施設にあつては、調理員を置かないことができる。
2　保育士の数は、乳児おおむね三人につき一人以上、満一歳以上満三歳に満たない幼児おおむね六人につき一人以上、満三歳以上満四歳に満たない幼児おおむね二十人につき一人以上（認定こども園（就学前の子どもに関する教育、保育等の総合的な提供の推進に関する法律（平成十八年法律第七十七号。以下「就学前保育等推進法」という。）第七条第一項に規定する認定こども園をいう。）である保育所（以下「認定保育所」という。）にあつては、幼稚園（学校教育法第一条に規定する幼稚園をいう。以下同じ。）と同様に一日に四時間程度利用する幼児（以下「短時間利用児」という。）おおむね三十五人につき一人以上、一日に八時間程度利用する幼児（以下「長時間利用児」という。）おおむね二十人につき一人以上）、満四歳以上の幼児おおむね三十人につき一人以上（認定保育所にあつては、短時間利用児おおむね三十五人につき一人以上、長時間利用児おおむね三十人につき一人以上）とする。ただし、保育所一につき二人を下ることはできない。

（保育時間）

第三十四条　保育所における保育時間は、一日につき八時間を原則とし、その地方における乳幼児の保護者の労働時間その他家庭の状況等を考慮して、保育所の長がこれを定める。

（保育の内容）

第三十五条　保育所における保育は、養護及び教育を一体的に行うことをその特性とし、その内容については、厚生労働大臣が定める指針に従う。

（保護者との連絡）

第三十六条　保育所の長は、常に入所している乳幼児の保護者と密接な連絡をとり、保育の内容等につき、その保護者の理解及び協力を得るよう努めなければならない。

（公正な選考）

第三十六条の二　就学前保育等推進法第十条第一項第四号に規定する私立認

定保育所は、就学前保育等推進法第十三条第二項の規定により読み替えられた法第二十四条第三項の規定により当該私立認定保育所に入所する児童を選考するときは、公正な方法により行わなければならない。

（利用料）

第三十六条の三　法第五十六条第三項の規定による徴収金及び就学前保育等推進法第十三条第四項の保育料（以下この条において「徴収金等」という。）以外に保育所が徴収金等に係る児童について提供するサービス（当該徴収金等を支払う者の選定により提供されるものを除く。）に関し当該者から利用料の支払を受ける場合にあつては、当該利用料の額は、当該サービスの実施に要する費用を勘案し、かつ、当該者の家計に与える影響を考慮して定めなければならない。

有料道路　292
幼稚園教育要領　301

ら行

ライン・ネッカー　272, 273, 274
離都向村　19
リプスキー・M　143
量の管理　295, 296, 297, 325
臨時財政対策債　82, 83
レルフ・E　220, 234
連携協約　269, 274
労働力　52, 53, 54, 57, 58, 94, 172, 175, 194
6次産業化　35, 42, 59

東京圏への人口の過度の集中を是正　3, 38
道州制推進基本法案（骨子案）　10
道路運送法　290, 293
独立行政法人　285, 288
都市化　25, 167, 171, 180, 184, 227, 243, 250, 251, 263, 268
都市文明　23, 24, 25, 26
図書館　293, 297, 298, 302, 303, 304, 318, 319, 320, 321, 323, 324, 325, 326
図書館サービス　296, 326
図書館法　297, 302, 303, 318, 324
土地　48, 52, 53, 54, 57, 58, 59, 93, 94, 168, 171, 172, 179, 186, 223, 231, 258, 267, 270, 273, 302
ドロレス・ハイデン　221, 223, 224, 232, 233, 234, 235

な行

内発的発展論　243, 250, 256, 257, 258
中村良夫　213, 218, 279
なりわいづくり　191, 199, 203
西尾勝　112, 124, 309, 327
二次的自然　169, 199
2008年をピークに総人口は減少　12
二地域居住　20
日本の国籍法　15, 16
ニューアーバニズム　271
認可外保育施設　287, 297, 301, 315, 317, 326
認可保育所　287, 288, 296, 297, 300, 301, 302, 314, 315, 317
認証保育所　287, 288, 297
農村文明　23, 24, 25, 26
農村文明の創生　23, 26

は行

ハイライン・プロジェクト　229
場所の力　219, 220, 221, 223, 226, 227, 234, 235
パッツィ・ヒーリー　270
ハバート・J・ギャンズ　221
パブリック・ヒストリー　220, 223, 224, 225, 226, 233, 235
範囲の経済性　62
美観　226
樋口忠彦　215, 219
非正規雇用　66, 67, 68, 195, 288
評価レポート　305, 306, 307, 308, 309
品質管理　299, 300
風致　226
付加価値　53, 54, 55, 58, 59, 61, 110, 206
福祉サービス　50, 283, 286
フッサール　244, 249
プラットホーム　88, 95
ふるさと創生　33, 34
フレクシキュリティ　80
プレスマン＝ウィルダフスキー　118
プロセスデザイン　203, 247
文化的市民権　226
分散適応型　150, 151, 152, 153
保育サービス　287, 288, 296, 297, 301, 307, 308, 311, 316, 317, 318, 326
保育所保育指針　301
法人としての地方公共団体　8
ポール・クルーグマン　264
誇りの空洞化　174
ポランニー　49, 63, 98

ま行

前決定　116
増田寛也　105
増田レポート　4
まち　30, 34, 35, 94, 106
まち・ひと・しごと創生　2, 3, 35, 37, 105
まち・ひと・しごと創生法　2, 3, 4, 34, 36, 105, 108
丸尾直美　238
三好学　216
むら　34, 35, 170, 171, 172, 173, 174, 178, 181, 202, 206
目標管理　140, 141
森の防潮堤　32

や行

有効性　131, 141, 177, 305, 307, 308, 309, 311, 316, 323, 324, 325, 326

少子化　18, 28, 65, 72, 133, 308
少子高齢化　48, 61, 244, 245
消滅可能性都市　5, 105
所得格差　51, 64, 65, 66, 67, 68, 70, 256
人口減少　3, 4, 5, 6, 11, 12, 13, 14, 15, 16, 17, 34, 36, 38, 41, 42, 45, 46, 48, 57, 61, 62, 69, 101, 105, 107, 131, 164, 165, 171, 183, 244, 245, 269, 276
人口の減少に歯止め　3
人事評価　140
信頼　25, 81, 82, 101, 148, 152, 272
数値目標　43, 44
スペーシャル・プランニング　263, 265, 266, 267, 268
スモール イズ ビューティフル　29
スローライフ　20, 21, 22
生活景　235, 236, 237, 238, 239, 240, 241, 242, 243, 244, 245, 246, 247, 248, 249, 272, 278
政策イノベーション　122, 123, 125, 126, 127, 130
政策開発に伴うコスト　124
政策企業家policy entrepreneur　119, 139
政策企業力　108, 109, 111, 118, 137, 138, 139
政策循環モデル　115, 116
政策対話　43, 45
政策の遷移　126, 127, 130
政治システム　49, 50, 64, 65, 68, 84, 92
政府　4, 12, 49, 51, 57, 60, 75, 76, 79, 81, 82, 115, 116, 239, 255, 284, 285, 287, 289, 290, 291, 292, 293, 294
政府一般会計　75
積極戦略　36
絶対利用者数　325, 326
相互依存性　237
総合計画　44, 108, 109, 113, 138, 139, 141, 148, 158
総合戦略　36, 38, 41, 42, 43, 45, 105, 106, 107
相互参照　127, 128, 129, 130
相互扶助機能　73
創造的模倣　123, 126, 127, 130
創発　120, 121, 122, 149, 159, 258, 259

た行

第一線職員　142, 143, 144, 145, 146
待機児童　296, 297, 313, 314, 315, 316, 317
第３次ベビーブームは起きず　14
タクシー事業　290
〝足し算〟のサポートから〝掛け算〟のサポートへ　203
多就業　198
地域遺伝子　199
地域おこし協力隊　196, 202
地域格差　51, 56
地域経営　187, 188, 256, 277
地域経済　27, 48, 52, 55, 61, 63, 64, 94, 96, 205, 206, 253
地域コミュニティ　11, 50, 69, 71, 74, 75, 85, 91, 95, 109
地域再生法　3
地域の元気創造有識者会議　270
「地域発」知恵の六次化　109, 111
地域包括ケア　84, 85, 86, 87
地と図　214, 223
地方・東京圏の転出入均衡　38
地方財政計画　41
地方自治体　75, 82
地方消滅　4, 6, 45, 48, 98, 105
地方人口ビジョン　40, 41, 42, 43, 45, 106
地方制度調査会　269
地方創生　2, 4, 10, 33, 34, 35, 41, 43, 45, 105, 106, 107, 108, 207
地方版総合戦略　40, 41, 43, 44, 45, 106, 107, 108
地方への移住　20, 21
長期ビジョン　36, 37, 40, 41, 105, 106
調整戦略　36
町村が消滅　28
直営サービス　286, 288
清渓川プロジェクト　229
辻村太郎　216, 219
定住自立圏構想　270, 274
鉄道事業法　290
田園回帰　19, 28, 97
電気事業法　290

164, 171, 174, 175, 179, 184, 201, 240, 243, 250, 256, 260
経済成長率　52
結婚　3, 15, 17, 18, 20, 35, 36, 38, 41, 65, 67, 106, 177
血統主義　15, 16, 17
限界集落問題　173
兼業化　171, 174, 175, 176, 177, 183
原子力発電　31
現場主義　124, 138, 139, 141, 143, 144, 146, 147, 148, 149, 153, 155, 157, 159, 160
交換　49, 172, 306
公共サービス　81, 270, 274, 276, 281, 282, 284, 285, 286, 287, 288, 289, 290, 291, 295, 297, 299, 304, 310, 317, 325, 326, 327
公共サービス改革法　282, 285
公共サービス基本法　282, 285, 289
公権力の行使　289
公債依存度　75, 76
向村離都　19, 20, 21, 23
「向村離都」の意向　20
向都離村　14, 19
効率性　125, 131, 136, 305, 307, 308, 309, 311, 316, 321, 323, 326
高齢化　57, 69, 70, 73, 74, 85, 91, 134, 135, 165, 166, 173, 176, 183, 196, 203
国民希望出生率　36
国民負担率　79, 81
互酬　49
子育て　20, 35, 36, 38, 41, 42, 66, 67, 72, 73, 74, 91, 94, 106, 182, 208, 311
ゴミ缶モデル　119, 120, 124
コミュニティビジネス　168, 195, 204, 205, 207
根拠本位の政策形成　104, 131, 157
混住化　171, 174, 175, 176, 177, 178, 183, 204

さ行

差異　54, 58, 107, 216, 231, 269
財政　79, 83
財政支出　76, 135
最低基準　288, 299, 300, 301
再分配　49
里山　23, 24, 25, 26, 27, 178, 191, 197, 199, 200
里山資本主義　27
里山の価値　26
３・11　30
ジェーン・ジェイコブス　232, 234, 271
自己実現的予言　6
施策レポート　316, 326
市場化テスト法　282, 284
市場の失敗　51
持続可能　13, 30, 58, 69, 84, 93, 261, 267
自治体消滅　6, 7
自治体政策マネジメント　99, 100, 101, 102, 105, 133, 161
自治体の自治の放棄　11
「自治」の取り戻し　201, 209
質の管理　295, 299, 300, 302, 304, 317, 326
シティ・リージョン　263, 266, 268, 269, 270, 271, 272, 273, 274
指定管理者制度　276, 284, 288, 289, 314
児童福祉法　288, 300, 301, 311, 317
資本　52, 53, 57, 58, 62, 94, 201, 202, 258
市民社会サービス　286, 287, 289, 291, 293, 297
地元学　178, 179, 180, 191
社会システム　24, 36, 49, 50, 51, 64, 66, 68, 84, 92, 245, 246, 254, 258, 259
社会的関係性　230, 231
社会的効果　308, 309
社会保障関係費　75
社会保障給付費　77, 78, 79, 83
若年女性　5, 7, 11
集中管理型　150, 151, 152, 153
住民参加の制度保障　147, 148, 149, 153, 157, 159
住民自治　29, 148, 236, 247, 248, 259, 264, 269, 275, 276, 278
集落活動センター事業　185, 187
集落点検活動　178, 179, 180, 191
出生地主義　16, 17
シュンペーター　123, 130

索　引

A

BIG DIGプロジェクト　228, 229
ＧＤＰ　52, 54, 55, 58, 77, 273
ＧＤＰ（国内総生産）　52, 54, 77
Ｉターン　15, 21, 206
Ｊターン　21, 40, 42
Landschaft　212, 215, 216
ＰＦＩ　288
ＱＯＬ　253, 268
Ｕターン　15, 20, 177
Well-being　209

あ行

アーバンビレッジ　271
アウトカム　43, 44
アクターネットワーク理論　231
アダ・ルィーズ・ハクスタブル　222
アダム・スミス　295
新しい公共　147, 148, 149, 161, 253, 258, 259, 270
アテネ憲章　228, 234
アンリ・ルフェーブル　232, 234
イーフー・トゥアン　233, 235
一條義治　132
糸井重里　242, 249
伊藤修一郎　127
稲作漁撈文明　23
インターサブジェクティビティ　231
内山節　230, 234
おいしい生活。　242, 243, 244, 246
欧州ランドスケープ条約　217
大阪市を消滅　9
大阪都構想　9
大森彌　101, 116, 325, 327
オランダ　88, 89

か行

介護　50, 71, 80, 86, 87, 89, 91, 94, 308
介護保険　85, 86, 87, 88, 91, 283, 284, 286, 300
外発的発展　242, 255
過疎化　73, 171, 178, 196, 203
ガバナンス　109, 133, 138, 148, 152, 227, 245, 247, 253, 254, 258, 259, 270, 272, 273, 274
カレン・Ｇ　213, 214
川添登　214, 219
間主観　231, 233, 241, 242, 244, 245, 246, 247, 248, 249, 278
疑似市場　286, 287, 293
木島平村　23, 25, 26
北原理雄　219, 236, 240, 249
木の駅プロジェクト　190, 191, 197
規模の経済性　62
教育サービス　283
行政「サービス」　283
行政サービス　49, 82, 83, 133, 134, 135, 137, 143, 158, 284, 285, 286, 288, 289, 291, 296, 297, 300, 304, 305, 310, 317, 318, 325
行政需要　109, 130, 133, 134, 135, 136, 137
行政評価　141, 304, 305, 306, 310
協働　12, 107, 150, 191, 194, 224, 244, 262, 270, 273, 274, 278, 306, 320, 327
共発的発展　242, 258, 260, 262
近居　176, 178
キングドン　119, 120, 139
グローバル化　56, 59, 201, 209, 246, 247
ケア　50, 70, 71, 74, 84, 85, 86, 87, 88, 89, 91, 92
計画的圏域　268, 269, 270, 273
景観＝地域＋景色　212, 218
景観法　128, 214, 215, 226, 246, 277, 278
継業　200
経済システム　27, 49, 50, 51, 63, 64, 65, 68, 84, 92, 238
経済成長　51, 52, 54, 56, 57, 59, 62, 64,

人口減少時代の地域づくり読本

2015年（平成27年）5月25日初版発行
2016年（平成28年）4月27日初版第2刷発行

著　者　大森　彌　武藤博己　後藤春彦
大杉　覚　沼尾波子　図司直也

編集協力　一般財団法人　地域活性化センター

発　行　株式会社　公職研
東京都千代田区神田神保町2丁目20番地
（電 話）　03-3230-3701
（FAX）　03-3230-1170
URL：http://www.koshokuken.co.jp

印刷　日本ハイコム
落丁、乱丁本はお取り替えいたします。
ISBN 978-4-87526-347-0 C3031